COACHING
DE GRUPO E EQUIPE
META-COACHING

Tradução:
Tatiana Silva Hiramatsu

Revisão Técnica:
Victor Ribeiro

L. Michael Hall, Ph.D.

COACHING
DE GRUPO E EQUIPE

META-COACHING

Copyright© 2017 by L. Michael Hall

Todos os direitos desta edição reservados à Qualitymark Editora Ltda. É proibida a duplicação ou reprodução deste volume, ou parte do mesmo, sob qualquer meio, sem autorização expressa da Editora.

Direção Editorial	Produção Editorial
SAIDUL RAHMAN MAHOMED editor@qualitymark.com.br	EQUIPE QUALITYMARK
Capa	Editoração Eletrônica
EQUIPE QUALITYMARK	CUMBUCA STUDIO

1ª Edição: 2014
1ª Reimpressão: 2017

CIP-Brasil. Catalogação-na-fonte
Sindicato Nacional dos Editores de Livros, RJ

H184c

Hall, L. Michael
 Coaching de grupo e equipe : meta-coaching / L. Michael Hall, Ph.D. ; tradução Tatiana Silva Hiramatsu. – 1. ed. – Rio de Janeiro : Qualitymark Editora, 2017.
 348 p. : il. ; 23 cm.

 Tradução de: Group and team coaching: meta-coaching
 Inclui bibliografia
 ISBN 978-85-414-0177-7

 1. Pessoal – Treinamento. 2. Executivos – Treinamento. 3. Mentores nos negócios. I. Título.

14-14811   CDD: 658.3124
        CDU: 658.310.845

2017
IMPRESSO NO BRASIL

Qualitymark Editora Ltda.
Rua Teixeira Júnior, 441 – São Cristóvão
20921-405 – Rio de Janeiro – RJ
Tel.: (21) 3295-9800
www.qualitymark.com.br
E-mail: quality@qualitymark.com.br
Fax: (21) 3295-9824

COACHING DE GRUPO E DE EQUIPE

Graham Richardson
Coach Executivo Chefe
ACMC, PCMC e MCMC

O que me impressionou nesse livro é o quão preciso ele é. Mais da metade dos livros sobre coaching de grupo e equipe que li tem um escopo bastante limitado, mas este livro é diferente, pois aborda a complexidade sistêmica com aproximação da perspectiva da Neurossemântica e, muitas vezes, do metanível. Neste livro, o Dr. Hall faz observação da Matriz de sistemas em equipes em face de um mundo em constante e iminente transformação.

A mudança não é sempre bem-vinda, especialmente quando aqueles que são afetados por ela conseguem perceber uma perda, o que é quase sempre o caso em nosso mundo de alta velocidade, atualizações e globalização. Um dos *frames* constantes do Dr. Hall é o do *benchmarking* – indicadores de performance –-e este livro irá ajudar àqueles que treinam e promovem coaching para coaches de grupo e equipe a estabelecerem padrões de excelência. Todo bom *coach* é supervisionado, e estes *benchmarks* são essenciais para desenvolver praticantes de maestria que irão trabalhar com grupo e equipes, ao longo de seu desenvolvimento, bem como para gerenciar as mudanças que são tão inexoráveis.

Graham Richardson foi um dos quatro coaches especialistas originais, nos quais o Sistema de Meta-Coaching se baseou por meio de entrevistas e modelagem em 2001. Sua companhia se chama *HorizonsUnlimited Pty. Ltd.* Sydney, Austrália.

Seu site na internet é www.horizonsunlimited.com.au e você pode entrar em contato com ele por meio de graham@horizonsunlimited.com.au.

SUMÁRIO

Prefácio IX
Apresentação XIII

Parte I:
INTRODUZINDO O COACHING DE GRUPO

Capítulo 1 – O que é coaching de grupo?.. 3
Capítulo 2 – VISÃO: Qual é a visão de uma equipe altamente efetiva? 18
Capítulo 3 – BENEFÍCIOS: Por que fazer coaching em um grupo? 28

Parte II:
FORMAÇÃO DE GRUPOS

Capítulo 4 – INDIVÍDUOS: Do que os membros do grupo precisam?............. 37
Capítulo 5 – NECESSIDADES DO GRUPO: De que os grupos precisam? 60
Capítulo 6 – FORMAÇÃO: Como grupos se formam? Estágios de desenvolvimento 75
Capítulo 7 – SISTEMAS: Como lidamos com um grupo como sistema? 94
Capítulo 8 – EQUIPES: Como grupos se tornam equipes?......................... 104
Capítulo 9 – DISFUNÇÃO Como grupos se tornam disfuncionais e o que fazer? 125

Parte III:
FUNCIONAMENTO DO GRUPO

Capítulo 10 – CLIMA: Como os grupos criam um espaço conversacional efetivo?.. 133
Capítulo 11 – CONVERSAS: Como grupos conversam? 147
Capítulo 12 – EMOÇÕES: Como os grupos lidam com emoções?............... 162
Capítulo 13 – APRENDIZAGEM: Como os grupos aprendem? 174

Capítulo 14 – MUDANÇA: Como os grupos operam como um agente de mudança? 191

Capítulo 15 – PODER: Como os grupos exercitam o poder e o empoderamento? 204

Capítulo 16 – LIDERANÇA: Como os grupos desenvolvem a liderança? 219

Parte IV:
COACHING EM GRUPOS

Capítulo 17 – PREPARAÇÃO DO COACH: Como se preparar para conduzir coaching com um grupo? 231

Capítulo 18 – COMPETÊNCIAS de COACHING: Como você faz coaching com um grupo? 241

Capítulo 19 – COMPLEXIDADE DO COACHING: Como você trabalha sistemicamente com um grupo? 255

Capítulo 20 – PREPARANDO-SE PARA LIDAR COM CONFLITOS DE GRUPO: Como você se prepara para lidar com conflitos de grupo? 274

Capítulo 21 – RESOLUÇÃO DE CONFLITO: Como fazer coach de grupo para o conflito construtivo? 283

Capítulo 22 – COACHING DE AUTORREALIZAÇÃO: Como os grupos se autorrealizam? 293

Apêndices

A: Princípios do coaching de grupo 305

B: Cocriação de um problema bem-formulado 307

C: Desativando Suas Teclas Padrões 310

D: DINÂMICAS DO GRUPO 312

E: Checklist de um espaço conversational efetivo 314

F: Competências para coaching de grupos 315

G: Relatório de observação do grupo 317

H: *Checklist* para satisfazer as necessidades do grupo 320

Bibliografia 322

Autor 326

PREFÁCIO

Angus McLeod, Ph.D.

O Coaching de Equipe chegou. Surgiu porque coaching 1-2-3 profissional têm, por vários anos, apresentado desempenho impactante em promover mudanças comportamentais. Nada mais natural que coaches altamente experientes viessem a desenvolver metodologias para a aplicação da tecnologia de coaching em grupos no contexto de trabalho. Surgiu de observações originais do modo no qual o coaching pode ser fortemente transformador para o bem-estar e o desempenho das pessoas e do questionamento: o que ele poderá fazer pelas equipes? Depois de conhecer este livro, você terá um enorme catalisador de transformações proporcionadas pelo coaching diretamente em suas mãos!

Como coach, com 20 anos de experiência internacional, tenho testemunhado todas as formas de transformações que afetam não somente as pessoas e aqueles que trabalham para elas, mas, também, as suas famílias. Desde 2004, porém, tenho sido requisitado cada vez mais a facilitar a transformação de empresas, utilizando uma série de intervenções, incluindo o Coaching de Grupo. Isso tem aprimorado o coaching 1-2-1 que oferecemos e outras intervenções em treinamentos. Geralmente, integramos a *mudança na cultura de trabalho* usando coaching e liderança como uma modalidade de mudança corporativa para aumento de desempenho. O trabalho de Coaching de Grupos que fazemos tem sido realizado em uma espécie de vácuo parcial. Isso porque o crescimento que o Coaching de Grupo apresentou, até agora, não tinha uma revisão profunda do que viria a ser o Coaching de Grupo: como funciona e como pode ser aplicado de forma sistemática. Esse livro muda tudo.

Se você quer entender o que é Coaching de Grupo, como ele cria benefícios para o desempenho, tanto no âmbito individual quanto no de equipes, esse é o livro sobre *Meta-Coaching de Grupo & Equipe,* que levará você a embarcar em uma jornada literária para a iluminação.

Como funciona o Coaching de Grupo? A essência do Coaching de Grupo e de Equipe é o crescimento da humanidade no âmbito do trabalho, ao mesmo tempo em que mantém em mente o desempenho, a responsabilidade e as normas comportamentais claramente perceptíveis. Assim, as normas tornam-se os valores finais de referência para toda a mudança cultural. Essas normas devem ser necessariamente expressas em termos de desempenho e de comportamento.

O Dr. L. Michael Hall afirma que há poucas diferenças entre coaching, como um conjunto de habilidades e as competências, do coach de grupo, gerente-coach ou líder que atua como coach. Esta visão tem estimulado todo o nosso trabalho de desenvolvimento de equipes desde 2004. Assim, o coach de equipe tem que ser flexível entre os papéis do coach e líder de um modo dinâmico. Dessa forma, o líder facilita o desafio e, então, o aprendizado e a mudança (como coach), enquanto enfatiza as fronteiras e regras que estabelecem as expectativas do grupo (como líder).

Quando o gerente-coach, ou líder, é analisado, o que se percebe são atributos nos quais são associados o encorajamento e a revelação do melhor que há tanto no indivíduo quanto no grupo como um todo. Essa filosofia de buscar o melhor em nós mesmos e nos outros é fundamental para corroborar o Coaching de Grupos. A liderança precisa, necessariamente, vir de *todos* aqueles do grupo, caso a equipe queira alcançar níveis mais elevados tanto do indivíduo quanto do próprio grupo. Para conquistar isso, o Coaching de Grupos oferece um modelo para a transformação.

No processo de mudança, os indivíduos precisam enfrentar seus demônios internos (em suas próprias mentes) e os demônios externos (vindos como ameaça daqueles ao seu redor). Novamente, existem modalidades de coaching que lidam com essas necessidades utilizando o Coaching em Grupo e intervenções 1-2-1.

O livro tece modelos clássicos e familiares, como o modelo de desempenho de Tuckman de formação, normatização e *tempestade*, com outros modelos – o clássico e o novo, para proporcionar *insights* inovadores e sem baboseiras sobre dinâmica do grupo s e pontos críticos indispensáveis para a verdadeira transformação.

Nessa história, o livro apoia-se na tecnologia de *Meta-Coaching*, uma abordagem

procedente e sistemática do coaching, com foco em modelos altamente refinados de PNL – Programação Neurolinguística. Esse é um campo no qual o autor tem atuado consistentemente por mais de uma década, trazendo abordagens rigorosas, enquanto outros trazem apenas algumas ideias vagas, crenças limitantes e reivindicações sem corroboração. Ainda que o campo possa parecer complicado, a arte do autor também inclui explicações claras e simples nas quais o novo e a novela precisam ser compreendidos.

Aos que buscam sempre mais, este livro é baseado em uma riqueza de outros livros sobre a série de Meta-Coaching do mesmo autor.

À medida que lê, você certamente entrará em uma curva de aprendizagem confortável e estimulante, como eu mesmo encontrei. A jornada de aprendizado fluida e sistemática deste livro foi construída elegantemente para fazer da jornada do leitor uma caminhada por terras exóticas – com novas perspectivas, como a luz lançada contra a escuridão e, com vistas encantadoras de sabedoria, abrindo-se a cada volta. Aos que fizerem a pergunta "O que especificamente é preciso para facilitar o Coaching de Grupos", as respostas também estão aqui. Essas soluções incluem-se do início ao final do livro e são destacadas para fácil acesso.

Estou certo de que este livro será lido por Gerentes *Sênior*, pessoal de RH e especialistas em Desenvolvimento Organizacional, Transformação do Aprendizado, Desenvolvimento e Cultura Laboral. Será encantador para Coaches Executivos e Metacoaches como facilitadores de experiência em grupos para mapear como o desempenho pode obter um alavancagem sistemática e confiável. Necessariamente, será lido por consultores que esperam atingir um mercado emergente, esperando fazer a diferença.

Angus McLeod, Ph.D.
    Coach Internacional
    Autor de *Me, Myself, My Team: How to become and Effective Team Player using NLP.*
    Professor Assistente de Coaching, Birmingham City U., UK
    Fev. 2013

APRESENTAÇÃO

Você tem em mãos um livro sobre uma forma muito especial de coaching – coaching de grupos e equipes. Ele fala sobre como usar a metodologia de coaching para trabalhar um grupo, um quadro de diretores, um comitê, uma associação ou uma equipe.

E com que propósito? Isso depende de muitas coisas – do que o grupo tem a ganhar, de seus objetivos, sua história, seu contexto etc. O propósito do coaching de grupos depende do que originalmente formou esse grupo.

- Pode ser que se busque a resolução de um problema em particular (resolução de conflito, habilidade para resolver problemas, criatividade, socorro a crianças que sofrem *bullying*, aprender como ser resilientes mesmo em face a dificuldades etc.).
- Pode ser que os membros do grupo desejem desenvolver uma habilidade ou recurso específicos (gerenciamento, liderança, Seis-sigma, processos de apoio, de empreendedorismo, de criação do bem-estar etc.).
- Pode ser que o grupo queira se tornar uma equipe – uma equipe autogestora ou uma equipe de alto desempenho.
- Pode ser que as pessoas desejem aprender um recurso específico formativo ou educacional de desenvolvimento do grupo.

Qualquer que seja o *conteúdo* do propósito do grupo, o coach terá alguns, ou muitos, indivíduos em vez de um-a-um como no coaching individual. Há muitas outras coisas. Porém esta primeira é o componente chefe, é o que faz do coaching de grupo, ou de equipe, algo um tanto mais complexo do que o coaching individual. Agora o coach tem que lidar com muitas pessoas e com múltiplos estilos de aprendizagem e comunicação, com diferentes demandas, objetivos, entendimentos, crenças etc.

O que é coaching de grupo? Como você logo vai aprender, trata-se de muitas coisas. Pode vir a ser o provimento de coaching a um grupo de pessoas com interesses em comum. Pode vir a ser um conjunto de indivíduos que querem aprender a conviver e a trabalhar juntos, como um grupo. Pode vir a ser a habilitação de um grupo de pessoas a pensar, raciocinar, aprender, decidir e trabalhar juntas, para conquistar mais do que os indivíduos separados. O coaching de grupo aproxima as pessoas e estas, como um organismo, poderão liberar seus potenciais coletivos de aprendizagem, pensamento, criatividade e inovação. Ao longo do processo, isso inevitavelmente envolve a liberação dos potenciais individuais, bem como o crescimento desses indivíduos.

E, se o coaching é sistêmico, por sua própria natureza, o coaching de grupos o é mais ainda. O coaching de grupos lida com sistemas de grupos, e, portanto, com a sistemática complexa de dinâmicas inerentes a um grupo. O Coaching de Grupo facilita não apenas o diálogo entre o coach e o cliente mas, também, entre todos os membros de um grupo simultaneamente. O Coach de Grupos aumenta a complexidade situacional de coaching ao aumentar o número de pessoas em uma intensidade visível, explícita e óbvia. Com uma complexidade maior – há agora muito mais coisas nas quais o coach foca sua atenção para fazer e para responder. O que pode ainda não parecer tão evidente é o processo ou o sistema denso que também se somam às novas demandas do coach. Tudo isso explica por que foquei nos sistemas e na própria natureza do coaching neste livro. O enfoque é na natureza sistêmica de grupos, na complexidade sistêmica que o coaching de grupos e de equipes implica e no como fazer coaching eficaz com um grupo. Com esta finalidade, há dois capítulos que tratam especificamente desse tema.

A estrutura do Livro

Estruturei esse livro de Coaching de Grupos e de Equipes em quatro partes – Definição de Grupos, Formação de Grupos, Dinâmicas dos Grupos e Coaching de Grupos.

I: Definindo coaching de grupos e de equipes e os valores que este oferece.

II: Descrevendo em detalhes como os grupos se formam para suprir necessidades e como um grupo se desenvolve para formar uma "equipe."

III: Identificando as dinâmicas de um grupo que têm uma participação crucial no desenvolvimento e nas experiência de grupos.

IV: Facetas sobre os processos requeridos para coaching efetivo de grupos.

Eu também estruturei cada capítulo para fazer referência a um ou mais questionamentos a respeito de coaching de grupo e de equipe:

1) O que é coaching de grupos? Quantos tipos existem?
2) Qual é a visão de um time altamente efetivo?
3) Por que um coach de grupos? Quais os benefícios em adotá-lo?
4) Do que os membros de um grupo precisam?
5) Do que o grupo como um todo precisa?
6) Como grupos são formados? Quais são os estágios de desenvolvimento?
7) Como grupos se incluem num sistema e como se tornam um sistema?
8) Como um grupo avança para se tornar uma equipe?
9) Como grupos se tornam disfuncionais e o que pode ser feito para evitar isso?
10) Como um grupo cria espaço conversacional no qual uma comunicação real, profunda e intimista possa ocorrer?
11) Como um grupo se comunica? Quais tipos de diálogos um grupo pode ter?
12) Como grupos lidam com as emoções?
13) Como aprende um grupo? Como ser facilitador do aprendizado coletivo?
14) Como um grupo muda e facilita a mudança para outros?
15) Como um grupo lida com o poder e o empoderamento de seus membros?
16) Como grupos desenvolvem seus líderes?
17) Como se preparar como coach de grupos?
18) Como desenvolver as habilidade de um coach de grupos?
19) Como ser coach das complexidades à medida que você se engaja no sistema do grupo?
20) Como se preparar quando requisitado por um grupo em conflito?
21) Como treinar um grupo para resolver conflitos?
22) Como se tornar um coach para autorrealização do grupo?

Se você é um coach neófito, apenas começando, ou um coach experiente, com muitos anos de experiência, esse décimo livro da série de Meta-Coaching, Coaching de Grupo e de Equipe (2014) vai possibilitar a você um entendimento muito mais preciso sobre grupos, quais são suas necessidades, como tornar as coisas mais fáceis para eles de forma que como coach de grupos ou equipes, você poderá trazer à tona suas visões e seus valores mais elevados, possibilitando que produzam seus melhores desempenhos.

Quais Experiências Você Teve em Coaching de Grupos?

Essa é a pergunta que uma amiga me fez quando ela descobriu que eu estava escrevendo um livro sobre Coaching de Grupos e de Equipes. "Quais experiências você teve?" Agora, se você me perguntasse a respeito de ser um "Coach de Grupos", ou mesmo sobre treinamento de grupos, antes do primeiro esboço desse livro, eu teria me esquivado da pergunta e focado nas minhas habilidades de pesquisador-modelador. Este trabalho se refere às habilidades de examinar as estruturas internas e externas (organizacional, paradigmas) de uma experiência, pesquisando quem mais estudou as experiências, entrevistando especialistas naquela área, quem mais planejou e testou um modelo dinâmico, usando as ferramentas de Programação Neurolinguística e de Neurossemântica.[1] No momento que completei este primeiro esboço, no entanto, compreendi que havia me ocupado com várias formas de coaching de grupos por anos – na verdade, por décadas.

O grupo com o qual estou mais envolvido em liderança/coaching é a equipe de líderes que provê a liderança fundamental no campo de Neurossemântica. Este é um grupo intacto e permanente. É também uma Equipe de Liderança internacional e multinacional. Na verdade, é uma equipe de 14 pessoas de oito países diversos: EUA, México, África do Sul, Austrália, Nova Zelândia, Hong Kong, Bélgica, Países Baixos e Noruega. Falam línguas diferentes e são de culturas originariamente diferentes. Por sua própria natureza, esta equipe é uma combinação de uma equipe real e virtual. Na maior parte do tempo nos encontramos via e-mail e *skype* e, então, nos encontramos pessoalmente uma vez por ano para uma reunião de cúpula em liderança, uma concentração intensiva.

Os grupos principais que eu treino são as equipes de liderança ou de apoio que usamos nos treinamentos de Meta-Coaching. Em cada treinamento conseguimos proporcionar um coach licenciado em Meta-Coaching para cada três participantes e então montamos grupos com seis pessoas;

cada grupo tem dois líderes de equipe que também atuam como coaches de grupo. Desse modo, com 30 participantes, significa que há um grupo de 10 no time de liderança... com 60 participantes, 20. Desde 2002, meu objetivo tem sido liderar e treinar esta equipe para estar pronta para atuar como coach de suas equipes e para, então, trabalhar com grupos menores de três coaches em treinamento à medida que fazem *benchmark* da sessão de coaching.

Ao liderar esta equipe, eu fundamentalmente lidero ao fazer um coaching com eles, uma vez que geralmente nos encontramos, por dois dias, de 8 a 10 horas antes do programa de Coaching Mastery (o qual é o Modulo III de Meta-Coaching) e a cada dia nos encontramos duas ou três vezes (nos encontramos às 8:00 toda manhã, e jantamos juntos, todas as noites, por uma hora, então, nos encontramos depois das 9:00 da noite para orientações e dúvidas). Sendo uma equipe de liderança, esta é simultaneamente uma equipe de aprendizado e de liderança cujo trabalho é criar uma experiência segura e substanciosa para cada participante, a fim de proporcionar uma experiência rigorosa de *benchmarking* a cada dia quando os coaches estão com a mão na massa em suas sessões de coaching ao vivo, quando estão sendo coaches dos seus grupos na evolução para uma equipe e os auxiliam a completar o Projeto de Equipes no sétimo dia do programa (assim como quando colaboram uns com os outros como uma equipe de apoio para a intensidade no Campo de Treinamento de Coaching).

Outro processo de coaching de grupo constitui os grupos de aprendizagem que tenho usado desde 1987 ao conduzir treinamentos abertos sobre comunicação, PNL, modelagem e Neurossemântica. Ao dividir o grupo maior em vários subgrupos, o uso destes grupos menores tem se mostrado importante no treinamento e aprendizagem dos participantes, dando a eles uma experiência prática, com a "mão na massa", das habilidades que estão desenvolvendo.

Uma experiência menos frequente de coaching de grupo, mas na qual eu me envolvo frequentemente, é a de trabalhar com equipes executivas de liderança dentro de várias organizações. Nos últimos anos, fui convidado por estas equipes para trabalhar tanto no desenvolvimento de mais criatividade e inovação quanto na resolução de um problema de comunicação ou no desenho de uma cultura de coaching para seus negócios.

Neste, e em vários outros fóruns, eu trabalhei e continuo trabalhando com grupos e equipes. E a estrutura tem sido sempre a mesma – possibilitar que cada membro se torne um membro do grupo (ou equipe) bem-vindo, respeitado e que seja capaz de contribuir, de tal modo que, juntos, nós possamos, de forma colaborativa, atingir mais do que poderíamos sozinhos ou à parte.

Notas Finais do Capítulo:

PNL quer dizer Programação Neurolinguística, que é um modelo comunicacional sobre como nossa linguística e neurologia trabalham juntas para criar nosso senso de realidade. Sabendo que há um estrutura para nossas experiências, à medida que modelamos esta estrutura, nós podemos então fazer as mudanças necessárias para melhorar a qualidade de nossa comunicação, experiências e vida.

A Neurossemântica desenvolveu-se a partir da PNL da modelagem da resiliência e somou a esta um tipo especial de consciência que todos os seres humanos têm – consciência autorreflexiva, um tipo de mentalidade que reflete a si mesma, criando a disposição de *frames* para significados sobre as coisas. Os Modelos Metaestados foram adicionados à PNL em 1994.

Parte I:

INTRODUZINDO O COACHING DE GRUPO

Capítulo 1

O QUE É COACHING DE GRUPO?

"Todas as coisas excelentes são tanto difíceis quanto raras."
Spinoza

Na superfície, a ideia de coaching de grupo parece algo simples. "Não é simplesmente uma extensão do coaching individual? Para fazê-lo, não basta simplesmente juntar um grupo de pessoas e conduzir coaching com elas. Certo? Você conduz *para* eles e *com* eles exatamente como você faz quando há apenas uma pessoa no coaching um-a-um. Simples assim, certo?

Não, não é! Coaching de grupo *não* é simplesmente coaching individual multiplicado por um número X de pessoas. Sim, é mesmo isso, mas é ainda muito *mais*. Não deixa de ser, também, algo bastante diferente. Muitos coaches que trabalham com grupos veem o coaching de grupo e de equipe dessa forma ingênua e deveras simplista. É um grave erro. É, de fato, um erro que limita severamente o que o coaching em grupo pode ser e o que pode conquistar. Para começar, vamos dar uma olhada clara em nossos conceitos. O que queremos dizer com grupos, equipe, equipe de trabalho, clientes etc.?

Grupos

Um "grupo" começa com o coletivo ou agrupamento de indivíduos. Eles podem pertencer à mesma organização, seja de negócios, seja sem fins lucrativos ou a uma associação e assim por diante. Ou estes indivíduos podem não ter conexão alguma. Pessoas que não se conhecem são, às vezes, colocadas juntas em grupos, tendo algumas similaridades entre si, mas não formam relacionamentos por meio desses grupos.

Frequentemente, pessoas são agrupadas ou indivíduos se voluntariam para fazer parte de um grupo porque têm interesses, foco, ou preocupações similares. Por meio da experiência de estar juntos em um grupo, formam relacionamentos significativos entre si. O que diferencia esses tipos de grupos é seu escopo pouco organizado ou muito bem estruturado. O grupo pode ser uma família, um quadro de dirigentes, o conselho de uma cidade, um time de esportes, um grupo de estudos e de prática, uma força-tarefa, um grupo de projetos, um grêmio acadêmico, uma equipe autogerenciada, um grupo de qualidade ou outras centenas de tipos de agrupamentos de pessoas.

Isso significa que o grau de coesão no grupo pode abranger de zero coesão, até um grupo com fortes ligações, o qual alcança o grau de equipe. Pode não haver absolutamente coesão alguma entre pessoas colocadas contra sua vontade juntas em um comitê de estranhos enquanto um grupo que por acidente, se encontre junto em uma ilha deserta pode gerar união, à moda de um grupo coeso, com a finalidade de sobrevivência.

Qual é, portanto, o elemento-chave que faz com que uma agremiação de pessoas seja considerada "um grupo?" A maioria diria que é a semelhança ou afinidade. Mas, surpreendentemente, não é isso. Mesmo sendo este o critério que geralmente usamos para definir um grupo, este não é o elemento-chave. Afinal, as pessoas podem ter preferências, valores, história, crenças, objetivos, estilo, ascendência étnica parecidos etc. e estar juntas, ou até mesmo, viverem juntas, e *não pertencerem a um grupo*. Todas as mulheres loiras da cidade é uma *classificação* ou categoria de pessoas, mas não faz com estas formem um grupo. A classificação abstrata ou categorização de pessoas não é o mesmo que identificar um grupo.

A chave para a identidade de um grupo é a interdependência . É a interdependência entre as atitudes que as pessoas adotam em relação umas às outras que leva à qualidade do trabalho de seus membros, nos relacionamentos, como sendo interdependentes. Apenas quando as pessoas interagem na comunicação, no relacionamento, no pensar juntos, no aprender juntos, no concordar, no decidir e no agir juntos, é que essas pessoas formam um "grupo."[1] Isso é o cerne do coaching de equipe.

Grupos podem existir em qualquer ponto ao longo de um vasto escopo de confiança, estabilidade, inclusão, apoio etc. Num *continuum,* nós podemos ter grupos de baixo impacto e grupos de alto impacto. Podemos ter grupos que foram criados apenas sobre a qualidade de pertencimento de uma coletividade de indivíduos que mais atrapalham uns aos outros, do que aqueles que já desenvolveram uma forma mais elevada de espírito de equipe e de parceria, de forma que se tornaram, realmente, uma equipe de alta performance.

Há muitos graus ao longo do *continuum* à medida que um grupo caminha na direção de se tornar uma equipe com mais e mais espírito de equipe. Isso é, de fato, o que geralmente faz um coach de grupo – permitir que um grupo gere o espírito de equipe entre si. É o manter-se juntos e a qualidade das interações que transformam um agregação de pessoas em um grupo.

Figura 1:1

Multidões	Grupos		Equipes
Raciocínio de grupo	Baixo impacto	Alto Impacto	Aprendizado de Grupo
Disfuncional	Caótico & Contraproducente	Alta Performance	

Equipes

Quando um grupo se torna uma equipe, quando um grupo de pessoas constrói *ligações significativas de relacionamento* uns com os outros, eles se tornam uma "equipe." Esta é a distinção da qualidade de equipe em oposição à de grupo – uma equipe inclui uma escolha pessoal de proximidade dos membros e um desempenho ou objetivo bem focados.

Descrever um grupo como uma equipe indica que estes se esforçaram em união para atingir um conjunto de valores ou um objetivo comum e o fazem por meio do apoio a cada uma das habilidades únicas de suas contribuições. Quer tenham ou não iniciado com muitas similaridades, comumente estes terminam com muitas coisas parecidas – valores, estilos, objetivos, experiências etc. O grupo que não possui esses traços comuns não irá experimentar a sinergia que surge quando eles se torna um grupo mais fechado.

Todas as equipes são grupos, embora, nem todo grupo seja uma equipe. Isso é especialmente verdadeiro se é um grupo no qual existe muita competição interna e conflito. Os membros individuais atrapalham uns aos outros – cada qual buscando reconhecimento, poder, controle, status, dinheiro, prestígio etc. Enquanto as pessoas estão desconectadas dessa forma e estão desconectando o grupo, o grupo não se tornará uma equipe. Ainda que isso nem sempre seja necessário. Alguns grupos funcionam bem em termos do atingimento de seus objetivos sem ter que se tornar uma equipe.

Uma *equipe,* da maneira na qual estou me referindo neste livro, é um *grupo coeso,* que se esforça, a um só tempo, de modo colaborativo para alcançar objetivo e desempenho comuns e, portanto, vivencia uma ligação pessoal e próxima entre seus membros. Isto não significa que equipes não tenham suas diferenças e conflitos; elas têm. De fato, essa tensão é tão comum quanto é a verdadeira chave do sucesso da equipe. A equipe é uma equipe porque está predisposta a interagir eficientemente e com o devido respeito quando em "conflito". Essa habilidade de transcender o conflito "des-integrador" e de ser capaz de manter a base de confiança mútua, apoio e cuidado é o que fazem de um grupo uma equipe. Agora eles conseguem colher os frutos das diferenças e colocá-los em uso colaborativo. E quanto mais um grupo é capaz de fazer isto, mais se torna um grupo autorrealizado.

Equipe e Trabalho em Equipe. Katzenback e Smith (1999) sugerem que existe uma confusão comum entre Trabalho em equipe e equipe.

Trabalho em equipe refere-se a um grupo de pessoas em interação – apoiando umas às outras, há abertura entre elas, escutam, se preocupam, trabalham as diferenças etc. O termo equipe refere-se a um conjunto de valores, de qualidades desejadas entre os membros, mas por si só não cria uma equipe.

> "Boa química pessoal ou o desejo de 'tornar-se uma equipe', por exemplo, pode fortalecer os valores da equipe, mas trabalho em equipe não é a mesma coisa que equipe. Aliás, o conjunto de demandas e de desempenhos quanto a um objetivo, os quais um grupo considera importante conquistar, leva a ambos: ao desempenho e à equipe. Contudo, desempenho é o objetivo central, *enquanto o time continua sendo o meio, não o fim.* Desempenho é o cerne do problema para equipes." (p. 12)

O que faz com que um grupo se torne uma equipe é a interdependência requerida às pessoas com competências e habilidades diversas para trabalharem juntas em direção à um desempenho específico frente a um desafio.

Tipos e Graus de Coaching de Equipe

Há inúmeras formas de coaching de equipe. Nesse livro nós começamos com o *coaching de grupo* (nos capítulos iniciais) e, com base nisso, nos direcionamos ao coaching de *equipe* (nos capítulos finais). Iniciar pelo coaching de *grupo* nos possibilitará firmar a fundação do conhecimento, dos princípios e habilidades para o coaching de grupo e de como as pessoas fazem progresso totalmente alinhado para tornarem-se uma equipe.

Coaching de Grupo[1]	***Grupo de Aprendizado:*** Promover o coaching de grupo em torno de um assunto específico de modo que este se torne unido por meio do assunto. Membros do grupo chegam como indivíduos e saem como indivíduos. O grupo é composto de indivíduos separados que interagem apenas o mínimo. Os membros do grupo se comunicam com o líder do grupo (ou coach) mas, não muito, uns com os outros. O objetivo é permitir que cada membro do grupo possa se tornar o melhor que possa ser, mas não como um membro do grupo Ao fazer o coaching desse tipo de grupo, o coach usará critérios para efetivamente transformar o grupo de acordo com seus padrões, bem como irá gerenciar e conduzir o grupo. O relacionamento aqui é linear. Parte-se do coach para os indivíduos – em relação de via única. Thornton (2010) chama a esse tipo de grupo "grupo de aprendizagem."
Coaching de Grupo[2]	***Grupo de Treinamento:*** Esse tipo de grupo de coaching se dá em contexto de treinamento. O treinador, que algumas vezes é coach do grupo, vai de treinador a instrutor para possibilitar que o grupo experiencie o conteúdo. Um exemplo seria um treinador orientando um grupo para que este atinja um estado de relaxamento. Ou o treinador poderá convidar a todos que formem grupos de três pessoas para compartilhar o que aprenderam na sessão, de modo a resolver uma questão para a qual estes queiram respostas. Ao assumir o papel do coach de grupo nesse contexto, o treinador tem uma relação de mão única com o participante.
Coaching de Grupo[3]	***Grupo de Desenvolvimento***. O tipo de coaching de grupo a seguir atua sobre um conjunto de pessoas a fim de torná-lo um grupo funcional e de apoio. Os indivíduos ingressam nesse grupo para transcender suas identidades individuais e assumir a identidade de um membro de grupo. O propósito é desenvolver o grupo com sua própria identidade acima e além dos indivíduos.

Aqui o grupo e todos os seus membros usarão o critério de um grupo efetivo conforme se relacionam com seu coach (ou líder) e entre si. Haverá um conjunto de relacionamentos em rede em vez de unidirecionais. O objetivo é possibilitar que cada qual seja o melhor *membro de grupo* (atuando em equipe) que puder ser, mesmo que isto signifique abdicar do reconhecimento individual ou da mais alta conquista pessoal.

Coaching de Grupo[4] *Grupo de Divisão:* Outra forma de coaching de grupo ocorre em setores, como um departamento ou unidade de negócio dentro da organização (Ex.: marketing, contabilidade, pesquisa e desenvolvimento, RH, administração etc.). O propósito é permitir ao departamento, como grupo integral, o desenvolvimento de suas habilidades e desempenhos ao tornar-se mais eficiente e produtivo como grupo. Em longo prazo, o propósito aqui é conseguir fazer com que o grupo se torne operacional como equipe ou, até mesmo, equipe autogestora.

Coaching de Grupo[5] *Grupo Corporativo:* Há, também, o tipo de Coaching de Grupo cujo foco é, essencialmente, o coaching corporativo. Isto se refere a aplicar o coaching na cultura organizacional, bem como em sua estrutura e desenvolvimento. Aqui, o programa de treinamento do "gerente como coach" integra o desenvolvimento organizacional, consultoria, coaching executivo e transformação cultural. O coaching corporativo abarca todos os subgrupos relativos a ele, inclusive as equipes corporativas.

Coaching de Grupo[6] *Grupo de Encontro:* Então, há os grupos que carregam a tradição dos Grupos de Encontro. A diferença é a mudança do conteúdo terapêutico para assuntos de coaching – crescimento, desafios, desenvolvimento de negócios, preparação da liderança etc. O foco é na autorrealização de alguém, a autorrealização de potenciais pessoais.

Coaching de Equipe[7] *Coaching de Equipe:* Fazer coaching com um grupo Produtivo, de modo que este se transforme em uma equipe de alto desempenho. O primeiro modelo: fazer com que cada membro tenha comprometimento com a equipe, desenvolva espírito de equipe e colabore como equipe. Outro modelo possível seria a capacitação da equipe para que se torne uma equipe autogestora.

Coaching de Grupo[1] – *Grupo deAprendizado:* Uma das formas de coaching de g rupo que muitos coaches usam envolve convidar um número de indivíduos para se juntar ao grupo, com o propósito de receber coaching em um assunto específico. Se um coach se especializa em vendas, criação de bem-estar, gerenciamento de tempo, criação de marca, desenhar plano de negócios ou uma dúzia de assuntos co-

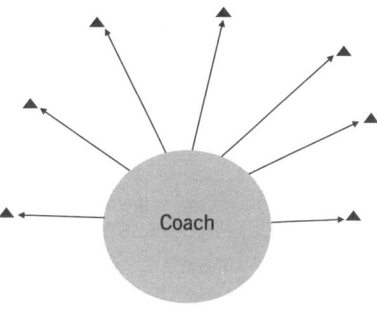

muns, o coach talvez anuncie um "programa de coaching de grupo" de três meses e convide pessoas para o programa com outros participantes. Neste caso, à medida que o coach trabalha um-a-um com os indivíduos no grupo, os demais membros do grupo aprendem com cada uma das pessoas com quem o coach está trabalhando, servem como exemplo e demonstração. O que une e cria "o grupo" é um interesse e assunto em comum.

Há várias vantagens em um formato como este. Primeiro, para os indivíduos, o programa de coaching pode ser menos oneroso e muito mais acessível do que o coaching individual. Segundo, os assuntos e as questões que disso advêm podem ser mais profundas do que as que surgem no coaching individual. O que pode ser um ponto cego no coaching um-a-um, no qual talvez o coach não percebe e não confronta, pode surgir mais facilmente e se tornar visível ao ser tratado no grupo. Um indivíduo talvez nem saiba que ele ou ela tem este "ponto cego", podendo, ainda, descobrir e ter uma experiência vicária ao observar o problema em outra pessoa que está recebendo coaching em sua sessão.

O Coaching de Grupo também poderia ser construído com base em grupos particulares: faixa etária, gênero, papéis, posições corporativas ou quase todas as outras características de distinção. Por exemplo, o coach de grupo pode querer criar um grupo para jovens adultos na casa dos 20 com foco em coaching de carreira ou um grupo de mães com filhos pequenos; pais que tiveram a experiência de ter um filho que sofreu *bullying*; um grupo de novos médios gerentes que estão lidando com o desafio de estar subindo da supervisão para o gerenciamento; um grupo de gerentes no processo de treinamento para o gerenciamento sênior e assim por diante.

Este tipo de coaching de grupo compartilha similaridades com muitos outros tipos de grupos, com os quais, temos todos familiaridade e dos quais estamos lidando há décadas – com experiência em vários tipos de "programas de 12 passos", com treinamentos, grupos de encontros, terapia de grupo etc.

Tipos de Coaching de Grupo		
Coaching de Grupo[1]	*Grupo de Aprendizagem*	Indivíduos em um grupo
Coaching de Grupo[2]	*Grupo de Treinamento*	Participantes em um treinamento
Coaching de Grupo[3]	*Grupo de Desenvolvimento*	Indivíduos se tornando um grupo
Coaching de Grupo[4]	*Grupo de Divisão*	Grupo intacto na organização
Coaching de Grupo[5]	*Grupo Corporativo*	Coaching Corporativo
Coaching de Grupo[6]	*Grupo Encontro*	Coaching de Grupo de Encontro
Coaching de Grupo[7]	*Coaching de Equipe*	Coaching de Equipe

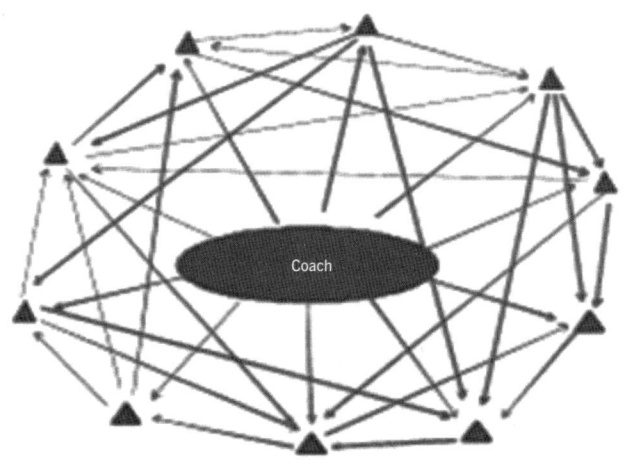

Coaching de Grupo[2] – *Grupo de Treinamento*

O próximo tipo de coaching de grupo tipicamente ocorre no contexto de treinamento; o treinador primeiro apresenta algum conteúdo. Então, ele ou ela tira o chapéu do treinador coloca o chapéu do coach. A mudança agora é de passar instrução sobre o que seja uma competência, como funciona, como se faz etc. para como experimentar aquela competência usando atividades práticas. Um formato típico é o de o treinador falar sobre a competência, e a partir daí demonstrar como se faz para então passar um exercício a fim de que as pessoas experimentem elas mesmas.

Posteriormente, o treinador vai repassar a experiência para ver como foi, o que se aprendeu e quais questões as pessoas têm.

Treinadores também podem promover o coaching de grupo de outra forma. O treinador pode tratar o treinamento de grupo como se fosse um coaching de grupo e trabalhar com ele de modo mais informal e pessoal, fazendo perguntas, discussões e diálogos de modo que mente, pensamento, visão, esperanças, sonhos etc. do grupo emerjam.

Coaching de Grupo[3] – *Grupo de Desenvolvimento*

Este tipo de coaching de grupo ocorre quando o coach de um grupo promove o coaching para que o grupo seja e opere *como um grupo.* A estrutura parte do uso do grupo como contexto de capacitação do aprendizado e desenvolvimento dos indivíduos para o de capacitação do desenvolvimento de um grupo funcional e apoiador.

Pode ser que a maior mudança seja que agora os membros do grupo assumiram a responsabilidade do aprendizado sobre como interagir uns com os outros como bons membros de um grupo. Em vez de o coach assumir a responsabilidade pelo uso de critérios de um grupo efetivo, agora cada membro toma posse da responsabilidade. Para fazer isso, o coach do grupo vai precisar apresentar esse critério e, então, utilizar-se dele para retroalimentar e confrontar os membros sobre os comportamentos que não refletem o padrão estabelecido.

Como um coach de grupo, o foco aqui é ser um "observador amistoso." As competências do coaching de grupo aqui são as de observar claramente e ser testemunha do grupo, atuando como um "sombra" no processo do grupo e dando *feedback* de base sensorial, de modo que o grupo se torne gradativamente ciente de seus processos, capacidades e estilos, o que então, encoraja o grupo a aprender e a ajustar.

Coaching de Grupo[4] – *Grupo de Divisão*

A próxima forma de coaching de grupo é a que ocorre dentro das organizações, e o objetivo é proporcionar a um grupo formal e, geralmente, permanente como um dos departamentos (marketing, pesquisa e desenvolvimento, contabilidade RH, administração etc.) a possibilidade de desenvolver seus potenciais corporativos. O desenvolvimento pode ser em consideração à comunicação, delegação, organização, confiança, manter-se responsável, inspiração, resolução de conflito ou um sem número de outras facetas de experiências de grupo dentro das organizações.

Essa forma de coaching de grupo poderia também incluir a capacitação do grupo para se tornar uma equipe autogestora. Se assim for, então, a estrutura será a de permitir ao grupo o aprendizado de como gerenciar a si mesma de forma que o grupo faça isso (sozinho, e por si mesmo), o que um gerente externo faria: delegar trabalhos, papéis, designar salários, bônus, orçamento, contratação, revisão de desempenho etc.

Esse tipo de coaching também inclui o alinhamento. Um coach de grupo pode trabalhar com uma equipe executiva para se alinhar com suas visões e missões, bem como seus departamentos. Ou poderia ser entre um indivíduo (ou grupo) e um gerente sênior para alinhar os objetivos do indivíduo aos objetivos da organização.

Coaching de Grupo[5] – *Grupo Corporativo*

Como os programas de treinamento para gerente-coach tem crescido e se tornado corriqueiros, mais e mais gerentes sênior não apenas estão promovendo o coaching um-a-um, mas o fazem com suas equipes, especialmente, executivos de equipes de liderança. O foco aqui muda para a corporação em si – sua estrutura organizacional, desenvolvimento e cultura. O objetivo pode ser tornar a organização mais homogênea, transformar grupos e equipes em equipes autogestoras. Aqui, o gerente pode trazer um coach para aprender em tempo real como conduzir o coaching com sua equipe.

Coaching de Grupo[6] – *Grupo de Encontro*

O Grupo de Encontro originalmente se desenvolveu ao longo da década de 1960 a partir dos grupos-T da época (Grupos de Treinamento). Eles se desenvolveram durante o período do Primeiro Movimento de Potencial Humano e se tornaram a principal técnica usada em Esalen até que esta entrou em falência em meados da década de 1970.[2]

Hoje, uma das formas de Coaching de Grupo é a de Coaching de crescimento pessoal ou Coaching para a Autorrealização de Potenciais Pessoais. Aqui, embora a tarefa principal e a tarefa social do grupo sejam bem diferenciadas, elas emergem e se tornam convergentes. O próprio grupo é utilizado como facilitador do coaching *para despertar e desenvolver* os potenciais dos membros do grupo.

Coaching de Equipe[7] – *Coaching de Equipe*

Nesse livro, a terminologia de *coaching de equipe* designa o desenvolvimento mais completo de coaching de grupo. Este tipo de coaching se dá a partir de um grupo de pessoas para que estas se tornem uma equipe de fortes ligações. Isso é especialmente correto quanto a grupos em organizações montadas para se tornarem equipes autogerenciadas, um quadro que queira criar uma unidade mais coesa e colaborativa, um grupo de gerentes que sofreu de mentalidade de competição entre os seus membros em outras organizações e, agora, querem se tornar alinhados a uma visão e a uma missão singulares, e assim por diante.

O Coaching de equipe é uma forma mais completa e desenvolvida do *Coaching de Grupo.* Você pode precisar fazer coaching a grupos de pessoas que sejam imaturas, egoístas, egocêntricas etc. em que, apesar de sua falta de desenvolvimento como pessoas, o coaching de grupo pode ser altamente bem-sucedido em atingir metas. O poder do coaching de grupo foca quase que exclusivamente na mudança comportamental e no desempenho. Isto muda com o coaching de equipe. Katzenbach and Smith (1993) definem uma equipe dessa forma:

> "Uma equipe é um número de pessoas com competências complementares que estão comprometidas com um propósito comum, com objetivos de desempenho e com uma abordagem para que se mantenham mutuamente responsáveis." (p. 45)

No coaching de equipe, o foco se desloca de dentro das pessoas. *Para que sejam bem-sucedidas como equipe, as pessoas precisam mudar.* Elas devem mudar seus valores, suas atitudes, suas crenças, seus entendimentos. Para tanto, o coach desloca o coaching desenvolvimental que foca nas mudanças evolutivas e adiciona as mudanças comportamentais e de desempenho.[3] Isso se dá porque, no coaching de equipe, o foco é na criação de relacionamentos e alinhamento de pessoal para criar uma visão e missão comuns, aprofundando entendimentos, aceitação e apoio entre os indivíduos, tudo em função do desafio de uma atuação inspiradora. Isso irá gerar um espírito entre o grupo ao qual nos referimos como *espírito de equipe.* Agora o grupo assume uma nova identidade, qual seja, "a de equipe", o que é mais e é diferente de uma soma de indivíduos.

Nesse ponto e, em outros mais, o coaching de equipe diferencia-se significativamente do coaching de grupo. Eles têm objetivos completamente diferentes e envolvem processos muito diferentes e, portanto, as competências de coaching são diferentes. É também uma experiência muito mais complexa e requer sistemas de pensamento e de trabalho sistemáticos com pessoas. Myles Downey (2003) afirma que:

> "Um indivíduo pode chegar a um nível de clareza e tomar decisões relativamente rápido. Em uma equipe, o processo leva muito mais tempo, à medida que mais pessoas precisam ser ouvidas, precisam lidar com o desacordo e o consenso e comprometimento devem ser construídos." (p. 148)

Terminologia e Distinções

Nesse livro, também, eu usarei a seguinte terminologia quando estiver descrevendo o coaching e o coaching de grupo.

Cliente: O indivíduo ou grupo que recebe coaching. "Cliente" implica um processo ativo e coparceria em obter e receber a experiência de coaching. Em termos de contraste, eu não uso o termo "coachee" porque isso implica que uma pessoa ou grupo passem passivamente pelo coaching como algo que se faz à pessoa (ou às pessoas) que o recebem.

Patrocinador: O patrocinador de coaching é uma pessoa que paga *por* ou contrata coaching. Quem quer que seja o responsável pelo orçamento, quem patrocina o processo de coaching, tipicamente uma organização, é a pessoa ou pessoas a que o coach irá se reportar. Se o patrocinador não é o cliente contratando o serviço para ele mesmo, então haverá necessidade de um encontro entre os patrocinadores, cliente e o coach, que irá ressaltar os detalhes do coaching.

Há outras numerosas distinções-chave no campo de Coaching de Grupo. Algumas para observar neste ponto são:

- *Tamanho do Grupo:* Thornton (2010) diz que um grupo varia de 3 a 10, com 5 a 8 sendo o ideal, porque então há tempo para todos participarem (p. 9). Mais do que isso, ela diz que não é um "grupo", uma vez que nem todos conseguem participar. A partir dessa posição extremada, Katzenback and Smith em *The Wisdom of Teams* (1993) fixa o tamanho ótimo para uma equipe efetiva entre 2 e 25. Outros entendem um "grupo" como sendo 100 ou mais. Eles questionam a pressuposição de que todos no grupo precisam participar. E por quê? Porque eles raciocinam, muitas pessoas têm um estilo de aprendizagem mais passiva e receptiva do que ativa, então não precisam participar ativamente. Eles podem aprender eficientemente de forma vicária – olhando de fora.

- *Grupo Permanente:* Grupos intactos são aqueles que têm alguma história. Eles começaram em algum momento no passado e são estruturados para continuar no futuro; outros grupos são *ad hoc*, chamados a se juntar por período e objetivo específicos, após os quais eles serão desmantelados.

- *Presença do Grupo:* Os grupos, em sua maioria, são presenciais e experimentam o relacionamento face-a-face com os membros do grupo. Crescentemente, contudo, grupos virtuais, ou parcialmente virtuais, estão emergindo graças às novas tecnologias como Go-to-Meeting, Skype etc.

- *Relação do coach com o Grupo:* Em alguns grupos, o coach será um membro e participante, talvez seja um líder utilizando o coaching como sua metodologia. Em outros grupos, o coach ficará do lado de fora, como um amistoso observador, guiando o grupos por meio do processo de facilitação. Neste caso, há numerosas escolhas para o coach do grupo:
  - Será o coach apenas dos participantes do grupo.
  - Coach e participante do grupo.
  - Coach e líder do grupo.
  - Coach do líder do grupo.
  - Fará coaching com o líder para que este *seja o coach* do grupo.
  - Ser o coach do grupo para criar e/ou mudar a cultura do grupo ou da organização.

A Questão da Terapia

Duas das questões perenes com as quais os coaches profissionais se deparam, inevitavelmente, são:
- Onde termina a terapia e onde começa o coaching?
- Você não estaria fazendo terapia, terapia de grupo, quando está envolvido em coaching de grupo?

Com o sistema do Meta-Coaching, nós desenvolvemos um extenso sistema de respostas, à medida que distinguimos a terapia do coaching. Em suma, a terapia é para pessoas:

1) interiormente feridas ou traumatizadas por eventos no passado;

2) que se identifiquem como alguém que tenha essa ferida, supondo que seu valor e validade como pessoa se postulam com a ferida;

3) com falta de força de ego para enfrentar, aceitar e lidar com a dor que as leva a querer paz e equilíbrio em vez de desafio e desequilíbrio.

Por contraste, o cliente de coaching:

1) vive no presente, no aqui e agora e

2) é pessoalmente "bem-resolvido" no sentido do eu/*self* e que

3) tem bastante força de ego para enfrentar a realidade como ela é, e

4) anseia por desafio e desequilíbrios, pois quer subir para o próximo nível de desenvolvimento.

Então, enquanto o coaching radicalmente difere da terapia no foco, propósito, estilo e processo, ambos – coaching individual e de grupo – são terapêuticos em seus efeitos sobre a personalidade. Irwin D. Yalom (1975) descreve isso sucintamente:

> "Um grupo de treinamento, embora não seja um grupo de terapia, é um grupo de terapia no sentido de oferecer a oportunidade de fazer trabalho terapêutico." (p. 513)

A Arte do Coaching de Grupo

Este capítulo de abertura é uma orientação inicial do coaching de grupo, ao definir nossos termos e ao distinguir muitas formas de coaching de grupo. À medida que você revisou os tipos de grupos com os quais você teve experiência e/ou que você tenha liderado ou promovido coaching, qual é o tipo de coaching de grupo pelo qual você mais se atrai?

Pegue alguns momentos para refletir sobre as suas três melhores experiências de grupo. Quais foram elas? Por que você escolheu essas três? O que você experienciou, aprendeu, descobriu e/ou tirou dessas experiências que o levou a tê-las como as melhores experiências de grupo?

Alguma vez você já teve experiência em grupo que não ajudou ou, até mesmo, foi dolorida? Se sim, o que ocorreu? O que o líder do grupo ou coach fez ou falhou em fazer o que causou isso? O que você aprendeu com isso?

Notas Finais do Capítulo:

1. Kurt Lewin (1948, 1997): "A melhor definição do que seja um grupo é um todo dinâmico mais baseado na interdependência do que em similaridade." (p. 131). "Conceber um grupo como um todo dinâmico, deveria incluir uma definição de grupo que seja baseada na interdependência dos membros. Parece, para mim, que é mais importante enfatizar este ponto, porque muitas definições de grupo usam a similaridade de seus membros, em vez de dinâmica interdependente, como fator constitutivo... É muito possível que um número de pessoas que têm uma certa similaridade – por exemplo, de sexo, de raça, de posição social, de atitudes – sem serem parte de um grupo no sentido de serem partes interdependentes de um todo social." (p. 273)

2. O primeiro Movimento de Potencial Humano acabou em meados da década de 1980. Para mais informação, veja *Psicologia da Autorrealização – Self-Actualization Psychology* (2009).

3. Os três níveis de coaching correspondem aos níveis do desafio. Mudança comportamental corresponde a Coaching Performance. Mudança evolucionária de crenças, valores e identidade correspondem ao Coaching de Desenvolvimento, e a mudança revolucionária ou de paradigma de visão, direção, premissas correspondem ao Coaching Transformacional. Veja *Coaching Change, Meta-Coaching Volume I*.

Capítulo 2

VISÃO:

QUAL É A VISÃO DE UMA EQUIPE ALTAMENTE EFETIVA?

"Nunca duvide que um pequeno grupo de cidadãos conscientes e comprometidos poderia mudar o mundo. De fato, é a única coisa que sempre mudou."
Margaret Mead

"A maior parte de nós, em um período ou outro, fez parte de uma grande 'equipe,' Um grupo de pessoas que funcionam juntas de um modo extraordinário – as quais confiavam umas nas outras, que complementavam as forças umas das outras e que compensavam suas limitações, tinham objetivos comuns, os quais eram maiores do que os objetivos individuais, e estes produziram resultados extraordinários."
Peter Senge, *A Quinta Disciplina*

Este capítulo é uma visão geral. Antes de exercitar as especificidades do coaching de grupo, eu quero apresentar um visão – a visão de facilitação de um grupo de pessoas a transcender suas identidades individuais de modo que, individualmente, eles se tornam imbuídos de uma identidade coletiva que possam liberar ainda mais seus potenciais individuais, bem como os potenciais do grupo.

Por que trabalhar em grupos? Por que facilitar um grupo de indivíduos

separados a se tornarem equipes de alto desempenho? De maneira simples e curta: porque os grupos têm um potencial tremendo! E a magia do grupo reside em como esse processo nos capacita a liberar os *potenciais coletivos* inerentes ao grupo; então, juntos somos capazes de atingir coisas verdadeiramente grandiosas, as quais nós não poderíamos nem ao menos ter imaginado conquistar sozinhos ou separadamente.

Capítulo 2 – Qual é a visão de uma equipe altamente efetiva?

Equipes eficientes não surgem por acaso. Elas são treinadas para existir. Elas são desenvolvidas, nutridas, treinadas, educadas, empoderadas, refinadas e mantidas. E elas são raras. A verdade é que os grupos de pessoas, em sua maioria, são raramente compatíveis como grupo, menos ainda como equipes. E a maioria das equipes não é altamente efetiva, mas padece de muitas disfunções (falta de confiança, falta de colaboração, comprometimento, abertura, receio de conflito, desatenção aos resultados etc.). Além disso, até mesmo equipes altamente efetivas não tocam em todos os potenciais que são possíveis quando as pessoas se juntam para trabalho e luta pelo objetivo que os membros compartilham como sendo importantes e significativos.

Quais seriam, então, os problemas que nos impedem de liberar o poder potencial de uma equipe? Há muitos problemas – que são as razões e o contexto que tornam necessário um coach de grupo. E, ainda, todas se resumem a uma coisa:

> *A qualidade e as características das relações que nós experimentamos quando nos conectamos, relacionamos, pensamos juntos (comunicamos) e trabalhamos juntos (cooperamos e colaboramos).*

O que indica baixa qualidade em relação à comunicação? Falta de confiança, falha de trabalho de equipe, falta de foco no desempenho e conflito destrutivo. Qual é a essência desses problemas? Isso se deve a entendimento e a crenças inadequadas sobre colaboração, entrosamento e qualidade da liderança, para trazer à tona, o melhor (ou pior) em cada um no sentido de nossos potenciais sociais, à medida que trabalhamos juntos. É parte da natureza humana querer ter bons relacionamentos, fazer parte de um grupo eficiente e aproveitar o espírito de equipe de um grupo bastante unido que está, de modo apaixonado, trabalhando por algo significativamente importante. Todos nós queremos e também receamos isto.[1]

Temos medo disso? Sim; nós tememos o custo que pode ter para nós – nosso tempo, nossas esperanças, nossos desapontamentos, nossa independência, nosso direito de escolher, a nosso próprio modo, nossa paciência, nossa frustração etc. Vamos nos entrosar? Será seguro fazer parte de um grupo? Haverá conflito? Eu serei respeitado? Alguém irá ficar mandando em mim o tempo todo?

Nós, então, tanto queremos ter essa experiência quanto a tememos. E com razão.

O que nós devemos fazer para concretizar esta visão de equipe eficiente? Nós precisamos de *líderes de alta qualidade* no grupo. Qual é a qualidade dessa liderança? Nós precisamos do tipo de liderança que desenvolva, permita, nutra, modele, apoie, desafie etc. um grupo de pessoas (sendo de duas ou três ou 1000 pessoas) a se tornar altamente eficiente como grupo ou equipe. A qualidade e o caráter desse estilo de liderança são as do *coaching de liderança* – uma liderança visionária que saiba como unir as pessoas, que possibilite que se organizem, de modo que criem a sinergia de todas as energias, de forma em que, juntos, sejamos capazes de coisas inacreditáveis.[2]

O Coaching de liderança também é único por ser uma liderança que intencionalmente busca trazer à tona o melhor das pessoas, de modo que as pessoas possam ir *além da mera cooperação até a colaboração completa.* Liderança por meio do coaching não apenas envolve ter uma visão inspiradora, mas, também, enquadramento, comunicação, administração, empoderamento, modelagem, desafios, testes, confrontamento e muito mais. Assim, desenvolver e concretizar uma equipe altamente efetiva requer todas essas dimensões de liderança. E isso é o que um coach de grupo faz – ele ou ela facilita este tipo de desenvolvimento de liderança.

Ao final, quando o coach de grupo encerra o seu trabalho, o grupo inteiro se torna uma equipe de líderes efetiva. É uma equipe de "líderes" colaborativos com cada um coordenando e colaborando para criar algo que seja maior do que a soma de todas as partes. Agora, o papel da liderança pode mudar entre as pessoas de acordo com suas competências e experiências.

Visão – Quando Operadores de Ponta se Tornam uma Equipe

No livro *Tribal Leadership* (2008), Dave Logan e associados citam as palavras de Mike Eruzion que foi o capitão do Time Americano de Hóquei Olímpico que ganhou a medalha de ouro em 1980. Ao explicar como eles se tornaram o tipo de equipe que realizou "o milagre no gelo", contra todas as expectativas e previsões, Eruzione disse que esse talento foi

> "... construído sobre o fundamento do comprometimento... e de se orgulhar do que faz... isso tudo ligado por valores tradicionais."

> "O depoimento dele nos fez pensar no recente 'time dos sonhos' de basquete americano que se consistia de *superstars*, em sua maioria ... Eles seriam os grandes conquistadores. Não se formou um verdadeiro time, e eles foram derrotados por jogadores 'menores' que estavam unidos." (p. 156)

Quando eu li aquilo, eu pensei: *Que metáfora genial!* Isso descreve poderosamente as diferenças entre o grupo de indivíduos *superstars*, cada um jogando fundamentalmente por sua própria glória, contra uma equipe que criou uma sinergia, de tal modo que cada jogador estava jogando *pelo time*!

Esta é uma das razões pelas quais eu verdadeiramente gosto desta história. Outra é que a equipe Olímpica de Hóquei dos Estados Unidos, o azarão de 1980, do qual nada se esperava, conseguiu vencer. Os rapazes da equipe ganharam o ouro.

Como eles se superaram? O que explicaria esse "milagre no gelo?" O time favorito era composto de jogadores de ponta, dos quais, dezenove dos vinte jogadores, tinham sido capitães em seus próprios times, mas não chegou a um consenso dos "astros". Os membros da equipe, por sua vez, não estavam direcionados por seus egos individuais, mas por uma visão do que poderiam se tornar juntos. Por essa razão, eles eram capazes de transcender qualquer barreira autoimposta para se tornarem uma equipe e funcionasse completamente.

O coach da equipe, Herb Brooks, era conhecido por não se importar se os jogadores gostavam dele. Em vez disso, ele se focou em que o respeitassem o suficiente para seguir suas diretrizes, incluindo sessões de prática exaustivas. No final, por meio de seleção e treinamento, os jogadores tinham o talento, sabiam seus papéis e descobriram uns aos outros, não apenas pelas habilidades de cada pessoa e suas competências, mas, também, por seus valores.

Quando chegou o dia do jogo contra os soviéticos, Herb contou à equipe que todas as peças se encaixariam. Como equipe, eles não tinham percebido que o coach tinha dado a eles o palco e a oportunidade de se tornarem a equipe que ele, como coach, sabia que poderiam ser. E, naqueles instantes, a equipe Olímpica de Hóquei dos Estados Unidos deu uma guinada quântica para ser mais do que um grupo: *eles se tornaram uma equipe completamente funcional*. Naquele momento, eles não estavam jogando *contra* um competidor; eles estavam jogando *por* algo muito maior: eles estavam jogando pelo amor ao esporte e por ser a melhor versão de si mesmos.

No momento em que tudo começou a ocorrer, havia um senso se formando de que tudo é possível. Quando eles ganharam, o capitão do time, Mike Eruzione, soltou um "Uau", um suspiro de encantamento e gratidão. "Nós voltamos ao vestiário, e os rapazes estavam se abraçando e chorando. Nós mal podíamos acreditar", ele disse. Esta é a magia de uma equipe.

Visão – Equipes Altamente Efetivas nas Organizações

Se você já está lendo este livro, você sem dúvida já teve uma visão de como aproximar um grupo de pessoas e fazer com que os integrantes desse grupo colaborem de certa forma, de modo que objetivos compartilhados possam ser alcançados. Você pode ter uma visão sobre criar ou liderar esse grupo de pessoas para torná-lo uma equipe altamente eficiente. Esta é *uma visão de colaboração* – de respeito, confiança, disposição para acreditar um no outro e em um resultado comum compartilhado. E hoje, mais do que nunca, isso é realmente importante.

Isso é importante, atualmente, porque os dias em que uma única pessoa poderia proporcionar toda a liderança que se requer em uma organização ou companhia acabaram. *Hoje é necessário uma equipe de liderança.* Em uma companhia, este seria o trabalho coletivo dos líderes visionários e os líderes gerenciais. Em uma comunidade esta poderia ser a combinação daqueles que são líderes operacionais, líderes pessoais, os formadores de pensamento, líderes morais etc.[3]

Agora os grupos desempenham um papel muito mais importante na maior parte de nossas vidas do que geralmente se reconhece. A verdade é que todos nós vivemos nossas vidas em muitos grupos diversos e temos *relacionamentos* em muitos outros grupos. Há a família, amigos, associações, clubes, igrejas, conselhos etc. O quão bem nos relacionamos com esses grupos determina, em grande medida, a qualidade de nossas vidas. Nós, portanto, nos conectamos com esses grupos porque precisamos uns dos outros. Nós não somos, e realmente não poderíamos ser, independentes uns dos outros. Não somos ilhas fechadas em si mesmas.

Por que o coach de grupos? Porque, enquanto somos parte de tantos grupos, muitos deles – talvez a maioria deles – não são eficazes. Alguns são completamente disfuncionais, e outros fazem da vida um verdadeiro inferno. Em muitos deles, não é divertido fazer parte – não mesmo!

Em uma organização, por que treinar um grupo para ser uma equipe? No mínimo, nós queremos reduzir as lutas internas e o desperdício de energia que é algo comum. Onde existe esse tipo de disputas mesquinhas, há sentimentos feridos, estados emocionais negativos, frustração, raiva, medo, ciúmes, vingança etc. e muito desperdício de energia mental e emocional. De forma mais otimista, o propósito é acionar o uso da energia emocional e mental dos membros do grupo para dinamizar o grupo para mover-se adiante em direção aos objetivos do grupo e seus resultados desejados.

De forma ainda mais positiva, quando nós movimentamos um grupo desunido para se tornar uma equipe, focamos suas energias, de modo que, juntos, nós possamos mais do que poderíamos sozinhos. Isso é sinergia; isso é alinhamento.

A partir da síntese de esforços, a sinergia gera uma Gestalt e, então, algo é gerado cujo resultado é "maior do que as somas das partes" (o sentido literal de *Gestalt*).

A foco de mira laser que resulta disso permite à equipe ser mais inteligente do que o mais esperto de nós. Isso permite à equipe a criação de resultados que nenhum de nós poderia produzir sozinho.

Coaching de grupo em treinamentos de Meta-coach

No Meta-Coaching, a primeira forma que nós provemos treinamento com coaching grupos e equipes é por meio dos grupos de aprendizagem, os quais formamos no treinamento. Nós utilizamos esses grupos principalmente para apoio e desafio no processo de treinamento. Para facilitar isso, nós trazemos um grupo de líderes/coaches que funcionam, primeira e principalmente, como coaches de grupo para fazer coaching de grupos pequenos de pessoas (5 a 10 pessoas) para se tornarem, antes de mais nada, um grupo de apoio e, possivelmente, uma equipe. Nesse papel, os coaches do grupo são, também, convidados a modelar como fazer o coaching de grupo. Nós utilizamos isso para coaches-em-treinamento para, experimentalmente, aprender sobre dinâmicas à medida que eles experimentam formação, formulação, normatização e atuação em palcos, com pessoas que talvez, tenham entendimentos muito diferentes, ideias, valores, competências, talentos, metaprogramas etc.

Para criar um sentido de apoio no grupo e, posteriormente, um espírito de equipe, nós também provemos o coaching para o grupo inteiro de participantes do treinamento *como um grupo.* Desse modo, em ambos os grupos, no pequeno e no grupo maior, a pessoa experimenta um "bocado" de pessoas se tornando um grupo e, então, se torna uma equipe com uma identidade, um senso de direcionamento e de foco, objetivos, um modo de organização e operação etc. Quando isso é verdadeiramente bem-sucedido, a equipe irá sobreviver por muito tempo após o término do treinamento. Às vezes, a equipe irá continua por três meses, seis meses, algumas, tendo durado por mais de dois anos!

Um coach de grupo opera para facilitar o desenvolvimento individual dos membros do grupo ao ser um catalisador de aprendizado, desenvolvimento, crescimento e funcionamento do grupo. Ele ou ela permitirá que os membros do grupo liderem e sigam, de modo que deem apoio operacional para a capacidade máxima da equipe.

Os Critérios de Grupos Altamente Apoiadores

Com o que um grupo de alto apoio se parece? Que critérios nós usaremos para avaliar e criar *benchmark* – indicadores do estados e da qualidade de um grupo?

Dentre os mais fundamentais critérios, há esses sete:

1) *Segurança:* Ser parte desse grupo é algo seguro e livre de ameaças. O medo é direcionado para fora do grupo, de forma que as pessoas se sentem confortáveis sendo elas mesmas no grupo.

2) *Inclusivo:* O grupo é acolhedor, aceita todos os seus membros e não exclui as pessoas do grupo.

3) *Coeso:* Os membros do grupo juntam tanto a coordenação de atividades quanto a cooperação de uns com os outros, visando a completar o trabalho, sem permitir que as diferenças ou conflitos os distancie de atingir os objetivos do grupo.

4) *Apoiador:* O grupo provê suporte aos seus membros, de modo que, quando os membros se sentem estressados ou desapontados com seus desempenhos, há pessoas às quais podem recorrer para apoiá-los.

5) *Produtivamente Funcional:* O grupo faz as coisas acontecerem. Fixa um desempenho desafiante que seja importante e requeira as contribuições e interdependência de todos.

6) *Democrático:* O grupo opera a partir do reconhecimento dos valores e da dignidade de todos os membros e se esforça para distribuir o poder e a tomada de decisões amplamente, de modo que os membros terão um senso de controle e influência no grupo.

7) *Flexível*: O grupo se esforça para ser o mais adaptável possível, não sendo rígido, de modo burocrático, cheio de dogmas e regras inflexíveis.

8) *Verdadeiro*: O grupo procura ser uma organização de aprendizado e, portanto, procura descobrir a verdade acerca de sua situação e o faz para eliminar trapaça e disfarces. É aberto e receptivo para qualquer que seja a verdade agora, e o que pode ser verdade no futuro.

De um grupo eficaz para um equipe de alto desempenho, os padrões se tornam mais rigorosos e exigentes.

1) *Trabalho de equipe colaborativo*: O grupo se movimenta acima da mera cooperação para colaborar em sua maneira de pensar e valorizar. À medida que o grupo se torna uma equipe, eles se tornam capazes de trabalhar juntos eficientemente ao juntar os recursos e o capital humano dos membros.

2) *Confiança:* O espírito do grupo amadurece enquanto o senso de confiança cresce, o que é conquistado quando os membros são responsáveis. O que os membros prometem, eles cumprem. Eles incorporam e executam de maneira que sejam reconhecidos como confiáveis.

3) *Espírito de Equipe*: O grupo desenvolve um senso positivo e cooperativo de sua identidade como equipe, o que convida a um senso de celebração do orgulho de fazer parte da equipe: há uma predisposição para investir mais tempo e energia para tornar a equipe bem-sucedida.

4) *Sinergia:* À medida que a equipe trabalha conjuntamente, a sinergia emerge, gerando experiências que são "mais do que a soma das partes." Isso ocorre enquanto eles aprendem a usar o diálogo para permitir que o significado flua por meio de suas conversas, o que lhes permite aprender como capitalizar suas diferenças, enquanto ficam focados na realização de seus objetivos.

5) *Responsabilidade Responsiva.* Os membros da equipe assumem a responsabilidade de se manterem consistentes com as normas de seu grupo, decisões, objetivos etc. Em seu nível mais alto, essa responsabilidade mútua se torna uma responsabilidade de pares.

6) *Vulnerabilidade.* A confiança surge da predisposição dos membros de serem abertos e vulneráveis uns com os outros a respeito de suas necessidades, impulsos, esperanças, sonhos, forças, fraquezas etc.

Fazendo Coaching em um Grupo

Em Meta-Coaching, no cerne do Coaching efetivo com um indivíduo, está a competência de *facilitação do processo*. Usando os Eixos do Significado – Desempenho, *a facilitação do processo se traduz por compaixão desafiadora*. Ou, pelo uso das palavras do Coach Executivo, Graham Richardson, significa ter uma "Compaixão sem misericórdia." *A facilitação do processo* se aplica da mesma forma quando se trabalha com grupos.

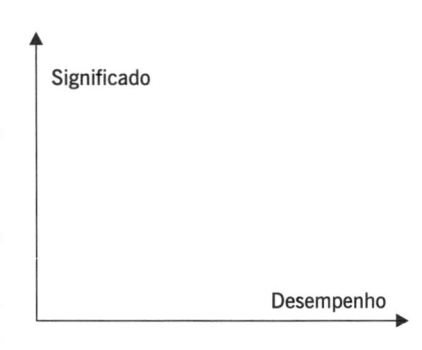

> Um coach facilita o processo inerente ao grupo por meio do qual os membros do grupo são cocriadores de um lugar seguro para o aprendizado do grupo, pensando, questionando, explorando, fornecendo e recebendo feedback, desafiando e inspirando, a serviço de um desafio de performance.

Isso emerge por meio do processo de um grupo definir a si mesmo em termos de sua identidade, resultados, regras, propósitos, valores, estrutura, forma de operar e seus líderes. Um coach de grupo facilita para que os membros do grupo se tornem familiarizados com as forças e fraquezas uns dos outros. Isso permite ao grupo a criação de estrutura que reproduza as forças de cada uma das pessoas, sem evidenciar suas fraquezas. A tarefa do coach é a criação de contexto para um ambiente aberto, seguro e intimista – um ambiente no qual o grupo possa desafiar um ao outro para um objetivo elevado e padrões rigorosos. Ele ou ela vai precisar envolver cada uma das pessoas, gerir o tempo, ver e testar competências.

A Arte do Coaching de Grupo

A arte do coaching de grupo inicia-se com competências básicas, como as já utilizadas pelo coach no coaching um-a-um: escuta atenta, dar apoio, fazer perguntas, metaperguntas, fornecer e receber *feedbacks*, induzir estados etc. Como um coach de grupos, você também irá precisar estabelecer *frames* com o grupo, acompanhar a conversa, se assegurar de que cada pessoa tenha chance de falar, gerenciar as regras da conversa, de forma que ninguém seja julgado, criticado, desconectado, insultado, impedido de falar, interrompido etc.[4]

Como um coach de grupo, fica a seu critério criar um clima que seja condutor de escuta profunda e precisa, entendimento, diálogo, criação e desempenho. O seu trabalho é remover obstáculos, enquadrar diferenças para dar boas vindas à colaboração, dar sequência à comunicação, criar e aprender o ambiente, facilitar o ajuste de objetivos de equipes, se ater ao controle da qualidade da comunicação, examinar e revisar como foi a sua atuação.

Isso é o que você faz. A *arte* disso será fazer isso a partir das suas próprias intenções e visão. Você tem uma visão convincente e inspiradora para isso? Você ama ver pessoas crescerem e colaborarem?

Notas Finais do Capítulo:

1. Veja o livro que está sendo escrito atualmente, *The Collaborative Leader,* escrito por mim mesmo e Ian McDermott.

2. Veja o livro *Unleashing Leadership: Self – Actualizing Leaders and Companies* (2009).

3. Há muitos *tipos* de líderes. Veja o manual de treinamento "Unleashing Leadership".

4. Veja Meta-Coaching, Volume I, ou o Manual de Treinamento para o Module III de Meta-Coaching.

Capítulo 3

BENEFÍCIOS:

POR QUE FAZER COACHING EM UM GRUPO?

"75% das companhias americanas dizem que o trabalho em grupo foi o desafio número um em sua lista; ainda assim, poucos quadros investiram em alguma atividade formal de desenvolvimento de equipe ou coaching de equipes."
Peter Hawkins (2011) *Leadership Team Coaching* (p. 121)

"Não há dois membros de um grupo que se beneficiem do grupo da mesma forma."
C.G. Kemp (*Perspectives in Group Process*)

Você tem agora uma visão (capítulo 2) para fazer coaching de grupos e para criar grandes equipes. Você sabe que o propósito do coaching de grupo é unir as pessoas, de forma que, juntas, elas possam conquistar o que nenhuma pessoa sozinha conseguiria. A sua visão pode ser liderar, ou ser coach de um grupo de líderes, ao criar um grupo de indivíduos altamente eficientes. Sabe, então, por que isso é de uma relevância crítica para você? Se você sabe, pule este capítulo e se direcione para a parte dois de Formação de Grupo.

Se você precisa ainda vender o Coaching de Grupo para si mesmo ou para outros, esse capítulo vai mostrar as perguntas que as pessoas mais fazem:

- Por que fazer coaching com um grupo?
- Quais são os benefícios do coaching de grupo?
- O coaching valerá o seu esforço e o seu tempo?

Capítulo 3 – Por que fazer coaching em um grupo?

Uma vez que o coaching de grupo efetivo não é para os fracos de coração, é melhor estar completamente convicto de seu retorno sobre o investimento – sobre o empenho, sobre o compromisso.

Há muitas razões para fazer o coaching de grupo. Provavelmente, a mais básica delas seja: *nós humanos somos seres sociais* e quase tudo o que fazemos é *com* outros e *por meio* de outros. Isso, de fato, é uma descrição da vida e dos negócios da forma na qual operamos no século XXI, não é mesmo?

Com e por meio de outros significa que ninguém é autossuficiente para suprir todas as suas necessidades. Nós compramos comida que outros plantaram, colheram e forneceram às lojas. Nós vivemos em casas que arquitetos desenharam e construtores levantaram, nas quais são utilizados materiais que centenas de outras pessoas projetaram, criaram e venderam aos empreiteiros. Também em relação a nossas roupas, carros e tudo o mais na vida moderna. Nós não somos autossuficientes. Nós dependemos dos outros, nós trabalhamos com outros e obtemos o que precisamos, por meio dos outros. A vida, como a conhecemos, é intensamente social e socialmente interdependente.

Isso explica por que os negócios, por sua natureza, dizem respeito a trabalhar *com* outros e *por meio* de outros. Isso torna os grupos de pessoas e os relacionamentos inerentes a esses grupos essenciais para amaciar o funcionamento da vida no dia a dia. E não podemos aceitar mitos sobre a pessoa autossuficiente, o líder heróico, a pessoa que se joga lá para cima por seus próprios pés – são mitos. A verdade é que, como seres sociais, nós trabalhamos melhor e produzimos mais em grupos e com grupos. Nós compramos de grupos e vendemos para grupos. Cada um de nós somos, também, parte de muitos e muitos grupos.

> "O Coaching para executivos e gerentes de alto potencial se desenvolveu nos Estados Unidos e na Europa, durante a década de 1980. Coaching de equipe para quadros de projeto e de liderança começaram a se tornar realidade no início da década de 1990."
>
> Michael C. Moral and Sabine K. Henrichfreise
>
> 2009, p. 15

Grupos de pessoas definem a vida como a conhecemos hoje – famílias, amigos, comitês, conselhos, associações, negócios, organizações, clubes, ONGs, e assim por diante. E quando pensamos sobre todas as habilidades sociais, as virtudes sociais e as emoções, a vida humana é, predominantemente, social. A vida é, predominantemente, uma experiência *em* grupos e *com* grupos de pessoas, isso resulta em todas as emoções, competências, virtudes e interações sociais que nós experimentamos:

Emoções Sociais: amor, ódio, maldade, gentileza, paciência, impaciência, perdão.

Competências Sociais: Compaixão, empatia, cuidado, compreensão, escuta, apoio, perdão, responsabilidade, desafio, confronto.

Virtudes Sociais: amor, paz, afabilidade, paciência, gentileza, cuidado, compaixão.

Interações Sociais: aceitação, rejeição, criticidade, delegação, liderança, seguidores.

Grupos são importantes porque nós não apenas *vivemos* em grupos e nos associamos a outros grupos de pessoas, mas também **trabalhamos em e com grupos. Nós, até mesmo, experimentamos nossa identidade em ter**mos de grupos que compõem nossas vidas. Não é assim? Se eu tivesse que perguntar a você sobre você mesmo: *Quem é você? Como parte de sua identidade você descreveria as pessoas e grupos que existem na sua vida, ou não?*

Você não me falaria dos grupos dos quais você é membro? Quando as pessoas interagem há tensões e estresse. Uma vez que as diferenças existem, haverá conflito; isso significa que nós vamos precisar de processos para lidar efetivamente com conflitos e diferenças. Quando as pessoas não sabem como lidar com a dimensão social de um modo eficaz, vão tipicamente sofrer em mãos alheias – de solidão, rejeição, criticismo, desentendimento etc. e, também, criarão dor e incompreensão.

Algumas vezes, as interações dolorosas são tão traumáticas que as pessoas precisam mais do que apenas treinamento em competências sociais e interpessoais, elas precisam se curar da forma que tratam as pessoas e de como foram tratadas. Na psicologia, esse princípio foi há muito reconhecido: *Nós somos feridos pelas pessoas e nós, também, somos curados pelas pessoas.* Nós somos curados pelo amor, cuidado, compaixão ao sermos ouvidos, compreendidos, perdoados, desafiados, acreditados, confiados, tidos como responsáveis. Nós precisamos de entendimento sobre o que deu errado e sobre ambos, como corrigir e quando aceitar, tolerar e perdoar. Em grande medida, isso descreve o domínio da terapia. Mas não é sempre. As pessoas que precisam de terapia, em sua maioria, estão basicamente saudáveis e "okay", e o melhor que têm a fazer é desenvolver e avançar suas competências sociais, com um coaching de grupos piedosamente desafiador. Então, não impressiona que nos últimos anos tenha havido um tremendo desenvolvimento nas áreas de inteligência emocional, social e cultural.

No mínimo, nós fazemos o coaching de um grupo de pessoas porque queremos reduzir as brigas e todo o desperdício de energia, a discórdia, a competição, o domínio de um homem só, as discussões etc. que vêm desse conflito. Onde quer que existam brigas mesquinhas haverá sentimentos feridos, estados emocionais negativos, frustrações, raiva, medo, ciúmes, vingança etc. o que significa muito desperdício de energia mental e emocional. De forma mais positiva, o nosso propósito é acionar a energia mental e emocional dos membros do grupo para energizar o grupo a avançar em direção aos objetivos desejados pelo grupo.

De forma mais positiva ainda, quando nós ajudamos um grupo desconectado de pessoas a se tornarem uma equipe, nós focamos suas energias, de modo que, juntas, elas possam conquistar mais do que fariam sozinhas. Isso cria sinergia de grupo. A partir dessa síntese de esforços, a sinergia gera algo que seja "maior do que a soma das partes." Um foco de *mira laser* no resultado torna uma equipe mais inteligente que a mais esperta das pessoas no grupo. Isso possibilita à equipe a criação de resultados que nenhum de nós, sozinho, poderia jamais produzir isoladamente. O atual CEO do Visa, Dee Hock, escreveu sobre o poder dos grupos:

> "No campo de esforço de grupo, você verá eventos inacreditáveis, nos quais os grupos representam muito mais do que a soma de talentos individuais. Isso ocorre na sinfonia, no ballet, no teatro, nos esportes e igualmente nos negócios. É fácil de reconhecer e impossível de definir. É algo místico. Isso não pode ser adquirido sem um esforço imenso e treinamento, pois a cooperação sozinha raramente cria isso." (De *Reframing Organizations,* p. 287)

Por Que Coaching de Grupo?

O propósito final do coaching em organizações é criar grupos altamente efetivos nos negócios. O que isso significa especificamente? Isso pode significar o desenvolvimento de muitas coisas que são requeridas para que os negócios sejam efetivos, eficientes, produtivos e lucrativos. Entre os benefícios dos grupos e equipes, temos os seguintes:

- Aproxima as pessoas, alinhando a visão, a missão e os valores da organização.
- Reduz os conflitos desnecessários entre os indivíduos e os grupos.

- Aciona e, efetivamente, utiliza o conflito criativo para gerar ideias e facilitar melhorias e inovações.
- Melhora as competências sociais e interpessoais de todos os indivíduos, de modo que as pessoas se dão bem e tratam os consumidores melhor.
- Retenção dos melhores empregados, de modo que sejam capazes de trabalhar efetivamente e aproveitar as experiências.
- Promove um entendimento profundo das pessoas, de modo que cada membro do grupo seja mais capaz de trabalhar com os outros efetivamente.
- Ganho de vantagem competitiva em negócios, ao usar grupos efetivos para refletir e representar a competição em facilitação criativa e resolução de problema.
- Criar equipes autogestoras que coloquem o gerenciamento nas mãos dos membros da equipe.
- Criação de grupos saudáveis e interações dentro dos negócios de forma que as companhias se tornem lugares mais humanos, onde as pessoas *querem* estar para fazer o melhor trabalho possível.
- Melhorar a qualidade do trabalho de equipe, à medida que as pessoas se preocupem com seus trabalhos.
- Liderar uma iniciativa efetiva em um negócio que não seja sabotado por procrastinação, objetivos conflitantes, competição dentro da casa etc.
- Desenvolver liderança executiva de equipe que trabalhe efetivamente unida, "sem a usual politicagem" que posiciona os gerentes sênior um contra o outro.
- Desenvolver o tipo e a qualidade de líderes que junta as pessoas de forma colaborativa – então todos estão "remando na mesma direção."
- Eliminar o antagonismo que cria a mentalidade de isolamento nas organizações.
- Coordenar os esforços de introduzir a cultura de coaching em uma organização.

Dado o que ocorre nas companhias dentro dos grupos e por meio deles, faz perfeito sentido fazer o coach dos grupos para que estes se tornem efetivos. Organizações que sofrem da falta de trabalho em grupo perdem tremendas quantidades de energia em brigas e conflitos internos.

No lado externo da vida organizacional, o coaching de grupo também desempenha um papel fundamental no desenvolvimento pessoal e na autorrealização de potenciais para os indivíduos e grupos. Quais são os benefícios da arena do coaching de grupo?

Aqui o coaching de grupo pode atingir numerosos benefícios adicionais uma vez que o coaching de grupo pode ser usado para

- Despertar o próximo nível de desenvolvimento das pessoas envolvidas em vendas, resiliência, competências de comunicação, à medida que dividem uma experiência de aprendizado com outros.

- Tornar real algumas das mais altas e melhores competências sociais que nos enriquece por meio da experiência e das relações em grupo à medida que as pessoas compreendam como realmente aprender, inquirir, explorar, fornecer e receber *feedback* etc.

- Possibilitar às pessoas que descubram seus pontos cegos enquanto outros devolvem percepções para criar oportunidades de aprender como lidar efetivamente com estas.

Alinhamento para dar Poder ao Foco

Peter Senge, *A Quinta Disciplina* (1990), devotou um capítulo inteiro (13) para a Aprendizagem de Equipe e começou o capítulo com uma ênfase no poderdo grupo de pessoas funcionando como um todo, o que cria alinhamento.

> "Na maioria das equipes, a energia dos membros individuais trabalha em propósitos cruzados... A característica fundamental da equipe relativamente não-alinhada é o desperdício energético. Indivíduos podem trabalhar duro extraordinariamente, mas seus esforços não se traduzem eficientemente em esforço de equipe." (p. 234)

No mesmo sentido, Senge aponta que empoderar os indivíduos sem o alinhamento do grupo apenas "aprofunda o caos e torna o coaching de equipe ainda mais difícil."

> "Grupos podem ser maravilhosos ou terríveis, produtivos ou estagnados, aprisionadores, libertadores, conformistas ou criativos."
>
> *Reframing Organizations*, p. 173
>
> Lee Bolman

A Arte do Coaching de Grupo

Você tem um senso forte do seu propósito como coach de grupos? Quais são suas razões e intenções pessoais para o coaching de grupo? Pergunte a si mesmo a questão do porquê da sua intenção. "Por que você ser o coach desse grupo?" Pegue, então, cada resposta questione o porquê desse motivo. Faça isso repetidamente, cinco ou sete vezes e você irá chegar a algumas das suas mais altas intenções.

Até que ponto você acredita que "todos nós somos mais espertos do que qualquer um de nós?" Se você realmente acredita nisso, como você, como coach do grupo, facilita que emerja esta inteligência maior no grupo? Como você começaria a usar os diálogos em grupo para criar um aprendizado de grupo e permitir que uma inteligência maior emerja?

Notas Finais do Capítulo:

1. Ambos, PNL e Neurossemântica surgiram de uma modelagem e são, em seu cerne, disciplinas sobre a modelagem. A PNL surgiu da modelagem de três comunicadores experts, Fritz Perls, Virginia Satir e Milton Erickson. Neurossemântica surgiu de uma modelagem de resiliência, a modelagem do sistema de trabalho de Bateson e Korzybski e a modelagem contínua da autorrealização que Abraham Maslow iniciou. Os livros de modelagem incluem: NLP Volume I, Modeling with NLP (ambos de Robert Dilts), Meta-States, The Matrix Model, NLP Going Meta, *Advanced Neuro-Semantic Modeling (a training manual)*, e Cultural Modeling (todos por L. Michael Hall).

Parte II:

FORMAÇÃO DE GRUPOS

Capítulo 4

INDIVÍDUOS:

DO QUE OS MEMBROS DO GRUPO PRECISAM?

*"Há algumas notícias muito boas sobre o coaching de equipes...
É simples assim: a maioria das pessoas quer ter relacionamentos com aqueles
à sua volta. Eles desejam que estas relações sejam significativas."*

Myles Downey

Pessoas em um grupo têm necessidades. Quando você tem um grupo de pessoas, você tem tantas necessidades quanto indivíduos e você também tem necessidades emergentes – necessidades do próprio grupo como grupo. Esse entendimento levanta muitas questões:

- Do que as pessoas no grupo precisam?
- Quais necessidades direcionam as pessoas nas equipes?
- Quais necessidades emergentes surgem em virtude da natureza e existência do grupo como grupo?
- Do que o grupo precisa como grupo? (Veja no capítulo 5)

Quando pessoas se juntam como um grupo, sempre há preocupações e concernimentos, tanto em suas mentes quanto em seus inconscientes a respeito de se agrupar. Alguns desses questionamentos não estão de

forma alguma escondidos. Eles existem na mente das pessoas. Podem se tratar de preocupações e questionamentos que os membros do grupo conscientemente têm.

Mesmo assim, algumas dessas preocupações são inconscientes e se encontram "no filme interno de suas mentes", lá no fundo dos seus pensamentos.

- Por que estamos nos reunindo em um grupo?
- Qual seria, ou qual é, o propósito deste grupo?
- Vai ser compensatório dedicar tempo e esforço para fazer parte deste grupo?
- O que se espera de mim?
- Temos mesmo que fazer isso? Existem outras alternativas?
- Como serei tratado? O que pensarão de mim?

Estas e muitas outras são as primeiras perguntas a surgir e a se formar em nossas mentes, mas não são as únicas e, provavelmente, não são as mais importantes. Há muitos anos, um dos líderes da segunda geração do Movimento de Potencial Humano, Will Schultz, criou uma lista de cinco perguntas que a maioria das pessoas têm em mente quando se envolve em experiência de grupo. Alguns anos atrás, adicionei mais duas perguntas e as chamei de as *sete perguntas escondidas* que influenciam fortemente a experiência humana em fazer parte de um grupo. E, a partir da perspectiva de ser coaching ou ser líder de um grupo, estas são questões cruciais que cada coach de grupo precisa fazer quando trabalha com um grupo. Agora já são oito perguntas (Figura 4:3), embora, se você olhar com cuidado, você possa ver que há um total de dez questões.

Ao fazer estas perguntas, explicitamente, nós podemos, agora, explorar as questões e pressuposições inerentes a elas. Isso nos possibilitará o entendimento de por que as pessoas têm preocupações quando ingressam em um grupo e passam a fazer parte efetiva deste.

Também nos possibilitará entender o que impede outras pessoas de investirem seus esforços para fazer parte de um grupo ou de se comprometerem no processo de formação de grupo, ainda que seja uma experiência rica e compensadora.

Essas perguntas fundamentais do filme interno de nossa mente, a respeito de grupos e de nós mesmos, definem alguns de nossos significados e crenças mais ocultas, acerca de nós mesmos e de outras pessoas. Elas pulverizam crenças fundamentais a respeito de ser visto pelos outros, estar aberto, vulnerável, íntimo etc.

Capítulo 4 – Do que os membros do grupo precisam?

Como coach trabalhando com grupos, estas perguntas proporcionam um modo adequado de checar se você está levando em consideração os impulsos e as necessidades das pessoas em seu grupo. As premissas inerentes a essas perguntas têm que ser encaradas pelo coach do grupo se este quiser que as pessoas participem de modo saudável e eficiente. Essas perguntas ajudarão a responder algumas das mais básicas questões do grupo.

- Como é um grupo altamente eficaz?
- Quais fatores-chave do grupo determinam sua saúde e bem-estar ou a sua disfunção?
- Quais variáveis têm um papel significativo para um grupo se tornar uma equipe de sucesso?

Dado que essas necessidades específicas surgem quando as pessoas entram em grupos e que a lista mais estudada e válida de necessidades humanas é a da Hierarquia de Necessidades de Maslow, eu venho relacionando as necessidades dos membros do grupo à sua hierarquia (Figura 4:1 e 4:2). *Isto porque quando seres humanos formam grupos suas necessidades básicas não desaparecem.* Nós entramos no grupo com todas as nossas necessidades. Nós, humanos, não deixamos nossas necessidades do lado de fora da porta; em vez disso, nós as trazemos conosco para os grupos. Uma vez que o fazemos, nossas necessidades influenciam e governam nossa participação no grupo, o que estamos buscando, como vivenciamos a função do grupo no suprir das nossas necessidades.

Isso é fundamental. Por quê? Porque se o grupo não é capaz de suprir as *necessidades* de seus membros e proporcionar a *gratificação* de suas necessidades, todos os membros do grupo ficarão insatisfeitos com o grupo e serão incapazes de funcionar efetivamente no grupo. Como as primeiras dessas necessidades são as Necessidades-D (necessidades-deficiência), se as mesmas não forem adequadamente satisfeitas, os indivíduos sentirão uma deficiência que os manterá em busca de gratificação.

Necessidades-D: D é para *Deficiência* ou carência. Necessidades-D aparecem quando há falta e se extinguem, ou desaparecem, quando são adequadamente supridas.

Necessidades-S: S é para Ser. Necessidades-S surgem da necessidade de ser quem e o que somos, de sermos verdadeiros com a nossa natureza e, quando são satisfeitas elas nos amadurecem e enriquecem.

Isso pode até mesmo minar o grupo se o significado de gratificação for distorcido ou falso.

Como necessidade-D, até que a necessidade seja suficientemente gratificada, a pessoa ficará presa no nível da necessidade.E ficar preso em uma necessidade ou utilizar um falso gratificador enfraquecerá o grupo e reduzirá a qualidade da experiência do grupo e a sua produtividade.

Um grupo que não proporcione efetivamente a gratificação das necessidades básicas de seus membros irá, de fato, criar problemas adicionais para seus membros. E à medida que cria esses problemas alguns irão impedir o funcionamento efetivo do grupo, enquanto outros irão, na verdade, tornar o grupo disfuncional.

Em todo grupo, seja de base de aprendizado ou base de trabalho, as pessoas são motivadas por suas necessidades emocionais. Elas têm as necessidades-D: sobrevivência, segurança, amor e afeição, reconhecimento, autoestima... e elas têm as necessidades-S, necessidades de autorrealização: significado, conhecimento, aventura, ser útil, senso de aquisição, de beleza etc. Dado que uma miríade de necessidades e motivações surgem daí, para se trabalhar eficientemente com um grupo, essas forças internas devem ser reconhecidas, direcionadas e suavizada.

Uma vez que essas necessidades criam um força motriz dentro de cada um dos membros do grupo, entendê-las ajuda a compreender as necessidades, sentimentos, respostas, comunicação, jogos, padrões etc., dos membros do grupo. Como seres dinâmicos que experimentam todos as forças internas brigando para serem preenchidas por meio do trabalho e experiências sociais, isso significa que, quando nos encontramos, nos relacionamos, nos comunicamos com as pessoas, essa realidade interna está sempre presente. Esse é o motivo pelo qual nós precisamos reconhecer, admitir essas necessidades para, então, descobrir modos de direcioná-las efetivamente.

Figura 4:1

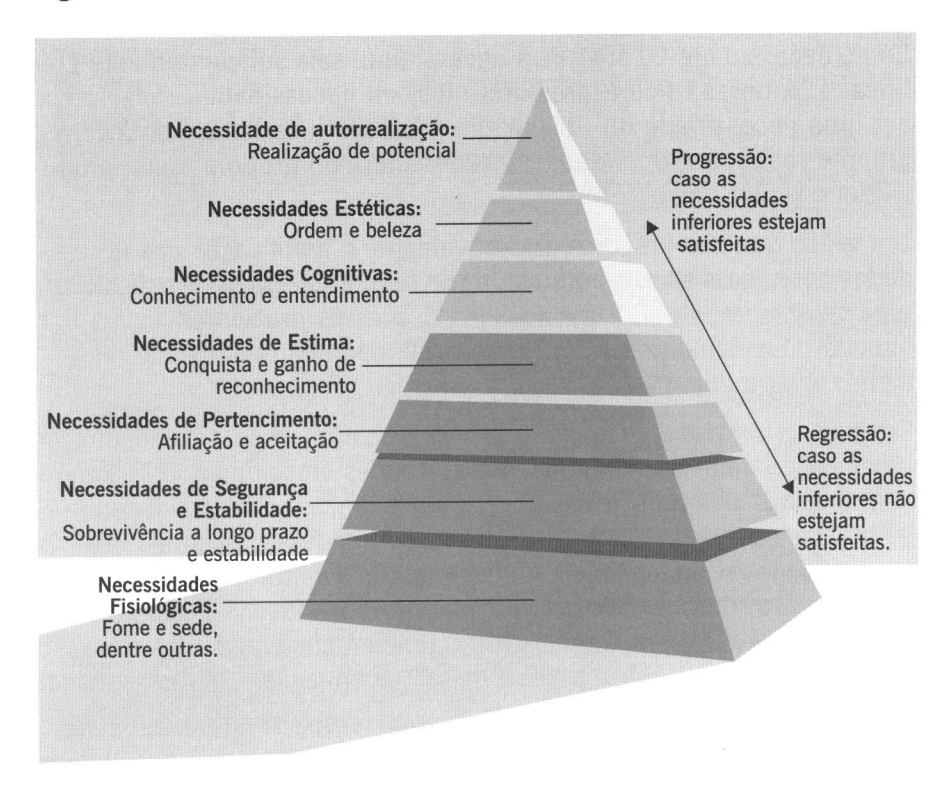

Pirâmide da Hierarquia de Necessidades de Maslow:
- Necessidade de autorrealização: Realização de potencial
- Necessidades Estéticas: Ordem e beleza
- Necessidades Cognitivas: Conhecimento e entendimento
- Necessidades de Estima: Conquista e ganho de reconhecimento
- Necessidades de Pertencimento: Afiliação e aceitação
- Necessidades de Segurança e Estabilidade: Sobrevivência a longo prazo e estabilidade
- Necessidades Fisiológicas: Fome e sede, dentre outras.

Progressão: caso as necessidades inferiores estejam satisfeitas

Regressão: caso as necessidades inferiores não estejam satisfeitas.

Hierarquia de Necessidades de Maslow

A hierarquia de Necessidades de Maslow começa com as necessidades de sobrevivência, em seguida, vêm as de segurança, as necessidades sociais (amor, afeto, vinculação), e as necessidades do ser (de importância, valor, honra). Todas essas são as baixas necessidades-D que nós dividimos com os animais mais inteligentes e sociáveis. Elas nos impulsionam até que sejam suficientemente supridas para então parar de nos impulsionar. Após estas vêm as necessidades de autorrealização de significado, informação, justiça, excelência, beleza, ordem, contribuição, fazer a diferença, amar etc.

Essas necessidades-S se referem ao *ser* e operaram a partir da abundância, mais do que da carência. Então, quando são supridas, elas crescem, aumentam e se tornam mais ricas, em vez de diminuir. O desenho das questões centrais como níveis do funcionamento humano facilita o desenvolvimento de grupos bem funcionais e, até mesmo, de equipes autorrealizadas que, em troca, são capazes de empoderar cada membro da equipe. Então, os membros serão apoiadores da capacidade uns dos outros, de modo responsável, e o grupo se tornará crescentemente autogerenciado. Esses são requisitos para que se possa proporcionar o coaching ao grupo. Como indivíduos, os grupos também precisam do processamento de coaching por meio da experiência.

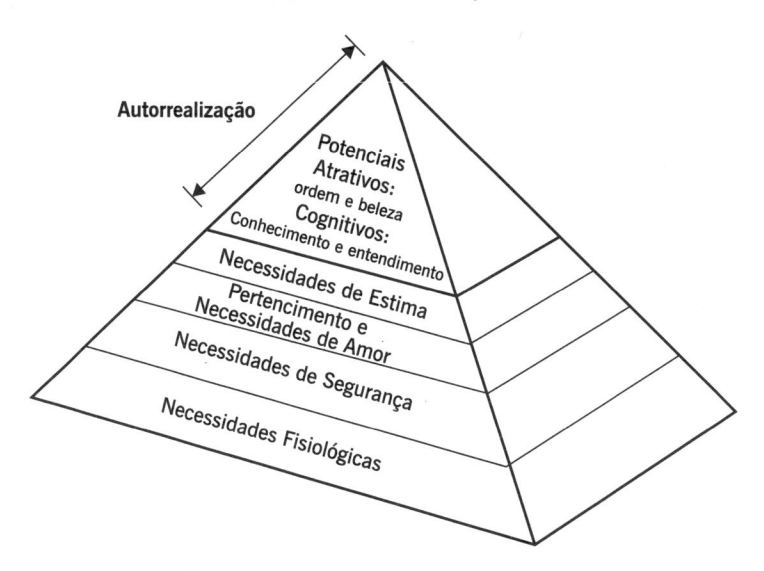

Autorrealização
Potenciais Atrativos: ordem e beleza
Cognitivos: Conhecimento e entendimento
Necessidades de Estima
Pertencimento e Necessidades de Amor
Necessidades de Segurança
Necessidades Fisiológicas

As Perguntas

1) Sobrevivência: A questão da verdade e da realidade.

Podemos dizer a verdade para esse grupo? Podemos ser reais e autênticos ou precisamos acobertar, mentir, fingir e pisar em ovos? Haverá confidência e confiança no grupo de modo que o que ocorrer no grupo irá permanecer no grupo? O grupo consegue sobreviver a um choque com a realidade?

2) Segurança: A questão da segurança.

É seguro estar nesse grupo? Sinto que estou seguro o suficiente para me abrir, ser Honesto e verdadeiro, ser franco ou até mesmo vulnerável? Sinto que estou seguro o suficiente para falar ao grupo ou este é o tipo de grupo que faz joguinhos e que irá me punir com desdém e gozação se eu cometer algum erro? Sinto segurança o bastante para ser flexível ao me ajustar ao grupo?

3) Poder: A questão da influência.

Terei alguma influência nesse grupo? Minha voz será ouvida, minha opinião vai contar? Todos irão me ouvir e, se eu oferecer algo, isso fará alguma diferença em como o grupo funciona? Isso é, terei algum poder de afetar o grupo e as pessoas no grupo?

4) Inclusão: A questão da inclusão.

Serei incluído? Ou eles vão me excluir? Serei bem-vindo, aceito, convidado a participar, apoiado? Serei parte de dentro do grupo de fora dele?

5) Social: A questão da alegria, deleite emocional.

Terei alguma alegria em fazer parte desse grupo? Será uma experiência emocionalmente satisfatória? Vou gostar de ser parte do grupo ou será entediante? O grupo irá sugar a vida e a alma das pessoas?

6) Respeito: A questão da significância (importância pessoal).

Eu faço a diferença? Sou importante aos olhos dos demais no grupo? Eles me tratam com honra e respeito? Sinto que sou importante e tenho um senso de significância pessoal quando estou no grupo?

7) Social: A questão da cooperação no trabalho conjunto.

Conseguimos trabalhar juntos? Conseguimos nos comunicar efetivamente, de modo que conseguimos coordenar nossas atividades e cooperar para criar um verdadeiro senso de colaboração? Conseguimos produzir resultados? Conseguimos alcançar o desempenho de nossos desafios?

8) Autorrealização: A questão do desempenho de classe mundial.

Conseguimos trazer à tona o melhor em cada um, de forma que possamos atingir um desempenho de ponta como grupo? Conseguimos trabalhar juntos em um nível tão elevado de modo a nos tornarmos uma equipe altamente efetiva? Conseguimos nos tornar referência mundial na nossa área em particular?

Figura 4:2

Hierarquia de Necessidades	Valorizado no Grupo	Onde há ausência de–
1) Sobrevivência	Verdade, honestidade; Mentiras, pretensões, disfarces realidade como ela é.	Consigo lidar com a Falsas imagens do mundo
2) Segurança	Abertura, eu posso ser eu mesmo.	Ameaças, perigos
3) Poder	Eu tenho escolha, influência, controle.	Desempoderamento, Eu nada posso e de nada sirvo
4) Sociais	Inclusão, acolhimento. Diversão, satisfação emocional, Trabalhar junto, entregar o trabalho	Rejeição, tolerado. Tédio, Desprazer. Ineficiência.
5) Ego	Respeitado, honrado	Desrespeito.

Figura 4:3

Questões Na mente a respeito do grupo	Fatores de grupos efetivos	Descrições Requisitos para coaching	Desafios Modos que pessoas podem ser magoadas ou violadas
1) Consigo sobreviver?	Sobrevivência	Grupo consegue ouvir e lidar com a realidade. Manterá a confiança.	Traição, mentiras, exposição, falta de confiança
2) É seguro? Eu fiz com que fosse seguro?	Segurança	Grupo é seguro para pessoas	Medo, ameaças, posicionamentos?
Como posso? Podemos ser diretos e flexíveis?	Abertura	Ser vulnerável, verdadeiro, honesto, Real, franco, confrontador. Lidar com mudança	Fechado, rígido, jogos Desonesto, não autêntico Defensivo, disfarces.
	Flexibilidade	Adaptável, conflito aberto.	Rígido, incapaz de se adaptar Autoconsciência, admitido um ao outro, às mudanças.
3) Estou incluído?	Inclusão	Bem-vindo, aceito, Convidado, apoiado.	Rejeição, criticismo, Deixado para trás, excluído.
4) Terei alguma influência?	Empoderamento	Controle, uma voz, Fazer a diferença. Competente, energia. Responsável, Autodeterminado.	Controlado, organizado, rígido regulado, resistente, sentimental morto, regras burocráticas.

5) Eu conto? Posso ser eu mesmo? Ser autêntico?	Respeito Significado	Significância Pessoal, Sentir-se importante, Senso de honra, valorizado. Estima.	Desrespeito, humilhação, insulto, quebrar a cara.
6) Vou me divertir? Será emocionalmente satisfatório?	Conexão Emocional	Apreciação, gostar, divertido, vinculador, amizade, compatível, nutrindo.	Desgostar, impessoal
	Adorável	Autoconsciente.	
7) Podemos trabalhar juntos?	Espírito de Time Trabalho em Equipe	Cooperar, equipe espírito, colaborar.	Incompatível, briguento, Ego no caminho.
8) Podemos trazer à tona o melhor em cada um para alta performance?	Facilitação Potencial em todos	Facilitação de potenciais Autorrealização	Mantém as pessoas para baixo; Não enxergar ou falar ao potencial das pessoas.

Explorando as Questões Centrais

Essas perguntas enfatizam os fatores fundamentais que fazem do grupo um grupo efetivo. Satisfeitas estas dúvidas, você cria a base para se chegar a um grupo efetivo e para que o grupo se torne uma equipe. Você consegue agora usar essas questões como um líder de grupo, ou coach de grupo, para facilitar o crescimento e o desenvolvimento do grupo e as bases para um grupo autorrealizado.

1) Sobrevivência: A questão da verdade e da realidade.

> *Podemos dizer a verdade nesse grupo? Podemos ser reais e autênticos ou precisamos acobertar, mentir, fingir e pisar em ovos? Haverá segurança e confiança no grupo, de modo que o ocorrido no grupo vai ficar no grupo?*

Grupos não conseguem sobreviver a mentiras. Onde há falsidade, trapaça, segredos, disfarces etc., é apenas uma questão de tempo antes que a verdade seja exposta e o grupo se separe. Isso é verdade independente do tamanho do grupo. Isso foi verdade para Enron e Worldcom e muitos outros grupos que não conseguiram enfrentar o confronto com a realidade. Qual é a verdade que o grupo precisa? A verdade acerca do que nós precisamos viver, o que está havendo, o que precisa ser feito, o que irá ocorrer etc. Esta verdade nos deixa livres do engano. A verdade permite que nos ajustemos à realidade, de modo que possamos nos dar bem uns com os outros efetivamente.

Um grupo também precisa de confidencialidade. Sem confiança um no outro, ou no grupo como um todo, sem confiar que o que é dito e experienciado no grupo vai ficar no grupo, as pessoas não vão compartilhar, não dirão a verdade, não vão se abrir. E se isso ocorrer, o grupo não vai sobreviver.

Annette Simmons (1999) em *A Safe Place for Dangerous Truths,* escreve:

> "Quando o diálogo verdadeiro ocorre no banheiro após as reuniões– algo está errado. O aprendizado é completamente dependente da habilidade de a organização se comunicar."

Outro aspecto da sobrevivência no grupo é se os membros do grupo conseguem falar suas verdades e serem eles mesmos no grupo e ainda serem aceitos. Isso é importante uma vez que todos reagem a partir de suas experiências subjetivas. E o mundo interno de cada indivíduo inevitavelmente difere do mundo dos outros. Isso será permitido? Ou o grupo vai tentar pressionar todo mundo para se conformar a uma imagem que é prescrita? O grupo vai esperar que seus membros não operem com os valores de cada um, percepções, entendimentos, história, valores, visões, sonhos etc.? Proceder assim não é razoável. Afinal de contas, a realidade de cada pessoa é resultado de anos em fazer e em obter resultados de todas as experiências: aprendizado e encontros que eles viveram, bem como de suas necessidades únicas, predisposição de temperamento etc.

2) Segurança: A questão da segurança.

> *É seguro estar nesse grupo? Sinto que estou seguro o suficiente para me abrir, ser honesto e verdadeiro, ser franco ou, até mesmo, vulnerável? Sinto que estou seguro o suficiente para falar no grupo ou se trata de um grupo que faz jogos? Irão me punir com desdém e gozação se eu cometer algum erro?*

Quando se fala em fundamentos de um grupo saudável, não há nada mais fundamental do que a segurança. Quando as pessoas não se sentem seguras, elas não vão se abrir, não estarão disponíveis, não vão se envolver, comunicar, ouvir, contribuir etc.

Agora, a segurança aqui é principalmente, e quase exclusivamente, *segurança psicológica* – sentir que é seguro ser você mesmo sem a necessidade de se defender, de encobrir ou se esconder. É a segurança de que você não será zombado, ridicularizado, insultado, criticado ou rejeitado.

Esse grupo é estável o suficiente, de modo que posso relaxar?
- O grupo nos auxilia a conhecer o mundo no qual o grupo existe
- e nos orienta no mundo?
- O coach do grupo tem consciência e força para perceber quando há criticismo, insulto ou julgamento e consegue confrontar isso?
- Estou seguro nas mãos do meu coach de grupo ou líder?

Como grupos efetivos requerem abertura, a questão da segurança é a questão de se sentir seguro o bastante para se abrir. Esta é uma abertura para a autoconsciência e autorresponsabilidade, uma abertura para que cada pessoa possa falar a sua verdade, deixar que outras pessoas nos vejam e ouçam nossa voz. É uma abertura para as forças e contribuições para o grupo assim como para as fraquezas e as coisas que cada pessoa possa trazer para o grupo que desafie o grupo e exija que o grupo invista energia.

Para que o trabalho colaborativo apareça, deve haver a capacidade e a experiência de trocas honestas de opiniões e sentimentos, abertura face-a-face, com cada um adotando responsabilidade pelo que traz para a equipe. O trabalho de equipe se aprimora por meio de *feedback* com base sensorial de informações de modo que as pessoas possam ser honestas, evitando a conspiração para evitar a necessidade de se trabalhar as situações por meio de conflitos.

Para criar tudo isso, o grupo precisa estar seguro, salvo e estável. Isso significa reduzir o número de segredos que as pessoas mantém quando em grupo, uma vez que segredos impedem que as pessoas se conectem e se sentam próximas das outras. Se os segredos distanciam as pessoas, então dar abertura a uma guinada de comunicação ao grupo nos permite criar o contexto no qual as pessoas podem se conectar e se vincular. Então, em uma atmosfera de abertura as pessoas irão se sentir encorajadas a estar cientes de si mesmas e dos outros e a expressar seus sentimentos. Isso irá encorajar o *feedback* honesto.

Segurança também inclui sentir-se seguro o suficiente com o grupo para assumir riscos. O grupo se sente seguro ou inseguro para você se arriscar? As pessoas tiveram chance de tentar, de explorar, de experimentar? Ou é fatal falhar ou cometer um erro?

Isso se torna o fronte de batalha durante a delegação. Ainda, se "delegação" significa "desistência do controle" ou, perda de controle, os líderes e os membros do grupo acharão isso difícil. O que todo grupo precisa descobrir: Qual o significado de delegação para o grupo? Isso significa o trabalho *com* e *por meio* das pessoas? Isso significa dar responsabilidades às pessoas, auxiliando no seu desenvolvimento, no aprendizado, no crescimento e no entendimento? No processo de delegação, precisamos ser pacientes enquanto os aprendizes se atrapalham naquilo que você poderia fazer na metade do tempo e de forma mais eficaz. Ainda, se você assumir tudo e fizer você mesmo, você irá empobrecer a experiência de outra pessoa. Então a pessoa não aprende e não é lapidado para assumir novas responsabilidades. As pessoas precisam de um ambiente seguro enquanto aprendem, o aprendizado envolve o privilégio de cometer erros à medida que se experimenta.

Outra faceta da segurança é a estabilidade. Essa é outra necessidade do grupo. Estabilidade é a necessidade de conhecer o seu mundo, o que então endossa você de um sentimento de orientação e direção. Quando você sabe onde você está e o que está havendo, você se dota do senso de que o mundo é um lugar estável o bastante para que você não precise estar constantemente em posição de guarda.

Estabilidade se dá em função de clareza e fixação de limites, o que é uma das tarefas do coach do grupo. Grupos precisam de limites claros – limites sobre tempo, papéis, objetivos, orientações etc. Estes limites nos permite saber quem está dentro e quem não está, o que fazer, o que não fazer, como se comunicar, o que não é aceitável. O coach do grupo, como um guardião de limites, assegura os *frames* com os quais o grupo funciona.

3) *Poder: A questão da influência.*

> Terei alguma influência nesse grupo? Minha voz será ouvida e minha opinião vai ser levada em conta? Todos irão me ouvir e, se eu oferecer algo, isso fará alguma diferença em como o grupo funciona? Isso é, terei algum poder de afetar o grupo e as pessoas do grupo? Eu posso sobreviver, posso estar seguro, mas tenho algum poder nesse grupo?

Eles talvez me aceitem e me tolerem, mas talvez eles não me permitirão exercer influência no grupo. E então? A questão da influência é a questão do sentimento pessoal de poder ou controle de cada membro do grupo. Se o grupo é muito controlador e se governa muito burocraticamente, se os líderes ou o coach do grupo são muito restritivos, então os membros ou irão resistir e lutar e se tornar rebeldes ou eles desenvolverão uma forma de impotência aprendida e se tornarão passivos e apáticos.

Para que grupos se tornem poderosos no que eles criam e produzem, os membros do grupo precisam se sentir pessoalmente empoderados. Precisam de um sentimento de audeterminação. Então o grupo poderá se tornar competente como um grupo e se autogovernar.

Para ter influência e um sentimento de poder no grupo, os membros precisam deter o saber. Nós todos queremos isso: nós queremos estar informados, de modo que nós saibamos o que está havendo. Esse é o motivo pelo qual a influência desempenha um papel crítico em grupos e relacionamentos. E com informações que são abertamente compartilhadas, nós então podemos verdadeiramente nos "*comunicar*" um com o outro no sentido de haver uma comunhão com os demais, à medida que nós cocriamos significados.

Similarmente, o termo "relacionamento" fala sobre nos relacionar com afastamentos e aproximações um com os outros até que nos entendamos. Não é de se espantar que nós precisemos de comunicação que seja aberta além do formalismo. O que se quer é poder falar e ser ouvido, botar os nossos sentimento e nossa visão na mesa. Isso nos permite evitar que as coisas que nos magoam cresçam e se espalhem, o que criaria problemas maiores.

A comunicação faz com que comunidades, negócios, relacionamentos e casamentos prosperem. Nossa necessidade de informação é tão essencial que se nós não a tivermos, nós a inventaremos! Nós obteremos a informação de uma forma ou de outra. Nós vamos tentar adivinhar o que está acontecendo. Nós vamos fazer leitura mental do que está ocorrendo. Nós vamos fazer leitura mental das intenções e motivos dos outros, faremos pressuposições sobre os líderes. Nós pularemos para conclusões, projetaremos motivos e entendimentos e alucinaremos sobre as intenções do outro. Como pessoas, nós somos tão famintos por informação que nós conseguiremos informação, de um modo, ou de outro. E isso não é bom. Para evitar esses padrões disfuncionais de comunicação, facilite que o grupo tenha essas conversas requeridas a fim de proporcionar a informação necessária.

Como um coach de grupo, seja responsável por manter as pessoas informadas e atualizadas. Para gerenciar eficientemente o fluxo de informação sobre o que está ocorrendo, constantemente traga as pessoas para a conversa. Isso te ajudará a sabero que as pessoas sabem e o que não sabem. Facilite a participação total nas decisões do grupo. E se eles não fizerem parte da tomada de decisão, ao menos faça-os saber o que foi decidido e quais raciocínios levaram a essas decisões.[1] Isso vai amenizar medos à medida que esclarece o que está havendo e o entendimento do "porquê."

Em relação ao poder, quanto mais poder é investido nos membros do grupo, mais você os empodera para o desempenho como um grupo efetivo. Tenha como alvo passar o poder para baixo até um ponto comum do grupo ou da organização tanto quanto possível. Como? Permitindo que as pessoas participem, contribuam, tomem decisões, sejam treinadas etc.

Pessoas querem que líderes e gerentes as escutem. Ainda que desenvolver habilidade em escuta ativa requeira muito esforço para se chegar à maestria. Poucos realmente sabem como fazer isso muito bem. Como desenvolver uma escuta ativa bem-sucedida? Primeiro, encoraje as pessoas para dizerem o que realmente pensam, sentem, acreditam, querem etc. Torne seguro para que falem. Pergunte genuinamente sobre seus problemas e preocupações. Aceite seus pensamentos, bem como legitime suas expressões da realidade, mesmo que discorde delas. Qualquer coisa que exista em suas realidades, existe como suas realidades. Enquanto você entende isso, você pode apreciá-las em vez de brigar ou se ressentir.

Pessoas geralmente querem sentir que elas podem contribuir e que elas têm uma voz sobre as decisões. Elas querem manter um senso de independência enquanto fazem parte de um grupo. Elas querem se sentir necessárias. Quando essas expectativas não são alcançadas, as pessoas se sentem descartadas e pensam que suas opiniões não contam. Com essa desvalorização, elas se sentem sem poder para influenciar as coisas. O seu desempoderamento e sua falta de poder criam mais problemas. Desse modo, irão se rebelar, reagir, resistir e farão qualquer coisa para sabotar as coisas. Empoderar as pessoas permite que entrem nos estados de cooperação e produtividade.

4) *Inclusão: A questão da inclusão.*

> *Serei incluído? Ou eles vão me excluir? Serei bem-vindo, aceito, convidado a participar, apoiado? Farei parte do grupo do lado de dentro ou vou ficar de fora?*

Grupos podem ser inclusivos ou exclusivos. Quando você entra em um grupo e experimenta o grupo, você pode sentir- se bem-vindo e aceito ou rejeitado e deixado de fora. Obviamente grupos efetivos criarão o contexto e o ambiente no qual todos os membros sintam-se aceitos e apoiados pelo grupo. Pode ser que eu me sinta seguro no grupo, seguro o suficiente para me abrir e falar a minha verdade, mas estarei incluído? Quando eu me abro e contribuo com algo, ou me torno vulnerável, será que serei excluído, rejeitado ou vão rir de mim?

Este nível de segurança e inclusão requer autoconsciência e abertura dos membros do grupo. Quanto menos autoconsciente cada pessoa é, menor sua habilidade de saber e de ser quem é, isso vai diminuir a sua habilidade de se abrir e ser honesto com os demais. Para ser verdadeiro e aberto um com o outro em um grupo requer abertura com nós mesmos à medida que amadurecemos nossa autoconsciência. Quanto mais um grupo cria e nutre uma atmosfera que dá apoio à autoconsciência, melhor o grupo irá operar e mais forte o espírito de grupo irá emergir. Uma forma de fazer isso é se envolver em discussões abertas sobre as forças e as fraquezas de cada membro.

Inclusão pode ter como benchmark o uso da palavra "nós" em detrimento da palavra "eu" (meu, minha). Isso também facilita o sentimento de pertencimento inerente ao "nós".

- Estamos na mesma equipe?
- Temos um senso de que trabalhamos juntos para alcançar algo maior do que nós mesmos? Temos um senso de que trabalhamos juntos para alcançarmos algo?

5) *Social: A questão da alegria, deleite emocional.*

Terei alguma alegria em fazer parte desse grupo? Será uma experiência emocionalmente satisfatória? Vou gostar de ser parte do grupo, ou será entediante? O grupo irá sugar minha vida e alma?

Mesmo que eu seja levado em conta e as pessoas me tratem bem, como ser humano, mesmo que eu sobreviva à verdade, que seja seguro, e que eu seja incluído, tendo alguma influência, eu vou apreciar isso? Farei conexões emocionais com as pessoas? Descobrirei que isso adiciona vitalidade e alegria para minha vida? Eu gosto de estar com essas pessoas?

Grupos precisam ter ambiente no qual as pessoas riem, brincam e se divertem. Em grupos, as pessoas farão amizade, conexões, darão risadas, nutrirão e serão nutridas e, ainda, descobrirão que isso adiciona vitalidade e energia. Um grupo que não é divertido é um grupo que meramente se suporta. Isso fará dele algo entediante e, se é chato e desafiante para o espírito, vai gradualmente morrer. Um grupo emocionalmente satisfatório é um lugar de amabilidade, onde há proximidade emocional? Tem que ser!

O perigo aqui é que o grupo fique sério. As preocupações e ameaças de fora (e talvez as de dentro) irão induzir estados de estresse, medo, ansiedade, raiva, hostilidade etc. Há pressão para conformar? Para jogar politicamente, para construir impérios? E o problema em ficar sério, como dizemos em Neurossemântica, é que "Quando nós ficamos sérios, nós ficamos estúpidos."

6) *Respeito: A questão da significância (importância pessoal).*

Eu sou levado em conta? Sou importante aos olhos dos demais no grupo? Eles me tratam com honra e respeito? Sinto que sou importante e tenho um senso de significância pessoal quando estou no grupo?

Pode até ser seguro para mim estar aqui, eu posso me sentir incluído e, até mesmo, tendo alguma influência e poder, mas será que eles estão me usando pelos meus dons e contribuição? Será que eu mesmo sou levado em consideração? A questão da significância pessoal explora a natureza do grupo. É pura e exclusivamente funcional? A dimensão pessoal carrega algum peso no grupo? Eles querem que eu seja como uma máquina, apenas termine de fazer o trabalho? Ou tenho algum valor como ser humano?

O perigo e a ameaça aqui é desrespeito, o que é tipicamente demonstrado via insultos, criticismo, sarcasmo, julgamento etc. O perigo pode ser a pressão para conformar-se e para eliminar a diversidade, para pensar como todos os demais no grupo. Se é isso, então a pressão para o pensamento de manada será alta. Quando as pessoas superam a polidez e se tornam abertas – o perigo é que elas podem ser cruéis, se não se importarem, sem mostrar empatia em sua comunicação. Abertura precisa ser temperada com compaixão e cuidados, como observado nos versos bíblicos, "Falemos a verdade em amor." (Efésios 4:15).

Como um coach de grupo, reconheça primeiro e mais que tudo que cada membro do grupo tenha uma vontade para a dignidade pessoal. Eles querem ser valorizados, apreciados, honrados, reconhecidos e tratados bem. Querem ser tratados com a dignidade que é apropriada a um ser humano. Querem que suas diferenças sejam aceitas e respeitadas. Quando as pessoas não sentem que elas contam, elas se enraivecem e magoam. Elas reagem, tornando-se sem escrúpulos, maliciosas, vingativas, passivas, não-colaborativas etc.

Isso é fundamental. Como coach de grupo, então, você vai estar disposto a dar respeito, reconhecimento e afirmação em abundância. Ao agir dessa forma, você começará a criar o tipo de atmosfera no grupo para que as pessoas possam ser abertas e responsivas. Ao usar o poder da afirmação liberalmente, isto fará bastante para permitir às pessoas que desenvolvam e liberem seus potenciais. Isso as convidará a ter orgulho do que fazem, da qualidade de seu trabalho e do seu esforço para se desenvolver e se tornar ainda mais. Elogiar e reconhecer as pessoas também gera alta motivação e mais satisfação com a situação delas.

O outro lado da moeda é igualmente importante. Para gerenciar bem as pessoas, nunca, mas nunca mesmo, faça alguém fazer feio em frente aos outros. Ninguém gosta de fazer feio. Se você colocar alguém em evidência, de tal forma que se sinta envergonhado, e esta pessoa fica com o estigma de que "fez feio," você cria uma situação com tendência a ter uma reação defensiva. Se você sentir vontade de fazer isso, não o faça. Morda a língua. Para todos os efeitos, não envergonhe, não critique ou humilhe. No fim das contas, até filhotinhos de gato, se você os colocar contra a parede de modo que se vejam ameaçados em uma armadilha, podem ser bastante ferozes!

Há uma exceção para isso tudo. Ocorre quando um membro do grupo se torna reacionário e começa a julgar, insultar, criticar e rejeitar algum outro membro, fazendo a outra pessoa parecer errada e você tentou de tudo para cessar e interromper. Nesse caso, então, poderia se adotar o expediente de expor o comportamento dessa pessoa ao confrontar publicamente suas ações, mesmo que possa parecer feio aos olhos dos demais.

Preserve o senso de dignidade e orgulho de cada um, como ajudar a não fazer feio, mesmo quando errado. Confronte gentilmente de forma que os erros não invalidem a pessoa, mas apenas indiquem um problema de correção na informação.

7) Social: A questão da cooperação no trabalho conjunto.

Conseguimos trabalhar juntos? Conseguimos nos comunicar efetivamente de modo que conseguimos coordenar nossas atividades e cooperar para criar um verdadeiro senso de colaboração? Conseguimos produzir resultados? Conseguimos alcançar o desempenho de nossos desafios?

Fazer parte de um grupo que seja seguro, inclusivo, empoderador, respeitoso e divertido é bom, mas não é o suficiente. Nós não nos juntamos a um grupo para sermos um grupo. Este não é o nosso propósito. Nós nos juntamos para conquistar algo. O que ocorre, então, quando começamos a trabalhar juntos em um projeto? Podemos usar a amizade nutritiva e apoiadora que nós criamos para, na verdade, realizar algo? Podemos trabalhar juntos de modo que nos permita alcançar nossos objetivos e produzir os resultados que são inerentes a isso?

Essas perguntas permeiam a questão da efetividade como grupo. Elas enfatizam que quando grupos se movem para o estágio da performance, precisam de algo mais do que apenas respeito e divertimento, eles também precisam das habilidades básicas para coordenar esforços e cooperação. Afinal de contas, as pessoas querem trabalhar, ser responsáveis, ter bom desempenho e ter orgulho de seu trabalho.

- Estamos mesmo dividindo responsabilidades para as tarefas?
- Estamos mesmo dando poder às pessoas de modo que elas poderão fazer a sua parte? Estamos pedindo responsabilidade sem dar poder às pessoas para que tomem decisões?

Essas perguntas, sobre como trabalhamos juntos, como um grupo, levantam questionamentos adicionais. Elas levantam questionamentos a respeito de como nos comunicamos, como criamos regras (normas), como criamos nossa cultura, tomamos decisão, como lidamos com os conflito, confrontamos problemas, integramos habilidades e harmonizamos atividades. Por que haverá desentendimentos, diferenças, conflitos, fracassos, erros etc., então?

Membros de grupo anseiam por diretrizes. Eles querem objetivos específicos que os permita saber para onde ir e o que conta como sucesso. Resultados específicos nos permitem medir o progresso, o que nos possibilita ver se nossas ações, na verdade, estão nos movendo para mais perto dos nossos objetivos ou não. Nós todos precisamos de *feedback* para saber como estamos indo. Nós também precisamos conhecer as regras para que possamos conhecer o nosso mundo. Propósitos definidos e métodos de mensuração satisfazem estas necessidades. Pessoas precisam de desafios, uma vez que objetivos fáceis são para participantes fracos.

Ao ser específico desde o início, você elimina muita discussão e *frisson*. Comunique até que todos no grupo entendam os padrões completamente. Este tipo de pré-enquadramento elimina desentendimentos e conflitos posteriores. Tanto os indivíduos quanto os grupos exploram os objetivos, enxergando como podem trabalhar juntos para, mutuamente, conquistar algo importante.

Grupos efetivos desenvolvem uma flexibilidade que lhes possibilita ser bastante adaptáveis. Como resultado, conseguem trabalhar juntos cooperativamente e trabalhar por meio dos conflitos que naturalmente surgem. Então, quando conflitos ou problemas ocorrem, quando empecilhos surgem, o grupo é capaz de se recompor desses eventos desafiantes. Podem lidar bem com o desapontamento. Não falham porque discordam, porque têm objetivos ou abordagens diferentes. Se falham é porque as pessoas se tornaram *rígidas*. E se tornam rígidas em virtude de se sentirem pessoalmente ameaçadas. Rigidez é o que mina a compatibilidade. No livro The Human Element (1994), Will Schutz escreveu:

> "O sucesso depende da habilidade dos membros da equipe em lidar, efetivamente, um com o outro e da habilidade de se adaptar às mudanças de condições. Se as pessoas no nosso grupo são compatíveis, nós podemos devotar toda as nossas habilidades para resolver nosso problema de trabalho. Nós podemos ser flexíveis o suficiente para adaptar o nosso comportamento às situações de mudança." (p. 150)

Grupos não apenas precisam enxergar o sucesso; eles o querem! Grupos funcionam melhor quando são orientados para o resultado. Isso lhes dá um senso de direção. Na sequência, nós pegamos o senso de que, como um grupo, estamos nos movendo na direção desejada e então nós nos manteremos assim e continuaremos o progresso. Quando somos bem-sucedidos, há recompensas ou reafirmações, sucesso por si só se torna um processo reforçador ou dinâmico que sustenta os nossos esforços.

Uma vez que não é todo mundo que tem um bom nível de habilidade em reconhecer a melhoria, muitos precisam ter modos específicos de identificar o progresso para que possam reconhecê-lo. Muitos operam de modo perfeccionista e isso impede que vejam e reconheçam o progresso. Descartam tudo o que não é perfeito. Isto também significa que vivem sem muito reforço positivo.

8) *Autorrealização: A questão do desempenho de classe mundial.*

> *Conseguimos trazer à tona o melhor em cada um de modo que possamos atingir um desempenho de ponta como grupo? Conseguimos trabalhar juntos em um nível tão elevado de forma a nos tornar uma equipe altamente efetiva? Conseguimos nos tornar referência mundial na nossa área em particular?*

Performance de alta-classe diz respeito a puxar um grupo para além da mera efetividade, é criar um sinergia para que ele seja algo "maior do que a soma das partes." Juntos nós somos mais inteligentes do que qualquer um de nós sozinho; juntos nós desenvolvemos uma *expertise* que é mais do que a combinação de todas as nossas habilidades. Algo novo emerge dos nossos esforços conjuntos à medida que nos tornamos uma equipe na forma como nós combinamos nossas forças.

Para atingir um nível de alta performance em uma equipe, indivíduos precisam se desenvolver, de modo que possam ter um bom desempenho. Os padrões devem ser fixados alto o suficiente para serem desafiantes e, ainda, dentro de uma certa margem, devem ser obtíveis. Então, as pessoas terão que se alongar para alcançá-los.

Um dos impulsos mais autorrealizáveis é o de aprender a descobrir. Isso é especialmente importante para um grupo. E, tanto individualmente e como grupo, nós aprendemos melhor experimentalmente, em vez de por meio de ensinamento. A chave para o aprendizado envolve tentar algo e dar um passo para trás para ver como foi. Deixar que as pessoas se envolvam em processos que requerem um aprender fazendo é melhor. Quanto mais situações possamos proporcionar, nas quais as pessoas possam experienciar algo, fazer perguntas a respeito, explorar possibilidades, receber coaching sobre como podem realizar isso, mais personalizado será o aprendizado. (Há muito mais sobre esse assunto no capítulo 13 Aprendizado de Grupo).

O sucesso não é dependente apenas de informação. Sozinha, a informação não é suficiente. A maioria das pessoas já sabe mais do que elas fazem. Elas têm mais conhecimento teórico do que *know-how* prático. É por isso que conhecimento experimental e experimentar é essencial para transformar este conhecimento em habilidades. É por isso que fazer coaching de pessoas por meio de experiências proporciona maior aprendizado e transformação.[2]

Outro impulso de autorrealização é a inspiração. Os grupos, especialmente, precisam de inspiração... e um bocado disso. Mais uma vez, isso descreve outro requerimento para o coach de grupo. O que inspira? Uma causa nobre, valores elevados e o entendimento de como as coisas se combinam em padrões significativos.

Checklist da Hierarquia de Necessidades do Grupo

Uau, há muitas necessidades em um grupo! Com todas essas variáveis no jogo como fatores significantes nas experiências das pessoas em um grupo, de quais habilidades você precisa como um coach de grupo ou líder de grupo? Você acredita que pode lidar com essas dimensões de uma experiência de grupo? Quanta energia, espírito, pensamento, emoção você vai investir no grupo? A lista a seguir pode ser usada pelos membros do grupo. Permita que cada membro do grupo use cada uma das declarações para avaliar a si mesmo, ou a si mesma, de baixo (0) para alto (5).

Figura 4:4

***Checklist* Para Alcançar a Hierarquia de Necessidades do Grupo**

1) Sobrevivência (Verdade)

__ Posso dizer a verdade no grupo.

__ No grupo, a verdade é valorizada e almejada.

2) Segurança para Abrir-se

__ Sinto abertura no grupo e estou consciente de mim mesmo como membro do grupo.

__ Sinto segurança no grupo para me abrir.

__ Conheço os demais no grupo pela forma como eles se apresentam.

__ Informações apresentadas e decisões e decisões do grupo são abertas.

__ Nesse grupo, não sinto a necessidade de estar certo. Se cometo um engano ou digo algo errado, me sinto seguro e aceito.

3) Segurança em termos de Poder, Influência e Controle

__ No grupo, sinto que estou no controle de mim mesmo/a.

__ Sinto que tenho influência com os outros no grupo ao determinar nossas regras e procedimentos.

__ Tomo e expresso responsabilidade no grupo.

__ Sinto que me consideram responsável e que os demais são responsáveis pelo grupo.

__ Sinto que contribuo para as tomadas de decisão do grupo.

__ Sinto que existe uma boa distribuição de poder e controle.

__ Sinto que sou capaz de lidar com conversas e discussões.

__ Sinto que sou forte o suficiente para revelar uma fraqueza no grupo.

__ Sinto que sou competente para assumir riscos e ser aberto.

4) Inclusão Social:

___ Sinto que estou incluído como parte do grupo.

___ Tenho um papel para desempenhar e para contribuir.

___ Vejo os demais no grupo se esforçando para me incluir.

5) Emocional Social: (Diversão, Alegria, Estima)

___ Sinto que os outros no grupo gostam de mim.

___ Gosto de mim mesmo enquanto estou no grupo.

___ Gosto dos outros no grupo.

___ Estar no grupo é muito divertido, nós rimos muito.

___ Sinto que fico estimulado no grupo.

6) Colaboração Social: (Resultado, trabalho em equipe, sucesso)

___ Nós trabalhamos bem um com o outro.

___ Nós realizamos as coisas eficientemente e eficazmente.

___ Nós nos comunicamos bem para coordenar atividades.

___ Nós nos comunicamos com clareza e precisão.

___ Nós trabalhamos respeitosamente e calmamente para resolver conflitos.

7) Self: Significância, Respeito e Honra:

___ Sinto que sou importante, respeitado e honrado no grupo.

___ Sinto que sou visto e apreciado pelo que sou.

8) Autorrealização: (Alta Performance)

___ Nós somos criativos juntos como um grupo.

___ O grupo me impulsiona para que eu descubra novos potenciais em mim.

___ Nós somos mais criativos e inteligentes juntos do que sozinhos.

___ Nós produzimos performances de alto nível.

A Arte do Coaching de Grupo

Uma das primeiras tarefas, e uma das mais contínuas, do grupo envolve continuar ressaltando os valores do grupo aos seus membros. A habilidade de permitir que cada membro veja e reconheça os valores de estar em um grupo responde à mais essencial das perguntas humanas: "O que eu ganho com isso?" Esta é, sem dúvida, a pergunta que todos nós fazemos a respeito de quase tudo em que nos envolvemos.

E por quê? Por que somos egoístas? Não. Perguntamo-nos isso simplesmente porque nós, humanos, tendemos a fazer coisas que satisfaçam às nossas necessidades, desejos e valores. Nós queremos que as coisas sejam relevantes para nosso aprendizado, desenvolvimento e autorrealização. Então, como um coach de grupo, espere isso de todos os membros do seu grupo. Um coach de grupo precisa ser capaz de responder a esta pergunta. O que há ali para os membros individuais nesse grupo? Eles vão aprender, vão experimentar alegria, vitalidade e paixão? O que vai ser?

As necessidades do grupo estão sendo atendidas? O grupo está conseguindo gerenciar a ansiedade dos membros? Está fortalecendo a força de ego de cada uma das pessoas?

Notas Finais do Capítulo:

1. Chris Argyris descreve este processo como formador do *pensamento* pelo qual você torna as suas atribuições e avaliações abertas aos outros de forma que possam entender como você chegou às suas conclusões e possam fazer perguntas sobre isso.

2. Veja o livro *Achieving Peak Performance* (2005). Todo o livro é sobre implementar o conhecimento de modo que a pessoa possa executar no dia a dia as ações que conhece cognitivamente.

Capítulo 5

NECESSIDADES DO GRUPO:

DE QUE OS GRUPOS PRECISAM?

"Na comunicação, a velocidade mata."
A diferença entre as grandes equipes e as medíocres reside
em como as equipes enfrentam o conflito e lidam com a defensiva.
Chris Argyris

Se, *na verdade, um coaching de grupo difere significativamente do coaching individual um-a-um*, então de que os grupos precisam para ir além daquilo que os membros do grupo precisam individualmente? E como o coaching de grupo difere de coaching um-a-um de indivíduos?

Obviamente, o coaching de grupo difere por ser muito mais complexo. Antes de tudo, há mais indivíduos, além do que, em um grupo, cada indivíduo traz consigo modos de pensar diversos, percepções, valores, conversas, ações, dentre outras coisas.

Isso gera vários desafios em um grupo e enfatiza as diversas *necessidades* de um grupo comparadas àquelas do coaching com cliente individual.

Como coach de grupo, você agora tem que ser capaz de lidar com as diferenças entre os membros do grupo. Isso porque, por meio das diferenças, as pessoas entram em conflito. Os coaches de grupo, por sua vez, precisam aprender a como se comunicar; dado que há diferenças, estas devem ser resolvidas e é importante fixar regras sobre como concordar que convidem à colaboração.

Um grupo, como uma entidade além dos indivíduos que o formam precisa de nutrição, estabilidade, coesão, diferenças, conflitos, respeito, verdade / transparência, tempo, flexibilidade. Joe Frontiera e Daniel Leidl (2011), citando o trabalho de Katzenbach e Smith, *The Wisdom of Teams,* escreve sobre as "cinco características de equipe de performance pobre ". Suas cinco principais são: a falta de confiança, medo do conflito, falta de comprometimento, evitar ser responsável e desatenção aos resultados. (Mais a este respeito no capítulo 9).

Do que os Grupos Precisam
1) Nutrição
2) Estabilidade
3) Coesão
4) Diferenças
5) Conflitos
6) Respeito
7) Verdade / Transparência
8) Tempo
9) Flexibilidade

Agora, como uma entidade acima e além de seus membros, *um grupo tem muitas características de uma pessoa.* E é por isso que indubitavelmente, do ponto de vista legal, uma organização, associação ou grupo se trata *como se fosse* uma pessoa

O grupo tem sua identidade (self), habilidades, bens e compromissos (poder), valores e *frames* (significados), esperanças e sonhos (intenções), cultura (estados), relacionamentos com empregados, provedores, clientes etc., à medida que começa a existir, a viver, a crescer, a declinar e chega ao fim (tempo).[1]

Um grupo precisa de certas coisas para ser um grupo, para ser um grupo efetivo e para se tornar uma equipe operadora de alta performance.

Requisitos para o grupo funcionar envolve os itens listados neste capítulo. Então do que o grupo, como uma entidade viva, em crescimento, em aprendizado, em desenvolvimento etc. precisa? Este capítulo explora as seguintes necessidades de grupo: Nutrição, Estabilidade, Coesão, Diferenças, Conflito, Respeito, Verdade e Transparência, Tempo e Flexibilidade.

1) Nutrição

Há duas regras gerais em um grupo: nutrição e desafio. O primeiro papel é *o papel relacional* (como os membros relacionam-se uns com os outros e a qualidade de suas conexões); o segundo é *o papel da tarefa* (as atividades e os objetivos que o grupo irá conquistar). Estes dois são, também, propósitos primordiais de qualquer grupo e se devem ao desenvolvimento. A ordem de importância, contudo, é diferente. O primeiro propósito de um grupo é conseguir seus objetivos, e o segundo é ser um grupo saudável e funcional, como uma sociedade humana ou comunidade. *Propósito* é o que o grupo está estruturado para alcançar; *necessidade* é o que o grupo requer para ser completamente funcional.

Grupos, em seu desenvolvimento, precisam primeiro ser nutridos para então ser desafiados. Se os membros de um grupo não sentem que, no grupo, existe um cuidado, que são nutridos, encorajados e se preocupam, a experiência não será apoiadora o suficiente, no sentido emocional, para desafio. Isso evitará que o grupo sinta a conexão emocional que liga o grupo. Então, a primeira *necessidade* é para o grupo, como um grupo, é ser nutrido, receber cuidados e ser tratado gentil e atenciosamente.

Por que um grupo precisa de nutrição? Em parte, porque cada pessoa, entrando em um grupo, chega com dois desejos Um é o desejo de *ser parte do* grupo, de ser interdependente do grupo, de ser interdependente com os membros do grupo, de per-

> **Propósitos do Grupo**
>
> *1) O Propósito Principal:* Atingir os objetivos do grupo.
>
> *2) O Propósito Secundário:* Ser uma comunidade humana saudável e funcional.

tencer, de ser incluído. O outro desejo é estar *à parte do* grupo – sentir-se independente do grupo. Essas forças opostas podem empurrar uma pessoa para fora e levá-la a concluir que é preciso fazer uma escolha. Mas essas forças não precisam ser polarizadas como opostos. Aceita e reconhecida, nós podemos conviver com ambas as forças opostas internamente em uma tensão balanceada.

O papel relacional cria e sustenta o grupo – este é o papel de nutrição e apoio. Nestes papéis, há atividade de reconhecimento, harmonização, compromisso, ser um guardião do portal, expandindo as atividades e conversas do grupo, traçar padrões e regras, observar, acompanhar e assim por diante.

Em qualquer grupo, há a necessidade para que alguns de seus membros exercitem suas contribuições ao possibilitar o funcionamento interpessoal do grupo, de modo que o grupo seja fortalecido e inspirado. Isto pode tomar muitas formas. Isso pode incluir o encorajamento do grupo e dos indivíduos, a harmonização ao mediar diferenças, reconciliamento dos desacordos, aliviar as tensões por meio do humor e da leveza, a resolução de conflitos, fazer a guarda do portal e avançar, fixar padrões, observar etc.

2) Estabilidade

Todo grupo precisa de estabilidade. O próprio grupo precisa ser estável, de modo que os membros do grupo possam confiar que o grupo irá sobreviver e estar lá para eles, quando precisarem. De outro modo, por que investir em algo que pode se dissolver? Obviamente, sem estabilidade, um grupo não irá sobreviver nem será capaz de inspirar a despertar a confiança e o comprometimento de seus membros.

E o que cria esta estabilidade em um grupo? Essa estabilidade é criada por meio de clareza de papéis, objetivos claros, líderes de confiança, experiências valiosas como grupo etc. Primeiro, há a estabilidade que nasce da clareza. Pessoas precisam saber seus lugares, saber o que precisam fazer e como podem contribuir no grupo.

Quando eles sabem, eles são capazes de mobilizar seus esforços para serem produtivamente envolvidos e sentir que estão contribuindo. Há clareza quanto aos papéis? Há papéis claramente definidos que dão ao grupo um nível de estabilidade para que as pessoas possam focar seus esforços de forma produtiva?

Grupos também se tornam estáveis ao terem objetivos claros – metas claras, com índices mensuráveis e um processo claro para ir adiante. Isso desenvolve um senso de estabilidade no qual as pessoas podem confiar. Existem objetivos claros para o grupo trabalhar junto e vencer? As metas do grupo dão um sentido de direção?

> "Desafios de performance criam equipes; o desejo de ser uma equipe não é efetivo por si só... o objetivo principal de uma equipe precisa ser os resultados de performance, não 'tornar-se uma equipe'." (p. XVII)
>
> "Performance é o objetivo principal, enquanto *uma equipe,* continua sendo os meios, não o fim." (p.12)
>
> Katzenbach and Smith

Outro aspecto da estabilidade do grupo envolve líderes confiáveis. Quando há um nível de integridade nos líderes, os membros do grupo, podem confiar no que eles dizem, pois estes fazem o que prometem.

Estabilidade também advém de experiências de qualidade nas interações do grupo. O grupo desenvolve a habilidade de aprender junto, de se manter ajustando, de confrontar hábitos ruins que minam a cultura de excelência e, assim, o grupo mantém altos padrões.

3) Coesão

Os grupos precisam de coesão. *Coesão,* neste contexto, refere-se a estar bem alinhado a um propósito (literalmente, "mantendo-se junto"), estar conectado de forma ajustada no foco e organização, compartilhando a visão e a missão que aproxima as pessoas. Estas são as coisas que levam a uma forte laço nos relacionamentos. Pessoas falam, aprendem, planejam e trabalham juntas coesamente. Para fazer isso, precisa haver clareza. Myles Dowes (2003) escreve:

> "Quando um grupo de pessoas faz a performance de uma tarefa, cada indivíduo precisa entender *quem* cada pessoa é na equipe, *qual* é a tarefa e *como* conseguirão conquistá-la. O grau de falta de clareza nessas coisas é o grau no qual a efetividade será diminuída. " (p. 154)

Coesão é especialmente desenvolvida por meio de uma visão compartilhada, como aponta Peter Senge (1990):

> "Uma visão compartilhada é o primeiro passo no possibilitar de que pessoas que não confiavam umas nas outras comecem a trabalhar juntas. Ela cria uma identidade comum, isso muda as relações das pessoas em organizações maiores."

A partir da visão comum, nos conectamos e criamos vínculos ao compartilhar uma tarefa que é importante, significativa, inspiradora e desafiante. Isso convida a um outro conjunto de papéis no grupo para desfiá-lo a permanecer firme em seus potenciais.

Nesse papel, há numerosas atividades: inicialização, contribuição, pesquisa e provimento de informações, ser um formador de opinião, elaboração, coordenação, ser um crítico ou avaliador, energizar, administrar, gravar etc.

A coesão se desenvolve, também, quando há clareza a respeito das regras de base sobre como o grupo irá operar. Papéis de tarefa incluem de tudo, desde a criação e proposição de novas ideias, uma mudança na forma de operar, busca por informações pertinentes que trarão clareza e entendimento, divulgação informação, elaboração do que está sendo ofertado, coordenação atividades, ideias, sugestões, orientação do grupo para o progresso já alcançado, o que será feito a seguir, levantamento de questões acerca do progresso, avaliação ao perguntar pelos critérios ou auxílio ao grupo para levantar os critérios, energização do grupo, gravação dos resultados das conversas e outros.

4) Diferenças – Dar Boas-vindas e Integrar as Diferenças

Grupos precisam de diferenças! Nossa visão comum e valores nos aproximam, de modo que há uma boa similaridade e igualdade entre a gente. Ainda assim, nós precisamos das diferenças. Sem diferenças, grupos caem em um disfunção particular de pensamento de *grupo*, a qual significa que os indivíduos estão submergindo sua opinião para se adaptarem ao grupo. Para evitar isso, grupos estarão melhor servidos ao incluir pessoas com talentos, habilidades, estilos de aprendizagem, crenças, entendimentos e origens diversas.

De fato, se há uma coisa que une todos os seres humanos, são nossas diferenças! Nós não somos o mesmo que os demais. Nós nos diferenciamos nos mais diversos modos.

Nós somos diferentes em nossos pensamentos, valores, entendimentos, crenças, percepções, emoções, necessidades, desejos, esperanças, receios e em mil outros aspectos.

Ainda assim, por meio de nossas diferenças, nós somos capazes de complementar uns aos outros. Isso nos faz mais sábios, fortes, melhores, mais competentes, mais criativos juntos do que separados.

Aqui há uma área de dicotomia que é tanto nossa força quanto nossa fraqueza, nossa glória e nossa agonia. A diversidade nas nossas diferenças cria contexto para efetividade da colaboração, bem como o cria para o conflito. Mas qual deveria ser? Colaboração ou conflito? Definitivamente, isso tudo depende de como estabelecemos *frames*, entendemos e lidamos com nossas diferenças. (Este será o nosso assunto nos capítulos 20 e 21).

5) Conflito – Excelente Redução de Conflitos e Habilidades de Resolução

A próxima necessidade que os grupos têm é, sem dúvida, a mais controversa e contraintuitiva: Grupos precisam de conflito. Conflito!? Por qual motivo no mundo um grupo precisaria de conflito? A qual valor poderia o conflito servir?

Na verdade, conflito é o aspecto distintivo de grandes equipes. Elas abertamente abarcam e trabalham com conflito de uma forma que aumenta sua efetividade no grupo. *Elas fazem os conflitos produtivos* bem como elas o usam para gerar múltiplas perspectivas e opções. Elas usam o conflito para aprofundar o entendimento, a aceitação e a apreciação.

Elas cultivam o conflito para a criatividade. Isso torna suas decisões mais sólidas e bem-estabelecidas. E eles fazem isso ao fazer do conflito um conflito de ideias, estilos e valores, não um conflito de pessoas ou personalidades.

Há outro grande valor no conflito – ninguém fica entediado quando o conflito está surgindo. Pense nisso. Convergentemente, o que a maior parte das pessoas nos negócios reclamam a respeito de grupos e reuniões? Não é "Elas são chatas!"? E se o tédio fosse, na verdade, um sinal de que existe uma falta de conflito autêntico e, provavelmente, existe um bocado de falsa harmonia?

O contexto principal de conflitos é a diferença – diferenças em informação, percepção, crenças, valores, interesses e desejos. Os conflitos também se elevam no contexto de escassez de recursos (ex.: dinheiro, poder, tempo, espaço, posição).

Há, então, as diferenças nos metaprogramas – os diferentes filtros de percepção.[2]

Entretanto, o mero fato de haver diferença não cria conflito. Diferença é o contexto, mas não a causa. *O que causa o conflito são os frames e entendimentos que damos à diferença – Ex.:* Quando interpretamos as diferenças como sendo algo ruim, ameaçador e errado. As diferenças apenas criam o contexto no qual os problemas de comunicação podem ser desenvolvidos. Porém, não são os desacordos, mas as intolerâncias que criam o conflito. A inflexibilidade no sobrevalorizar das nossas posturas, visões e mapas mentais reside no cerne do conflito.

Então, sim, *grupos precisam de conflitos.* Isso porque o conflito em um grupo pode contribuir, na verdade, para o desenvolvimento do grupo. Ele pode impulsionar um grupo de pessoas a se juntar e dar-lhes a energia para resolver um problema. Nesse sentido, conflitos podem ser desejáveis. Pode ser desejável para eliminar ou, ao menos, reduzir a probabilidade do *pensamento de grupo*. Há muitas outras funções desejáveis do conflito:

- O conflito evita estagnação e desperta os membros do grupo. É difícil dormir quando há conflito!
- O conflito estimula interesse e curiosidade. Interesse nos fatores de causas e de contribuição do conflito, curiosidade sobre como resolver o conflito e aproximar as pessoas de maneira colaborativa.

- O conflito oferece um meio ao grupo por meio do qual problemas ocultos possam ser ventilados e soluções descobertas.
- O conflito pode facilitar o crescimento, mudanças pessoal e social.
- O conflito facilita testar e acessar as habilidades, a realidade de alguém etc.
- O conflito pode promover um novo nível de coesão, à medida que aproxima as pessoas.

O problema não é o conflito *per se,* mas nosso pensamento acerca dele e nossas habilidades de lidar com ele. Como podemos manter o espaço em um grupo para o conflito começar e como podemos mantê-lo, examiná-lo, aprender com ele e colher seus valores?

Sentimentos ou Resultados?

Figura 5:1 é construída com dois eixos, *pessoas* e *resultados,* mostrando o que ocorre em grupos quando nós enfatizamos ou focamos mais em um do que no outro.

Conflito Suprimido: Em um *grupo focado no resultado,* o conflito é *Suprimido* (Quadrante II). Em vez de permitir as diferenças de opinião e o trabalho por meio das diferenças de opinião, o grupo é liderado ou recebe coaching para obter resultados (e, geralmente, resultados imediatos) e, para tanto, requer a conformidade com a autoridade no grupo. Isto pode levar a obediência cega e falsa harmonia.

Conflito Suavizado: Em um *grupo focado em pessoas,* o conflito é amenizado (Quadrante III). A crença aqui é: "Nós precisamos ter harmonia a qualquer custo."

Com certeza, o custo neste tipo de grupo é que conflitos são ignorados e tratados como inconsequentes e, até mesmo, uma traição da lealdade do grupo e comprometimento.

Conflito Evitado: Quando um grupo não é orientado pelas pessoas *nem* pelos resultados, então, o grupo é focado na neutralidade e, portanto, abre mão de conflito (Quadrante I). Não se preocupa o suficiente com as pessoas ou com resultados para ir além do incômodo de lidar com problemas e conflitos dentro do grupo. Este será um grupo aborrecido *par excellence*, o qual, também, não alcançará muito.

Figura 5:1

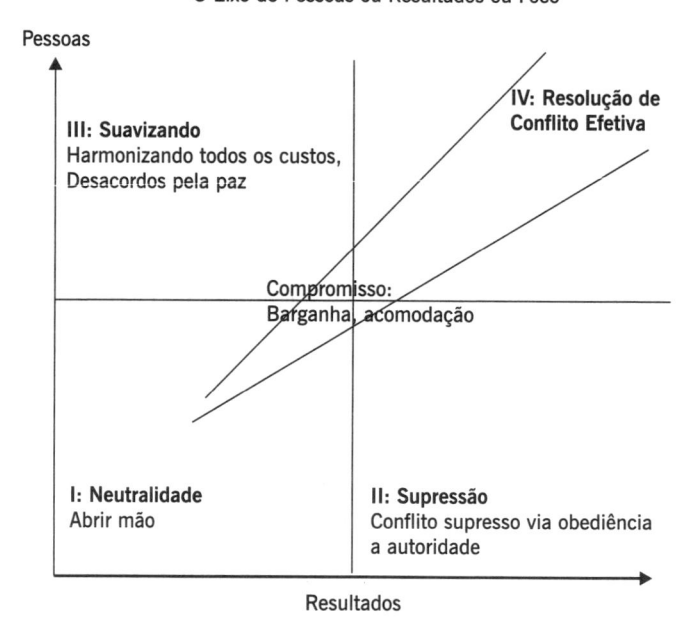

Quadrantes de Resolução de Conflito
O Eixo de Pessoas ou Resultados ou Foco

```
Pessoas
  ▲
  │                    │         IV: Resolução de
  │   III: Suavizando  │         Conflito Efetiva
  │   Harmonizando todos os custos,
  │   Desacordos pela paz
  │                    │
  │                Compromisso:
  │──────────────Barganha, acomodação───────────
  │                    │
  │                    │
  │   I: Neutralidade  │   II: Supressão
  │   Abrir mão        │   Conflito supresso via obediência
  │                    │   a autoridade
  └────────────────────┴──────────────────────▶
                                        Resultados
```

Conflito Abraçado e Utilizado: É no grupo que se importa e é focando otimamente tanto em pessoas quanto em resultados que há possibilidade de o grupo ir adiante para o Quadrante (Quadrante IV) e devotar energia suficiente para se engajar no conflito, descobri-lo e resolvê-lo de modo saudável e respeitoso.

Agora, em relação aos conflitos, é importante reconhecer que nem todo conflito é o mesmo. Eles não são. Há, na verdade, muitas formas diferentes de conflitos.

1) *Conflito de Ideias.* Alfred Sloan reconheceu a importância do conflito ao tomar uma decisão para prevenir o pensamento de grupo. Se não houvesse objeção à uma proposta, então ele adiaria a decisão por trinta dias até que alguém no grupo conseguisse pensar em uma objeção a ela. A falta de objeção, ou desvantagens, indica falta de consideração minuciosa dos prós e contras.

2) *Conflito de Pessoas.* Aqui o ego fica no caminho, bem como a personalidade, a cultura, as atitudes dogmáticas à medida que as pessoas entram em conflito por estilos, crenças e suposições.

3) *Conflito de Estilos.* Há uma multiplicidade de estilos para qualquer coisa que façamos. O estilo pode ser formal ou informal, tradicional ou criativo, impessoal ou pessoal. E por aí vai, uma série de estilos.

Ao mesmo tempo em que os grupos precisam de conflitos, conflito é o que o mais temem. Ainda, conflito nos dá o matéria bruta para criatividade e inovação. Isso porque o conflito perturba o sistema, então, como o sistema busca um novo equilíbrio, ele surgirá com novas possibilidades. Se ignorarmos o conflito, o sistema não irá mudar ou aprender. Quando normas se desenvolvem mais por ausência do que por plano, o foco é ou em eliminar o conflito ou em desviar energia para culpar a rotina, perdendo portanto a oportunidade de aprender.

Descobrir o que você está fazendo de errado, o que você não vê, ou o que você não percebeu é o primeiro passo em direção à inovação e à melhoria. Minado da forma correta, o conflito pode ser uma tremenda fonte de criatividade. Sem o conflito não há necessidade de inovar ou desenvolver. Conflito é a oportunidade de se mover para um nível mais alto de performance.

A melhor estratégia para trazer à tona as diferenças individuais e verdades perigosas é a criação de um ambiente seguro. Ignorar ou falhar em atentar-se para a presença do conflito geralmente dá ao conflito tempo para se tornar uma disputa. Então os membros vão tentar converter ou consertar uns aos outros. Assim, irá emergir uma batalha pela supremacia de uma visão sobre a outra.

O diálogo permite ao grupo manter uma visão completa do conflito e, ainda, suspende o poder de batalha. Em vez de se debaterem até a morte, participantes se tornam mais focados no aprendizado do que em outros pontos de vantagem. Não há diálogos desapaixonados. Emoções proporcionam o combustível para a excelência. Nós vamos revisitar os conflitos no capítulo vinte, abordando sobre como fazer o coaching de um grupo para lidar com conflitos efetivamente.

6) Respeito

Grupos precisam de respeito. Cada indivíduo dentro de um grupo precisa de respeito, de forma que, cada pessoa se sinta reconhecida, honrada e tratada com dignidade, bem como o grupo. Para o grupo, respeito fala acerca de como o grupo é valorizado, reconhecido e percebido por aqueles de fora. O grupo é respeitado? As pessoas acham que o grupo é atraente, poderoso, importante e significante? Se elas pensam assim, o grupo será atraente; se não, então o grupo pode ser desprezado, até mesmo odiado.

Se um grupo é atraente para seus membros e para aqueles fora de seus postos, então o grupo carregará uma dignidade, a qual vai aumentar o senso de dignidade de seus membros. As pessoas sentirão orgulho de serem reconhecidas como membros do grupo. Quanto mais atrativo o grupo, mais influência terá, tanto nos seus membros quanto naqueles de fora do grupo. Grupos precisam do prestígio de estarem fazendo algo significativo e adicionando valor, em seu contexto operacional.

Respeito no grupo mostra o que os membros e não-membros do grupo falam a seu respeito. Isso fala sobre a reputação ou marca do grupo. O grupo tem um Relações Públicas boa, questionável ou ruim? Os membros têm orgulho de usar signos e símbolos que indicam que são membros do grupo em tela?

7) Verdade e Transparência

Grupos precisam de verdade. Sem a verdade da realidade – qualquer que seja presentemente a verdade e qualquer coisa que seja consequentemente real (o que acontecerá se a direção presente continuar e as atividades presentes não forem interrompidas) – o grupo não saberá como orientar-se em seu ambiente. E sem essa orientação, o comportamento e atividades do grupo não serão efetivos ou mesmo relevantes.

A verdade é, de fato, o antídoto para a decepção, acobertamentos, pretensões, racionalizações e todas as mentiras e meias-verdades que podem evitar a verdade de ser falada e vivida em um grupo. Os grupos que abraçam a verdade e se livram de seu medo da verdade permitem a verdade se manter atual e real.

A transparência da verdade descreve a abertura do grupo. O grupo é barulhento e inquieto acerca da realidade ou é robusto o suficiente e tem força de ego para enfrentar a realidade? Quanto mais nós, como um grupo, sejamos comprometidos com a realidade e enfrentemos a realidade em seus próprios termos, mais nós seremos abertos e transparentes. A verdade emerge no cadinho dos conflitos porque é ali que nós procuramos por ela e encontramos a verdade.

8) Tempo

Grupos precisam de tempo. Da mesma forma que os indivíduos precisam de tempo no qual cumpram as importantes tarefa da vida, os grupos também precisam. Por que um grupo precisa de tempo? Precisa de tempo para conversar, explorar a verdade, para examinar suas crenças, pressuposições, valores, visão etc. para sua autoconsciência, para se nutrir, para ter certeza de que é estável, para testar uma proposição, para usar um protótipo, para tirar os defeitos de um novo produto ou serviço etc.

Quando um grupo está no processo de resolução de problemas ou no de lidar com conflito, com frequência o grupo precisa desacelerar. No processo de resolução de problemas, nós precisamos desacelerar de modo que possamos, antes de tudo, entender o problema que nós vamos resolver antes de correr para uma tentativa reativa para resolvê-lo. Um problema central com a impaciência é que atropelamos tudo e focamos só em soluções antes que tenhamos o trabalho de esclarecimento para definir o problema. Isso usualmente leva a avaliações prematuras. Grupos precisam desenvolver uma solução bem-elaborada como sinalizador do processo.

Há diversos estágios no processo de resolução de problema e cada estágio a ser percorrido deve ser feito em nosso ritmo. O que isso envolve? Em parte, envolve o seguinte:

- Clareza na formulação do problema. Estamos de acordo com nossos termos? Definimos claramente o problema? O que estamos tentando conquistar com isso? "Queremos chegar a X para experienciar Y." (Ver o Apêndice B)

- Uma lista de soluções: Quais são as soluções tentadas, ideias ousadas, resultado do *brainstorm*?

- Critério para solução: Que padrões e valores nós usaremos para avaliar o potencial de soluções e proposições?

- Pressuposições: Que coisas nós estamos presumindo que estariam interferindo com uma solução possível?

    Processo de decisão: Como nós tomaremos uma decisão? Qual será o processo?

9) Flexibilidade

Grupos precisam de flexibilidade. Como indivíduo, a flexibilidade dá a uma pessoa a habilidade de responder a situações na vida com mais escolhas e opções, da mesma forma, ocorre em grupos. A partir do campo de sistemas e dinâmicas de sistemas, nós sabemos que as pessoas que têm a maior flexibilidade terão o poder e a oportunidade mais grandiosas para exercer maior influência. Isso também é verdade para os grupos. Quanto mais flexível for o grupo ao encarar e se ajustar ao território continuamente em mudança, mais influência e controle pode exercer no seu domínio comparado aos seus competidores.

Flexibilidade dá aos indivíduos e aos grupos agilidade. E agilidade, em retorno, nos empodera para sermos mais resilientes quando as coisas dão errado, quando nós damos um passo em falso, ou quando a vida nos joga uma bola curva e nós, inesperadamente, nos afastamos de nossos objetivos e finalidade.

O mais estranho sobre a flexibilidade é que ela é desafiada, ou até mesmo bloqueada, pelo sucesso. A efetividade e sucesso de um grupo significa que o que estamos fazendo está funcionando, então, quando isso ocorre, o grupo será menos aberto para mudanças em sua abordagem. Afinal de contas, por que mudar o que está funcionando? Um produto, serviço ou abordagem de sucesso seduzirá os membros do grupo a manterem as coisas iguais e a não mudar. Isso levará a menos flexibilidade e a menos adaptação.

10) Responsabilidade

O grupo precisa ser *responsável*. Precisa ser capaz de agir, de se expressar, de experimentar, de testar, de cometer erros e assim por diante. Um perigo para o grupo, contudo, é que o líder ou coach do grupo tenha responsabilidade demais em relação ao grupo. Quando isso ocorre, o líder ou coach infantiliza o grupo. Também pode ocorrer quando apenas uma pequena parte do grupo é ativa e o resto dos membros do grupo passivamente esperam para que uma minoria esteja no comando.

Como coach de grupo, é imperativo que esteja acuradamente ciente da necessidade para que cada membro do grupo assuma responsabilidades como um membro ativo. Para essa finalidade, o coaching deve ser direcionado para a responsabilidade de cada membro e para a responsabilidade do grupo em si mesmo para sua funcionalidade. Se um líder diz, "Eu assumo a responsabilidade, eu o lidero. Depende de mim proporcionar energia e inspiração." O grupo tornar-se-á passivo, inativo e dependente.

O Surgimento da "Cultura"

Agora, quando você coloca todas essas coisas juntas, misturá-las em uma experiência de grupo e levá-la ao forno com a pressão do tempo, o que você obtém é a *cultura*. "Cultura" é o conjunto de padrões, crenças, pressuposições, expectativas, rituais, normas, valores e todos os "modos de fazer as coisas por aqui."

Isso é, quando você junta todas essas necessidades do grupo, a necessidade de nutrição, de coesão, de diferenças, de conflito, de respeito, de verdade e transparência, de tempo e de flexibilidade, então observa como qualquer grupo em particular está operando para gratificar essas necessidades básicas, o que resulta é uma cultura de grupo particular. Se é um grupo de negócios, então a forma como o grupo está cuidando de si mesmo, seus valores, crenças, rituais etc. forma sua cultura de negócios.

A Arte do Coaching de Grupo

Como um coach de grupo, quão ciente você está das *necessidades* de seu grupo ou grupos? Do que o seu grupo precisa *como um grupo* para que seja mais efetivo, mais unido, mais vinculado, mais capaz de lidar com o conflito? Quais habilidades você precisa, no coaching de grupo, para permitir que o grupo dê um passo adiante e desenvolva uma cultura efetiva ao gratificar e legitimar suas necessidades?

Se, como coach de grupo, você tivesse que reunir um grupo de pessoas em torno de uma necessidade vital, qual seria esta necessidade humana vital? O que seu cliente ideal precisa ter para que você ame explorar e desenvolver suas habilidades de resposta? Qual necessidade vital estimulou a sua paixão e que se adapta aos seus talentos? Como você poderia aproximar um grupo de pessoas em torno dessa necessidade vital? Se você o fizesse, qual seria a visão e a missão mais convincentes que você poderia oferecer ao grupo? Use a lista para avaliar suas habilidades e competências em suprir as necessidades do grupo:

A sua pontuação para si mesmo/a – A pontuação do grupo para você

___	Nutrição	___
___	Estabilidade	___
___	Coesão	___
___	Abraçando Diferenças	___
___	Aceitando Conflito	___
___	Habilidade de Resolver Conflito	___
___	Respeito	___
___	Verdade	___
___	Transparência	___
___	Tempo para Processamento	___
___	Flexibilidade	___
___	Responsabilidade	___

Notas Finais do Capítulo:

1. Este conjunto de distinções são as oito categorias do Modelo Matriz, o qual é descrito no capítulo 19. Veja também o livro, *The Matrix Model* (2003).

2. Meta-programas são lentes perceptivas das coisas, elas são padrões de pensamento que operam como filtros. Para um trabalho completo sobre Metaprogramas, veja o livro, *Figuring Out People* (1999, 2007).

"Mesmo em organizações que deram passos importantes em direção às culturas de coaching, o foco de atenção continua sendo o indivíduo. Poucas pessoas nas organizações trabalham sozinhas. De fato, o propósito de haver uma organização é impulsionar a eficiência coletiva de pessoas para trabalharem juntas."

David Clutterback, *Coaching the Team at Work* (p. 1)

Capítulo 6

FORMAÇÃO:

COMO GRUPOS SE FORMAM?
ESTÁGIOS DE DESENVOLVIMENTO

> *"Uma equipe é um número reduzido de pessoas de competências complementares que estão comprometidas com um propósito comum, atingir objetivos e juntos permanecer, pois se dispõem mutuamente a manter uns aos outros responsáveis."*
>
> Jon Katzenbach and Douglas Smith
> *The Wisdom of Teams*

Os melhores grupos requerem bastante cuidado afetuoso e amoroso para se desenvolverem como equipes de alta performance e criar resultados de nível mundial. Isso não ocorre imediata ou facilmente. Grupos se desenvolvem e se tornam equipes saudáveis por meio de liderança e coaching intencionais. Eles se desenvolvem estágio por estágio à medida que crescem por meio de uma série de estágios previstos de desenvolvimento.

O mais conhecido modelo de grupos é o Modelo de *Formação-Tempestade- Normatização- Performance*, que foi proposto primeiro por Bruce Tuckman, em 1965. Tuckman propôs que estes estágios fossem todos necessários e inevitáveis para que o grupo de pessoas se tornassem uma equipe, enfrentassem os desafios, resolvessem problemas, achassem soluções e entregassem resultados.[1]

Ao longo dos anos, o modelo de *Formação- Tempestade – Normatização- Performance* foi adaptado e muitas pessoas promoveram mudanças em seus estágios de desenvolvimento de grupo. Por tudo isso, a utilidade do formato básico permanece.

Os Estágios de Desenvolvimento
1) Formação do grupo
2) Normatização de regras do grupo
3) Tempestade sobre as regras
4) Performance como grupo

Assim usarei aqui o modelo básico de desenvolvimento e acrescentarei as seguintes distinções. Quando um grupo de pessoas se juntam para trabalhar, para unirem-se a fim de conseguir algo que não poderiam conseguir sozinhas, para se tornar uma equipe de alta performance – o que elas inevitavelmente trazem à mistura são seus mapas mentais individuais. Estes mapas mentais são os seus entendimentos sobre o que as coisas são, como funcionam, sua importância e suas intenções. Ainda no estágio de se tornarem um grupo ou uma equipe, *o mais desafiante é a necessidade de adaptação e, até mesmo, de mudança daqueles mapas*. Então, quando examinamos os estágios de desenvolvimento, nós queremos notar, especialmente, o que ocorre no nível cognitivo-emocional de ambos, dos mapas mentais de cada pessoas e na mente e estado do grupo sobre os mesmos.

O que acrescento também é o fato de que este formato de desenvolvimento é repetido de novo e de novo, sempre que houver novos membros adicionados. E é até mais significativo, enquanto as equipes sobem de nível (Capítulo 8).

O estágio de desenvolvimento no qual um grupo se torna uma equipe cooperativa e altamente funcional é quase o mesmo. No desenvolvimento de um grupo, há o estágio inicial de *formação*, no qual a orientação do grupo é fixada à medida que o grupo encontra usa estrutura e objetivos iniciais. Não admira que de início há uma forte necessidade de liderança, direcionamento e uma tendência de o grupo ser dependente. Mas isso não dura muito. Brevemente, o próximo estágio emerge, *tempestade*. Nesse estágio, os grupo entram em conflito sobre os limites, regras, controle, dominação etc. No terceiro estágio, *normatização*, emergem a coesão, a harmonia, o afeto, o comprometimento etc. A coesão em torno de uma visão e missão permite então que grupo faça o que foi projetado para fazer – realizar a performance de sua tarefa primordial.

O Estágio de Formação

Como um grupo se junta? Como se forma? Há, na verdade, muitas formas distintas.

Algumas vezes, o fazem de modo deliberado para um plano grandioso, outras vezes, de forma acidental, como se as pessoas apenas se encontraram juntas e, de tal feita, fixaram um objetivo. Agora, em termos de como o grupo é formado, há muitas opções:

1) Às vezes, um grupo de pessoas são colocadas juntas pela gerência ou alguma outra forma de autoridade. Nesses casos, um indivíduo pode ou não ter alguma escolha a este respeito.

2) Às vezes, as pessoas se juntam voluntariamente porque enxergam uma necessidade e fazem uma junção por meio de convite e iniciativa.

3) Às vezes, as pessoas se juntam à medida que são convidadas e/ou convocadas a se unirem para lidar com uma particular situação ou necessidade.

   Alguém dá o ponta pé inicial para tomar a liderança e criar a iniciativa pelo grupo.

4) Às vezes, o grupo faz mais do que apenas convidar novas pessoas a se juntarem ao grupo, o grupo seleciona seus nomeados e, então, usam um ritual para "iniciar" uma nova pessoa ao grupo. É tipicamente uma grande honra ser selecionado (ex: Hall da Fama da Musical, Nominação ao Oscar, Hall da Fama de Baseball etc.).

5) Às vezes, as pessoas se autoselecionam ou voluntariam para dar o ponta pé inicial para fazerem parte de um grupo que assumirá responsabilidade para gerenciar algum problema ou necessidade.

Formação é o primeiro estágio de existência de um grupo e é a partir desse estágio que a qualidade do grupo pode ser fixada, a partir dele um espírito de equipe pode ser construído. Agora, quando o grupo se encontra pela primeira vez, as pessoas tipicamente estão em seu melhor comportamento. Interpessoal e socialmente são educadas, corteses e apropriadas. Tipicamente, elas estão também focadas principalmente em si mesmas do que estão focadas nas outras. Estão pensando:

- Como estou indo?
- Qual impressão estou dando?
- Estou vestido apropriadamente? Agindo apropriadamente?
- O que pensam de mim?

Ao longo desse estágio, o "programa" de cada pessoa para ser um membro do grupo se faz notável. Este "programa de juntando-se a um grupo" é feito de crenças, entendimentos, habilidades, competências, histórias de cada um etc., e governa o estilo de adentrar e interagir no grupo, o qual tem várias formas:

__ *Aberto:* Eu definitivamente quero ser parte de um grupo.

__ *Esperando para observar:* Não sei se quero ser parte de um grupo ainda; Vou checar isso, ficar na periferia, de modo que possa considerar.

__ *Controle:* Estou bem em fazer parte do grupo desde que esteja no controle,

preciso liderá-lo. Como posso tomar o controle?

__ *Resistência:* Não quero fazer parte disso. Quero sair logo daqui.

__ *Suspeita:* O que realmente ocorrendo aqui? O que é que todos estão escondendo de mim ou não me contando?

Quando somos colocados em um grupo ou encontramo-nos em um grupo, há várias respostas diferentes. Em termos do seu estilo de responder a isso, qual é a sua tendência básica?

__ Querer fazer parte.

__ Querer controlar o grupo.

__ Querer estar fora do grupo.

__ Querer estar à margem do grupo.

__ Querer estar no centro do grupo.

Este estágio de todo mundo em seu melhor comportamento pode durar por um longo período ou por um período curto. Se curto ou longo, o período, será *pleno de polidez*. Dessa forma, também, o impulso de agir conforme o "politicamente correto" estará no ar. Por assim dizer, todos estarão desejando fazer a coisa certa e apropriada para a manutenção da boa política. Durante este tempo, quase todo mundo vai querer que as coisas ocorram suavemente para que todos achem prazeroso, positivo e feliz, isso se dá enquanto queremos que as coisas estejam sob controle, mas depois, quando ajustados para este estágio de polidez, passamos a achá-lo trivial e entediante.

Rituais sociais nos acompanham pelo do estágio de formação. Nesse ponto, nos envolvemos em pequenos diálogos que servem a um grande propósito. Permite que comecemos a nos familiarizar com os demais, achando áreas de similaridades para nos conectarmos para começar o processo de nos tornar interdependentes. Isso constrói rapport e segurança. Primeiro constrói rapport em um nível superficial e então, com o passar do tempo, é levado a um nível mais e mais profundo.

Esta "conversa de nos tornarmos conhecidos" serve como uma fundação para a conexão, permitindo que nos sintamos seguros para baixar a guarda e para sermos mais reais com o outro. No primeiro estágio de formação, o grupo é composto de indivíduos separados, cada um com seus próprios mapas mentais sobre o mundo e sobre o contexto que nos faz estar juntos. Nós primeiro entramos preocupados e cuidadosos, checando um ao outro, sem saber o que esperar. Ao mesmo tempo, enquanto o tempo passa e um senso de conexão é construído, sentimo-nos mais seguros para dividir gradativamente mais de nossos próprios mapas mentais. E, quando existem diferenças, nós geralmente respondemos com tolerância. Esta é a forma apropriada e educada de agir nesse estágio. E sim, ainda que possa haver uma ou duas pessoas combativas desde o começo, a maioria irá manter o controle. À medida que nos sentimos seguros e conectados, então, naturalmente, fazemos amizades, começamos a ter mais oportunidades de ver e experimentar uns com os outros, em diferentes contextos, o que nos permite perceber como cada pessoa funciona, assumindo responsabilize ou não, entregando resultados ou não, lidando com pressão efetivamente ou não etc.

No estágio de formação, muitos desejos estão em alta – o desejo de ser incluído, o desejo de ser apreciado e escolhido, o desejo de se entrosar e viver bons momentos. Consequentemente, para o líder do grupo e/ou coach do grupo, isto oferece uma excelente oportunidade para fixar *frames* do grupo, estabelecer valores, bem como, regras e procedimentos.

Existem Níveis de Rapport
1) Físico
2) Linguístico
3) Valores e crenças
4) Metaprogramas
5) *Frame* de Metaestados

No estágio de formação, os membros do grupo conhecem uns aos outros. Eles começam a aquecer os demais à medida de que aprende seus nomes e começam a se sentir familiares a estar juntos em um grupo. Então no começo, enquanto se enfatiza similaridades, diferenças são desvalorizadas. Isto serve para criar um senso inicial de comunhão. O coaching de grupo nesse estágio tem como foco facilitar pontos comuns – uma visão comum, estímulos e necessidades comuns, a presença do grupo, para proporcionar apoio e encorajamento etc.

Se um grupo fica preso a este estágio, pode desenvolver um padrão cíclico de sempre estar começando, sempre iniciando, estar sempre reinventando sua visão e missão e, ainda, nunca sair do mesmo lugar. Para algumas pessoas, este é um período divertido e empolgante de modo que estes podem ficar seduzidos por esse prazer de se manter recomeçando. Para outros, a inabilidade em se criar uma base sólida, real e relevante pode ser uma tremenda frustração.

O Estágio da Normatização – Primeira Edição

À medida que o estágio de formação se desenvolve, a normatização também se inicia. O grupo começa a criar suas normas de funcionamento – suas formas de começar e terminar, parabenizar e reconhecer, identificar a si mesmo, comunicar-se tomar decisões etc. A normatização inerente ao estágio de formação ocorre quando as pessoas continuam polidas, em seu melhor comportamento, ainda testando o território para perceber quão real e honestas podem ser neste novo contexto.

Elas se comportam como se estivessem em uma festa com pessoas que ainda não conhecem, então suas conversas são tanto rasas quanto respeitosamente educadas.

É no estágio normativo que os grupos definem a si mesmos – sua missão e propósito, líderes, estilo de debate, diálogos, tomadas de decisão e muito mais. Fazer coaching de grupo nesse estágio funciona com a comunicação e tomada de decisão e criação de processos e rituais que trazem à tona o melhor em todos.

De onde vêm as normas? Dos *mapas mentais* daqueles que começaram o grupo ou da longo história evolucionária do grupo. As normas surgem em parte do propósito e planejamento do grupo. E as normas que são comuns ao grupo irão começar a ser invisíveis. Parecerão naturais e óbvias, da forma que supostamente devem ser.

As normas que são novas, diferentes, fora do que comumente é aceito, irão desafiar o grupo. Quando ocorrem as pessoas pensam: "Por que estamos fazendo isso?", "Do que se trata tudo isso?", "Eu não entendo." E, enquanto a maioria das pessoas *pensam* essas cosas, elas raramente as dirão. Elas são muito novas no grupo ou o próprio grupo é novo demais para aquele nível de honestidade. Fazer tempestade sobre as normas requer mais história, mais segurança e mais conhecimento.

Se o grupo fica emperrado no primeiro estágio de normatização, ele pode criar uma pseudopaz dentro do grupo, uma harmonia rasa aos custos de desafiar as pessoas a serem reais e autênticas. E, por quê? Provavelmente para evitar o conflito e as diferenças, desacordos, discussões, críticas, rejeição etc. Ao ficar emperrado na falsa-harmonia, parece que o grupo está dando certo, normatizando, mas os membros estão atuando como em uma peça, escondendo-se por detrás de um papel, sendo demasiado formal um com o outro.

Estágio de Tempestade

Agora, vem o estágio no qual os membros do grupo começam a tempestade por meio das normas. Com o advento da fase de tempestade, o grupo se move adiante do estágio da normatização original e desenvolve familiaridade suficiente, segurança e confiança para que os membros comecem a ser reais uns com os outros. Agora eles podem permitir que um ao outro saibam do que eles gostam e do que não gostam. Isso, tipicamente, cria uma tempestade interpessoal, mental e emocional.

O que causa a tempestade? A descoberta de preferências diversas e o que essas diferenças significam para as pessoas. Pessoas diferentes têm preferências diversas e estilos, entendimentos sobre comunicação, tomada de decisões, exercício do poder no grupo, celebração, abertura, fechamento e uma centena de outras coisas. Ainda, na verdade, não são as diferenças que criam a tempestade.

Nós fazemos a tempestade ao proclamar a superioridade de nossos mapas e demandar que os outros os reconheçam como superiores. Nós queremos que a nossa verdade domine e, se necessário, converterem os demais a reconhecer a correção e sabedoria de nossos mapas.

Agora nós teremos um conflito! Este é um momento em que a competição entre mapas mentais do território começam a tomar seus postos, de modo que os membros do grupo descubram que os demais não compartilham de suas percepções e seus valores. De tal feita que, mesmo com todo o respeito social, há diferenças significativas e, até mesmo, sérias.

No estágio da tempestade, os membros do grupo apresentam suas ideias divergentes e deixam que possam competir pela consideração. Dependendo da força da tempestade e do estilo que os diversos grupos adotam, a tempestade pode ser verbal, comportamental, de controle interpessoal do grupo ou pode ir além da habilidade do grupo de gerenciá-la.

Isso depende da maturidade e competência dos membros do grupo, bem como da liderança. Durante a tempestade, o coach de grupo vai querer assegurar que nenhuma verdade singular no grupo seja dominante, mas que o grupo passará pelo processo de tempestade para entender o processo e entender as diferenças, com o fito de usá-las para o crescimento, a tolerância, aceitação e, até mesmo, apreciação.

A tarefa durante o estágio de tempestade é, antes e principalmente, a de lidar com o tempestade de modo que esta seja gerenciável. Isso requer começar um conjunto de procedimentos sob o qual todos os membros do grupo tenham uma voz, sejam escutados, sintam que estão sendo escutado pelos demais, discutam e dialoguem as diferenças nos mapas mentais até que uma aceitação geral possa emergir sobre como se comunicar, como decidir, como a liderança pode operar dentro do grupo etc.

Em grupos imaturos e inabilidosos, a tempestade geralmente sai do controle, de modo que o tipo de comunicação piora as coisas: gritaria, chamar nomes, atropelar a fala, não escutar, culpar, acusações, leitura mental, explosão de argumentos, ameaças etc. O grupo precisa de ambos: ser competente nas habilidades de comunicação e maduro o suficiente em seu caráter para ser capaz de passar pelo estágio de tempestade efetivamente.

Não é fácil. E, constantemente, o grupo precisa aprender como desestressar um ao outro, pedir desculpas, estender o perdão e fazer reparos para lidar com mágoas que foram criadas anteriormente.

O estágio de tempestade é inevitável para que os grupos se comprometam com a diversidade das pessoas. De fato, quanto mais diverso for grupo em termos de valores, crenças, identidades, estilos, preferências, filtros de percepção, história etc., mais desafiadora e intensa será a tempestade. Todavia, a tempestade é requerida se um grupo de pessoas querem se desenvolver individualmente e se tornar um grupo coeso. É necessária para a maturidade do grupo. O que é necessário é, primeiro, a tolerância, depois, a paciência com as diferenças, depois, o entendimento, depois, a apreciação e, finalmente, integração e síntese para usar as diferenças.

O entendimento do potencial de crescimento do estágio da tempestade é também necessário para que as pessoas acessem a motivação e o controle pessoal para irem através do confronto e conflito para usar as diferenças para uma sinergia maior.

Isso não ocorre rápido e geralmente não é fácil para os membros do grupo. Requer que saiam da zona de conforto, abraçando a incerteza, abraçando as ambiguidades, coexistindo com diferenças, olhando o lado positivo das intenções por detrás dos comportamentos não valorizados etc.

É também, nesse estágio de tempestade, que a liderança do grupo, a qual inclui o coaching de grupo, torna-se crítica. Sem um sábio direcionamento e guia para lidar com o estágio da tempestade, pode não haver segurança suficiente para se confiar no processo.[2]

Durante este estágio, a própria presença e estilo do coach de grupo desempenham um importante papel. Se o coach tem uma calmaria, uma serenidade, isso irá proporcionar um estado de estabilidade para os membros do grupo e facilitará o crescimento do senso de confiança no coach, como alguém que pode lidar com a tempestade. Nesse estágio, você vai querer assistir e aprender como os variados membros do grupo tentam exercer sua influência no grupo e que métodos e estilos de comunicação eles usam. Quanto aos estado que dão apoio ao processo do grupo, você vai querer validá-los e recompensá-los, quanto àqueles que não o fazem (i.e., impaciência, julgamentos, acusações etc.), você irá querer extingui-los, ou até mesmo, confrontá-los. Ao aceitar a inevitável presença de conflito e diferenças, você pode começar a empoderar os membros do grupo para abraçarem-na com curiosidade e interesse.

O estágio da tempestade irá trazer à tona o mapa mental sobre conflito nas diferenças de cada um dos membros. É muito comum que as pessoas temam isso, detestem e procurem evitá-lo. Haverá alguns poucos que amam isso porque é um modo de ganhar poder no grupo. O que estará faltando na maioria é um claro entendimento sobre conflito e habilidades efetivas para lidar com isso de forma criativa.

A tempestade não ocorre sempre entre membros de um grupo, às vezes, o grupo (ou certos membros do grupo) podem iniciar uma tempestade contra o líder ou coach do grupo. Esta tempestade ocorreria, sem sombra de dúvida, por conta do papel de autoridade, tomada de decisão, controle etc. Muitas vezes, as pessoas que naturalmente discordam, as quais são contradependentes, aquelas que têm temperamento forte, ou aquelas que costumam assumir papéis de liderança serão as mesmas que acharão difícil cooperar e colaborar com o grupo.

Para este tipo de tempestade é importante distinguir um ataque à sua pessoa do seu papel como coach ou líder do grupo. Ao recusar tomar isso como pessoal e analisar e explorar curiosamente a tempestade, você pode difundir a energia e intensidade da tempestade e possibilitar à pessoa ou às pessoas que tragam à tona o verdadeiro problema por detrás disso. Se os membros do grupo tentam se livrar do líder ou coach para apontar um líder ou coach entre eles, é importante enfatizar que, sim, o líder do grupo (ou coach) é um membro especializado do grupo, por isso ele ou ela tem um certo conhecimento especializado ou habilidade que se requer para o bem-estar do grupo.

Uma pista de que a tempestade não está sendo administrada de modo suficientemente adequado é a presença de culpados, bode expiatório fora do grupo ("a economia", "ganância corporativa na América," "a mídia," "a cultura hollywoodiana" etc.), ataques a esmo. Esta pode ser uma transferência para amenizar o alvo sobre algo no grupo que esteja fora de discussão. Então, faça a checagem, "Se este ataque a X fosse, na verdade, sobre algo no grupo, o que seria?"

Se o grupo fica emperrado no estágio da tempestade, então, haverá conflito constante sem nunca se chegar à conclusão. Isso poderia trazer irritação, chateação, frustração um com o outro, baixo nível de rendimento constantes.

Ou poderia trazer uma sensação de guerra fria na qual há ressentimentos indiscutíveis pairando debaixo da superfície. Quando há uma inabilidade de confronto de forma efetiva que leva a soluções de respeito, o grupo pode sofrer uma tempestade constante que parece nunca ter fim.

O Estágio da Normatização – Segunda Edição

Após a tempestade vem outro estágio de normalização, um estágio que edita em normas de mais alto nível, normas sobre conflitos, sobre como lidar com as diferenças, comunicação em face a fortes emoções, tomada de decisões, liderança etc. em níveis mais elevados.

Tipicamente a segunda edição de normas emerge depois que a tempestade leva o grupo para um nível mais elevado de entendimento, estabilidade e confiança.

Agora nós sabemos que, como um grupo, nós podemos superar a tempestade juntos, sem rompimento ou destruição do grupo. Ou isso pode seguir na direção oposta, na qual o grupo cria a norma para evitar o conflito, fingindo e não sendo real.

Capítulo 6 – Como grupos se formam? Estágios de desenvolvimento

Os membros do grupo nessa normatização cocriam as regras sobre o que é importante, como priorizar, tomar decisões juntos, pensar sobre questões, enfrentar o colapso de um processo, desvios dos padrões do grupo, responsabilidade e muito mais.

O estágio de normatização pode ser, de várias formas, tão desafiador quanto a tempestade. Uma das coisas que pode ocorrer caso a normatização se torne muito amarrada, rígida, controladora – ela pode tirar a alegria, o humor e criatividade do grupo. Pode se tornar muito parecido com o poder de polícia do Estado e, se assim for, a segurança e a confiança serão minadas, bem como gera novas formas de rebelião e resistência. Se a normatização implica em um caminho rígido demais pela frente, pode resultar em "pensamento de grupo", o qual pode primeiro parecer algo único, tendo um foco singular de missão, mas depois pode parecer mais cultura de controle do que criatividade.

O que precisa ser normatizado? Nós precisamos de normas para aprender como *aprender juntos*. E, isso significa normas sobre como "pensar" em voz alta com os outros à medida que brincamos com ideias, recomendações, sugestões e não pulamos direto para conclusões de que se vamos falar a respeito de algo, é isso que nós vamos fazer agora ou é nisso que nós agora acreditamos. Nós precisamos de normas sobre como nos engajar no aprendizado coletivo, aprendermos como grupo ou equipe. Isso significa ter normas para genuinamente perguntar, pressupor, questionar nossas premissas não questionadas e pensar por meio da integridade da estrutura de nossos mapas mentais. (Veja o capítulo 13 *Aprendizado de Grupo*.)

Nós precisamos de normas sobre como criar e manter *um espaço de cadinho para nós mesmos* e para os demais.[3] Isso envolve normas para tornar as coisas seguras, para eliminar julgamentos de nós mesmos e dos demais, assumindo que todos estão operando a partir de intenções positivas, de modo que nós possamos desfazer ou eliminar a tendência de projetar ou atribuir algumas intenções maliciosas a alguém. (Veja capítulo 12 *Emoções*.)

O que precisa ser normatizado? Muitas coisas. Antes de tudo, *habilidades comunicacionais*. Isso porque nós nos conectamos, entendemos a nós mesmos e aos outros, por meio da comunicação. E, quando nos comunicamos, estamos fazendo comunicação de nossos mapas mentais a respeito do mundo e, quando eles diferem, requer que sejamos capazes de escutar verdadeiramente, buscando antes o entendimento do que debate e discussão com o outro na tentativa de vencer sobre pontos de vista. (Veja capítulo 12 sobre *Emoções* e 13 *Escuta*.)

Nós precisamos de normas para *escuta ativa,* escuta reflexiva e para refletir sobre premissas, crenças escondidas, e todos as externalidades de enquadramentos conscientes que residem no filme interno de nossas mentes. Nós precisamos de normas para diminuir a velocidade para realmente escutar um ao outro, bem como nós mesmos, para ouvir um ao outro corretamente, sem contaminar as comunicações dos demais. Nós precisamos de normas para reconhecermos nossas próprias distorções cognitivas, falibilidade de filtros e crenças cegas. Nós precisamos de normas para reconhecer erros, fazer saber quando estamos errados e celebrar o aprendizado de novas coisas.

Nós precisamos de normas para o *conflito positivo.* Isso irá incluir normas para como vamos abordar o conflito, como vamos confrontar com compaixão e elegância de modo que não façamos as coisas piorarem quando trouxermos algo à tona, algo que seja

"tocante" para alguém. Nós precisamos de normas para fazer saber que somos falíveis, sem fazer uma pessoa parecer errada, mas reconhecendo que há erros em nossos mapas, isto é, em nossos enquadramento. Nós precisamos de normas para tirarmos o ego do caminho, de forma que possamos enfrentar nossa própria humanidade, nossas incongruências, nossos próprios pontos cegos e nossos próprios erros. E nada disso é fácil. (Veja capítulo 15 *Poder* e capítulo 12 *Emoções*.)

Nós precisamos de normas sobre como chegarmos a um *decisão de grupo* que irá afetar a todos nós, como selecionarmos e tirarmos líderes de seus postos, para como criarmos um senso de colaboração entre colegas iguais. Nós precisamos de normas sobre como nutrir e desenvolver as experiências de nosso grupo, de modo que estas possam crescer para atingir os critérios que fixamos: confiança, afeto, entusiasmo, coerência, empatia, alinhamento, alta performance etc. (Veja capítulo 16 *Liderança*.)

Se o grupo fica emperrado no segundo estágio de normatização, terá falhado em criar normas adequadas, realistas, efetivas e ótimas. Isso pode ocorrer quando a normatização do grupo se torna muito controlada. Se ela, então, se torna burocrática na natureza e estilo, as normas podem transformar em cinzas a inspiração do grupo.

De forma similar, se as normas são muito soltas, haverá limites fracos, padrões baixos... então o grupo será menos atraente para os membros e fraco em suas habilidades de trazer à tona o melhor nas pessoas.

Capítulo 6 – Como grupos se formam? Estágios de desenvolvimento

O Estágio da Performance

Finalmente, há o estágio, no qual o grupo e, especialmente, a equipe de alta performance age para produzir resultados de alta qualidade. Este estágio identifica as razões finais *pelas quais* nós trabalhamos juntos. Nós trabalhamos juntos de modo a produzir resultados que nós não podemos obter sozinhos ou separados. Mas ao trabalharmos juntos como uma unidade, como uma equipe, nós somos capazes de criar e inovar, portanto podemos conseguir algo maior do que o mais esperto e mais talentoso de nós poderia conseguir sozinho.

Da dependência e interdependência de membros do grupo no estágio da formação, os estágios de tempestade e normatização nos capacitaram a ser interdependentes, com a sinergia, a qual gera novos níveis de performance. Nossos metamapas sobre nossa indústria, sobre nós mesmos, sobre como operamos em nosso melhor etc. permite que lidemos com a dissidência, diversidade, conflito, de modo que possamos usar os mesmos para chegar ao próximo nível de performance.

É no estágio da performance que o aprendizado, a coordenação, a cooperação e a colaboração do grupo são testadas e reveladas. À medida que o grupo se engaja em suas tarefas, este descobre se desenvolveu a capacidade de trabalhar junto, efetivamente, para atingir seus propósitos e objetivos. Grupos têm tanto tarefas de relacionamento quanto toma conta de si mesmo, nutrindo sua própria vida, e tarefas de conquistas que definem a respeito do que é o grupo.

Obter um desempenho de alto nível requer também que nós desenvolvamos o enriquecimento do mapa mental de sinergia da contribuição de todos. O mapa que teremos para operar no mundo e navegar o território é muito mais rico e completo que qualquer mapa individual. Nós também temos, assim, um metamapa que abraça e contém todos os mapas individuais. Agora nós podemos ir muito além do que qualquer um de nós jamais concebeu sozinho.

Fazer o coaching de grupo nesse nível envolve tais fatores de clareza de tarefas, delegação de tarefas, responsabilidade, enquadramento de tempo e horário, responsabilidade para entrega etc. Estes estão entre os modos em que o grupo exercita seu poder. (Veja o capítulo 15 *Poder*).

Os grupos também podem ficar emperrados no estágio da performance. Quando isso ocorre, o grupo perde sua alma, à medida que foca em sua tarefa e esquece que é composto por seres humanos, com suas necessidades e, especialmente, necessidades sociais. Os grupos exclusivamente focados na performance se tornam como aquelas companhias que fazem o topo financeiro como o único propósito da companhia e, então, começam a *usar* as pessoas e a *amar* o dinheiro, em vez de usar o dinheiro enquanto amam as pessoas.

E, Então, Nós Fazemos de Novo!

Enquanto esses estágios de formação do grupo ocorrem evolutivamente, eles não ocorrem de modo linear de uma vez por todas. Tipicamente, da formação e tempestade, voltamos à formação, e da formação de volta à tempestade, e quando terminamos e estamos na performance, é comum voltarmos ao começo. Isso ocorre ao mesmo tempo em que continuamos a lidar com o ambiente em transformação (o território continua mudando) e, à medida que novos membros entram no grupo, nossos mapas conjuntos têm que de ajustados.

Dinâmicas na Formação de um Grupo

Como indivíduos, grupos são concebidos, dados a luz, vêm a existir, crescer. Formam suas personalidades, desenvolvem uma identidade, experimentam conflitos internos sobre identidade, valores, crenças, talentos, habilidades etc. e, então, operam no mundo – efetivamente e/ou inefetivamente.

À medida de que um grupo cresce, assim como com os indivíduos, uma quantidade numerosa de propriedades emergentes surgem do senso de self ou de identidade do grupo: a forma como o grupo experimenta a si mesmo no processo de comunicação, o grau de compatibilidade que há em si, como gerencia e lida com as questões de poder, controle, liderança, tomada de decisão, reconhecimento, competição, colaboração, direção, valores, visão etc. e, como faz a performance de objetivos e propósitos no mundo.

O que tudo isso significa para um coach de grupo? Que habilidades são necessárias para Que o coach de grupo trabalhe efetivamente com o grupo? Obviamente, um coach de grupo precisa entender os estágios que os grupos passam, à medida que se formam e se desenvolvem. O coach também precisa de um conhecimento básico e habilidade para trabalhar com as dinâmicas dos sistema que se apresentam nos grupos, à medida que o grupo lida com si mesmo, cresce e amadurece.

Como indivíduos, as facetas-chave para atuar dentro de grupos são aquelas de valores, alinhamento, visão, cooperação, colaboração, comunicação, definição e resolução de problema, formação de consenso, liderança, seguimento, poder, papéis, responsabilidades, participação, tomada de decisão, fixação de objetivos, conflitos acerca das diferenças de filosofias e de estilo, mediação de conflitos.

No cerne do desenvolvimento do grupo, está a facilitação para que as pessoas no grupo sejam verdadeiras, de modo que estas se relacionem umas com as outras autenticamente. Grupos progridem quando as pessoas são verdadeiras e falham em progredir quando as pessoas se escondem, ou pior, quando temem ser verdadeiras e, então, se apresentam com um *ser falso*. Isso significa que o objetivo do coaching de grupo não é *meramente* se dar bem com os demais (i.e., sem conflito, coexistência pacífica, ser agradável).

> **Dinâmicas do grupo**
> **Energias movem um grupo a –**
>
> *Conformidade:* pertencer, ser aceito como um membro do grupo.
>
> *Balanceamento de Tensões:* Para tanto estar à parte e ser uma parte de; ser dependente e independente.
>
> *Estabilidade:* Para encontrar um equilíbrio.
>
> *Espiral como um Sistema:* De dar voltas e voltas em circuitos de comunicação.
>
> *Função:* Para mobilizar energias e alcançar os resultados.

Meramente, se dar bem com os demais, pode facilmente ser conseguido se houver recompensas e punições suficientes. Mas, então, os membros do grupo acabam sendo amáveis e respeitosos, porém não são verdadeiros. Então, falseiam o que realmente pensam e sentem, de modo que não percebemos a real, autêntica pessoa como membro do grupo.

Dessa forma os membros do grupo apenas desempenham um papel, adotando uma fachada de conformação a qualquer que seja o padrão que é fixado em um dado grupo ou cultura. Mas isso não é o que queremos.

Em vez disso, o que nós queremos em grupos é uma combinação de graça social *e* autenticidade. Nós queremos mulheres e homens *reais* se reunindo para compartilhar suas perspectivas únicas, inteligência, criatividade, intuições, habilidades, expertise etc. O que faz um grupo ser grande e efetivamente chegar aos recursos escondidos de seus membros é um ambiente seguro e aberto que acredita no potencial das pessoas de saírem de trás de suas personas, máscaras, papéis etc. e ser verdadeiras umas com as outras.

Psicologia de Desenvolvimento do Grupo

Como indivíduos, os grupos se desenvolvem ao longo do tempo, para terem a qualidade e se tornarem o tipo de grupos que eles querem. Uma equipe tem início como um grupo desorganizado de pessoas tentando trabalhar juntas e, eventualmente, desenvolvem algum tipo de estrutura ou ordem que as permite, como grupo, ganhar eficiência e efetividade. Então, ao longo do tempo, pode alcançar um estado suave e definitivo de funcionar provendo sucesso e prazer aos seus membros.

Outro formatação dessa psicologia desenvolvimental do grupo é que no estágio 1, há *Contato* e *Exploração*, à medida que as pessoas formam um grupo e percebem por meio de suas explorações se podem trabalhar juntas. No estágio 2, há o desenvolvimento e a eficiência no trabalho conjunto, como o grupo se *Adapta* e se *Organiza*. No estágio três, o grupo se torna uma equipe - e demonstra um alto nível de performance que vem do espirito de equipe. O grupo faz isso por meio da *Conexão Profunda* e *Visão Unificada*.

O Grupo como um Sistema

O modo no qual o grupo se forma, determina o sistema que produzirá. Como indivíduos são sistemas, os grupos são mais ainda. Quando você faz o coaching de um grupo, você está trabalhando com um sistema de mente-corpo-emoções de cada pessoa no grupo e você está trabalhando com o sistema com o qual o grupo se comprometeu. De fato, você está trabalhando com todo os sistemas nos quais o grupo está inserido. Isto significa que você está fazendo coaching de vários sistemas! Você faz coaching de sistemas dentro de sistemas. Isto é um dos grandes desafios do coaching de grupo.

Agora, enquanto você trabalha dentro de uma estrutura sistêmica, então *tudo o que você faz tem um efeito sistêmico.* Tudo o que você faz vai além dos efeitos imediatos que você pode ver ou escutar. Qualquer coisa que ocorra imediatamente no grupo, quer satisfaça os objetivos do grupo ou não, terá, ao longo do tempo, outro efeito. Estímulos no sistema irão se mover através de várias repetições comunicacionais e relacionais desse sistema, criando afetações adicionais.

Então, para complicar as coisas, estas afetações irão, eventualmente, retornar como estímulo adicional ao sistema. Esta especificidade faz o sistema ser cíclico em seu funcionamento.

O fato é que nossas vidas estão, inevitavelmente, inseridas em sistemas. Isso ocorre devido aos grupos dos quais fazemos parte, dos papéis que desempenhamos e do conjunto de interações que nós experimentamos.

Isto ocorre em razão da língua que falamos, das culturas nas quais vivemos, dos negócios dos quais somos parte etc. Não admira que os sistemas modelam a forma que pensamos e sentimos, bem como falamos e agimos – e, muito mais.

O coaching nunca se dá no vácuo. O individual e o grupo é sempre parte de um sistema mais abrangente. E, há sempre fatores sistêmicos em tela: efeitos tardios, dependências e interações circulares, efeitos múltiplos, resistência aos efeitos de mudança etc. (Para mais sobre *Sistemas,* veja o capítulo dezenove.)

Características Sistêmicas
1) Holístico
2) Relacional
3) Circular
4) Orientado para o Objetivo
5) Informacional
6) Padronizado
7) Invisível
8) Dinâmico/ Vivo
9) Emergente
10) Transformativo

Níveis de Formação de Grupos

Grupos surgem quando as pessoas se juntam para formá-lo: e então, por meio da normatização, tempestade, se tornam capaz de fazer performance em grupo. Esse processo ocorre em níveis múltiplos. No primeiro nível, o grupo é formado soltamente e se parece com um comitê de indivíduos fortes que precisam do grupo. Quando a individualidade dá lugar à verdadeira interdependência, a coesão ocorre de modo que há um senso de pertencimento ao grupo. Então, as pessoas são mais do apenas "eu" e "meu". Assim, o próximo nível ocorre quando um grupo coeso se torna uma equipe. Dessa forma, o senso de pertencimento se transforma em um *espírito de equipe* e os membros do grupo têm um espírito de equipe tão forte que irão submergir a honra individual pelo bem da equipe. (Isso será descrito de forma completa no capítulo 8.)

Outro modelo de níveis de grupos se encontra em *The Wisdom of Groups* (1999). Lá os autores colocam cinco tipos de grupos, os quais são definidos assim:

Grupos de -> Pseudo- -> Equipes -> Equipe -> Equipe de Alta
Trabalho   Equipe   Potenciais Real   Performance

"A Curva de Performance da Equipe" que eles desenho se move de (1) "grupo de trabalho" (que se baseia nas contribuições individuais e responsabilidade) que é o que a maioria das organizações têm, para (2) pseudoequipe (onde não há risco porque as pessoas estão na defensiva) para (3) equipes em potencial, para (4) equipes reais, para (5) equipes de alta performance.

O grupo de trabalho é um grupo de apenas um líder. Aqui o líder estabelece o propósito, os objetivos e a abordagem. Uma equipe real é formada de um pequeno número de pessoas com habilidades complementares, as quais são igualmente comprometidas com um propósito comum, objetivos e abordagem de trabalho na qual, se mantém mutualmente responsáveis. Uma equipe de alta performance é o auge onde os membros são profundamente comprometidos com o desenvolvimento das pessoas e o seu sucesso, em adição ao desafio da performance.

A Curva de Performance da Equipe

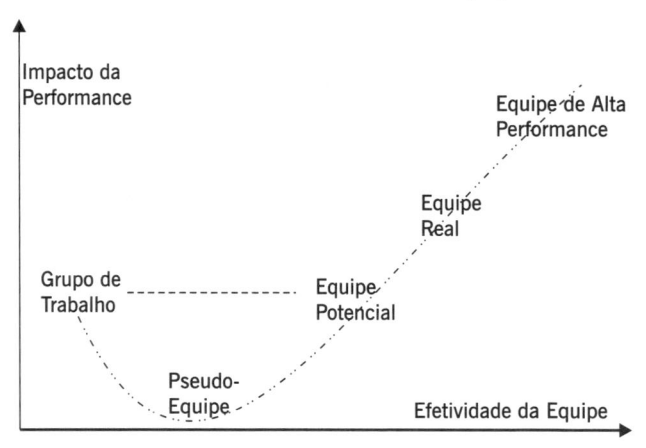

A Arte do Coaching de Grupo

O que é coaching de grupo e o que um coach de grupo realmente faz? Trata-se, realmente, de *crescimento em grupo para se tornar uma equipe coesa.* E, para crescer, requer que você, como coach de grupo, entenda os estágios

De Formação – tempestade – normatização – e performance, bem como facilite o desenvolvimento do grupo em cada estágio. Então, você pode diagnosticar em qual ponto o grupo está, qual estágio os membros estão atualmente experimentando e quais habilidades são necessárias efetivamente para navegar nesse estágio.

Há um tipo muito especial de relação que se requer para as pessoas se tornarem um grupo efetivo e, até mesmo, uma equipe. É uma relação de empatia e de respeito. É uma relação de compaixão, abertura e aceitação das diferenças. Estranhamente, a relação que se requer *não* é uma de amizade. As pessoas não precisam ser amigas para conseguirem trabalhar juntas como uma equipe efetiva. Mas elas precisam dos estados e das habilidades mencionadas acima. Portanto, o coaching de grupo não é o mesmo que tentar tornar as pessoas amigas umas das outras.

Notas Finais do Capítulo:

1. Tuckman, R.W. (1965). Sequência desenvolvimental em grupos pequenos, *Psychological bulletin, 63,* pp. 384-399.

2. Veja os capítulos 17 e 18: Preparação do Coach e Habilidade para o Group de Coaching.

3. Veja o livro, *The Crucible* (2010).

Capítulo 7

SISTEMAS:

COMO LIDAMOS COM UM GRUPO COMO SISTEMA?

"Tudo é estritamente relacionado com tudo o mais."
Alfred Korzybski (1933/ 1994, p. 108)

Parte da sistemática natural se dá em como grupos se movem pelos estágios de formação, normatização, tempestade e performance.
Como observado no último capítulo, esses estágios desenvolvimentais não são lineares. Os grupos fazem ciclos em torno de revisitações dessas tarefas de desenvolvimento repetidamente. Não obstante, para que isso seja efetivo, no coaching de grupo é necessário que haja, pelo menos, certos entendimentos básicos de sistemas – como funcionam e como trabalhar com eles.

Coaching Sistêmico de Grupo 101
Quando se trata de fazer coaching individual e de grupos para facilitar a liberação dos valores mais elevados e os melhores potenciais nas pessoas – para você ser efetivo, *você tem que fazer o coaching sistemicamente*. Isto é, você faz o coaching de ambos, dos indivíduos e do grupo em si, os quais vivem em diferentes parâmetros de sistemas. O contexto do coaching sempre envolve sistemas e isso é verdade como uma vingança do coaching de grupo.

O coaching efetivo é inevitavelmente sistêmico, pois você está trabalhando com sistemas múltiplos. Há, primeiro, o sistema mente-corpo-emoção de cada indivíduo, então, há as camadas do sistema dentro das quais cada pessoa vive, então há o sistema dos indivíduos trabalhando juntos, como grupo. Efetividade no coaching de grupo obviamente envolve fazer coaching de múltiplos subsistemas – sistemas dentro de sistemas. Não admira que isto requeira o entendimento de sistemas humanos e como efetivamente trabalhar com eles.

- Como o sistema e o pensamento sistêmico são afetados?
- O que é único sobre coaching de grupo que precisa receber coaching sistemicamente de um modo efetivo?
- Do que você precisa para entender sobre sistemas para que seu grupo de coaching possa responder aos problemas que surgirem?

Nesse último capítulo (capítulo 6), eu incluí na lista dez distinções de sistemas.

Isso vem do livro *Systemic Coaching* (2012), o qual provê uma

perspectiva do que significa pensar e trabalhar sistematicamente como coach.[1] Esses pontos focam no entendimento de como trabalhar com o grupo como um sistema.

1) Pensar no Grupo tanto Individualmente quanto Holisticamente.

Um sistema é um todo integrado e congruente. Enquanto é feito de várias partes, facetas e influências, ele opera como um todo. As partes são aspectos de um sistema singular. Trabalhar sistemicamente significa trabalhar com o todo de modo que você *veja o todo* em vez de dicotomizar as partes. Se você usar de dicotomia, verá os membros como opostos um em relação ao outro; do mesmo modo, eles terão essa percepção. Em coaching de grupo isso significa *ver o grupo como uma entidade*, uma que transcenda os membros individuais do grupo.

Características Sistêmicas
1) Holístico
2) Relacional
3) Circular
4) Orientado para o Objetivo
5) Informacional
6) Padronizado
7) Invisível
8) Dinâmico/ Vivo
9) Emergente
10) Transformativo

Isso não significa que o grupo seja uma entidade de verdade. Não é. Isso seria o mesmo que antropomorfizar o grupo.[2] Irvin D. Yalom (1975) clama por clareza, à medida que sobrescreve este mito:

> "O conceito do grupo como um sistema com propriedades características é muito valioso; contudo, o que ocorreu é que muitos trabalhadores tenderam a antropomorfizar o grupo... É importante assinalar que o grupo não é uma entidade *viva*, criada por nossas conveniências semânticas e conceituais. Quando isso se torna metapsicológico e não promove clareza, mas confusão de pensamento, então isso não mais serve à sua função original." (p. 175, itálicos adicionados)

Isso se refere à nossa tendência de falar desse assunto como se fosse o grupo uma "entidade viva", à parte dos indivíduos que a compõem. Estamos falando de "ter cuidado com o grupo" ou "ficar com raiva do grupo" ou "o grupo está fazendo isso ou aquilo" como se fosse uma superpessoa. Não o é. Então, ainda que vão surgir propriedades dinâmicas e emergentes (pensamento de grupo, atmosfera de grupo etc.) ela será "mais do que" e diferente de indivíduos e, até mesmo, enquanto o grupo pode ser incorporado e legalmente "uma pessoa" perante a lei, não é uma entidade viva. É uma entidade abstrata, sobre a qual criamos um conceito.

O que um sistema é depende de como todas as partes se encaixam juntas – sua interconexão. As propriedades de um sistema são as propriedades de um todo. No coaching de grupo, a qualidade de interconexão de todos os membros determina a qualidade do grupo. Não admira que *as habilidades relacionais* dos membros do grupo constituem uma variável crítica. Isso também explica como a influência de uma pessoa tóxica no grupo pode contaminar as interações e causar ao grupo, como um todo, uma disfunção. Quando você trabalhar com um sistema, primeiro identifique suas variáveis internas.

- Quais são essas variáveis e partes?
- Quem são todos os membros do grupo?
- Existem outras variáveis que são partes do sistema (e.g., lugar, procedimentos, expectativas, propriedades, dinheiro etc.)?
- Como as partes se inter-relacionam?
- Qual é a qualidade da forma que interagem?

2) Procure pelo conjunto Conexões Inter-relacionais.

Pensamento sistêmico envolve prestar atenção aos relacionamentos entre as facetas do sistema. Por quê? Porque, como foi notado na citação no início do capítulo, "Tudo é estritamente interrelacionado a tudo o mais."(Alfred Korzybski, 1933/1994, p. 108). Quando se pergunta "Como são as partes relacionadas?" , nós estamos procurando padrões de interconectividade. À medida que você procura por padrões acima e além do indivíduo, das partes, dos eventos isolados, você começará a pensar sistemicamente "O que está ocorrendo aqui? Onde isto está indo? Qual a sua direção?" Isso possibilitará a você tornar-se um analista de sistemas, à medida que pergunta: "Quais são os relacionamentos entre as variáveis? Como se relacionam umas com as outras? no processo de coaching de grupo os padrões do grupo são fundamentais. Como as pessoas do grupo habitualmente se relaciona umas com as outros? Quais são os padrões de aprendizado? Como, no grupo, as pessoas habitualmente se relacionam? Quais são os padrões de aprendizagem (capítulo 13), padrões de comunicação (capítulo 11)? Quais padrões o grupo apresenta que podem minar as coisas? Como membros se relacionam aos critério de equipe de alta performance?

Os limites do sistema surgem das regras, linhas de raciocínio e princípios. Isto descreve onde o sistema opera e o que está além do escopo do sistema. De modo similar, os limites do grupo são governados pelas regras que definem a área de controle e influência do grupo.

- Quais são as regras para criar limites?
- Qual está no lado interno dentro limites e o que está fora?
- Quanto os limites podem ser estendidos e puxados de volta?

Como um coach de grupo, dado que tudo é conectado a tudo o mais no sistema, você vai querer ser capaz de descobrir o seguinte:

- Como o sistema se padroniza e se ordena?
- Qual é a sintaxe e sequência entre as variáveis?
- Com essa multicausalidade, quantos das variáveis e condições "causam" ou "influenciam" um efeito ou resultado do sistema?

3) Identifique o Circular e a Espiral de Comunicações.

Mudar para o pensamento sistêmico desloca você para um tipo completamente diferente de pensamento. Em vez de um pensamento linear (um direto e singular sistema de causa e efeito), você pensa em termos de processos randômicos. E, enquanto ocorrem, você também imagina outros numerosos fatores de contribuição que influenciam as coisas. Em sistemas de pensamento você submete informação – energia fluindo circularmente em espirais de mútua influência.

Busque como e onde, o sistema é recorrente e autorreflexivo. No sistema mente-corpo-emoção dos seres humanos, uma vez que a consciência opera de forma autorreflexiva – *o pensamento autorreflexivo exerce um papel decisivo na atividade do sistema humano.* Esta dinâmica traz várias novas propriedades do sistema. Por exemplo, traz a presença de um paradoxo. Isso porque, quando um sistema é autorreferencial, parecendo paradoxal, processos contraintuitivos são ativados.[3] Como o sistema irá se autoinfluenciar, vai responder a si mesmo. Isto, em retorno, criará dinâmicas auto-organizadas, dentro do sistema.

Para coaching de grupo, autorreflexividade está sempre presente nas conversas e, portanto, é um dos aspectos mais desafiantes a se monitorar. Ainda assim, precisamos monitorá-los. É por isso que as metarrespostas oferecem uma ferramenta poderosa. Isso permite a você, como coach de grupo, propor um *metamomento* reflexivo de modo que todos possam dar um passo atrás e notar a natureza da conversa, onde ela foi e onde parece estar indo. (Vou descrever o Metamomento nos Capítulos 11 e 18.)

Como coach de grupo, você também vai querer elucidar a autorreflexividade dos membros do grupo, de vez em quando.

> "Como agora você considera a questão X da perspectiva do critério Y e Z que agora apareceram, o que você pensa e sente agora?"

Ou:

> "Há provavelmente muita informação valiosa que iria beneficiar todos nós a partir da experiência dos últimos 25 minutos. Então, eu imagino o que sairia se nós fizéssemos uma volta na sala e cada um de nós contasse ao grupo alguns dos pensamentos que ocorreram durante o silêncio, o que você pensou em dizer, mas não disse."

4) *Procure por Padrões de Significados.*

Princípios e linhas de raciocínio exploratórios possibilitam a você entender qualquer sistema. Enquanto um sistema opera, há processo em andamento (inserindo algo, fazendo processamento e liberando) que mantém o sistema operacional. Será adaptável e funcional. O que não necessariamente significa que seria funcional para o bem-estar de seres humanos, apenas o sistema – como sistema – irá aparentemente ter "uma vida própria."

- Como o sistema funciona?
- O que permite e apoia o grupo para que este opere da forma que o faz?
- Quais linhas de raciocínio explicam o sistema?

Um padrão no grupo, como para um indivíduo, é qualquer conjunto de comportamentos (incluindo respostas verbais) que se repete. Se está repetindo três ou mais vezes, pode se tratar de um padrão. Você pode perceber isso como padrão de indivíduos no grupo ou como um padrão do próprio grupo, talvez seja discutir, ser indeciso, impulsivo, excessivamente otimista, cético etc.

O significado dos padrões do sistema operam contextualmente em um dado ambiente. Isso faz das condições iniciais, bem como o contexto atual do sistema, algo importante, algumas vezes decisivo para o sistema.

- Onde e como as coisas se iniciaram?
- Quais foram as condições e premissas originais?
- Quais são as múltiplas camadas de contexto no qual este opera?

Sabendo a resposta a estas questões você pode, então, proporcionar ideias sobre como escapar e/ou transformar o sistema. No coaching de grupo, padrões de conversas, relacionamentos e ações sempre fazem sentido. Talvez não sejam úteis, proveitosas, produtivas, boas, valiosas, mas trazem sempre significados. Mas quais significados? Isso é o que se deve descobrir. Quando descobrir, então você poderá controlar a qualidade do significado.

5) *Fazendo o Invisível Visível.*

Sistemas não são vistos a olhos nus. São percebidos pela mente à medida que reconhecemos a estrutura de como uma experiência se organiza e como ela funciona. Podemos ver as pessoas, comportamentos e resultados. Podemos ver as pessoas passando informações por meio de seu sistema mente-corpo-emoções e por meio dos sistemas do grupo. Nós as vemos então externalizar as respostas. Enquanto nós podemos ver e escutar o input-output, o sistema permanece invisível.

Como você enxerga todo o sistema quando a maior parte dele é invisível para suas percepções sensoriais? Aprendendo a detectar os retornos de feedback, aprendendo a reconhecer o processamento das pessoas ou dos grupos e a "energia" que resulta de um dado sistema. Uma vez que você "veja isto na sua mente" você poderá, então, tornar o sistema visível por meio de um diagrama ou ao dar voz ao que você percebe.[4]

> "Bob, eu ouvi você falando sobre as despesas que estamos adquirindo e o quanto isso vai estourar nosso orçamento nesse quadrimestre. O que eu não ouvi de você, contudo, é algo sobre o longo prazo, valores, poupança etc. Você pode falar disso?"

No coaching de grupo, como no coaching um-a-um, nós aprendemos a *mentalmente ver* um sistema operando ao utilizar o Modelo de Metaestados e o Modelo Matriz.

Ambos modelos possibilitam a você "seguir a energia à medida que ela se move através do sistema." Como? Ao notar que a pessoa ou grupo selecionou fazer input, representar e enquadrar com vários significados e ao notar quais das matrizes foram ativadas (assunto do capítulo 19 em *Complexidade do Coaching*).

- Qual matriz está sendo ativada?
- Como o significado está sendo criado?

6) *Identifique a Dinâmica de Atração no Sistema.*

Como você vê isso operando, se movendo, crescendo, mudando e/ou evoluindo? Como é ativo e não estático? Como está se ajustando, adaptando-se a mudanças? Pode crescer, desenvolver-se e tornar-se mais? Um sistema vivo é auto-organizável, devido aos atrativos inerentes a ele.

Uma forma de os sistemas serem dinamicamente vivos envolve sua simultaneidade. Ainda assim, aqui há um problema – ao ver o sistema e todas suas partes trabalhando ao mesmo tempo – como não se sentir sufocado? Como você pode, efetivamente, manter em mente todos os processos ativos de modo que você possa rastrear o que está acontecendo sem perder o rastro do que está se passando? Uma resposta se baseia em distinguir entre *complexidade detalhada* e *complexidade dinâmica*. É a complexidade detalhada que sufoca, então você se perde em detalhes irrelevantes e não pode enxergar a floresta ou as árvores.[5]

Complexidade dinâmica é muito diferente. É mais fácil entender e trabalhar com ela, porque você está procurando os princípios, "regras," ou "atrativos" – os governantes que geram os processos auto-organizadores do sistema. Qualquer regra sobre o que temos que fazer, ou não podemos fazer, pode criar um atrativo auto-organizador.

> "Nós temos que ter o plano de negócios completo antes mesmo de considerar iniciar qualquer ação." "Nós não podemos começar sem que todos decidam aderir ao projeto."

Em um sistema, simultaneidade significa que tudo no sistema é operacional e ativo, ao mesmo tempo – em certo grau. Os processos não operam de forma linear: primeiro isso, depois aquilo. No sistema humano, enquanto você está pensando, você também está movendo, e escolhendo e agindo, falando e relacionando.

O tempo desempenha outro papel significativo nesta complexidade dinâmica, precisamente, porque leva algum tempo para a informação e a energia se moverem através do sistema. Quanto tempo leva? Onde estão estas defasagens no sistema que temos que levar em consideração? Em coaching de grupo, você vai descobrir o governador da complexidade dinâmica ao encontrar os atrativos auto-organizadores.

- O que está sendo "organizado" no grupo? Dê a ele um nome.
- Se fosse um jogo, como seria chamado?
- Qual o significado ou enquadramento que organiza o jogo?
- Como o enquadramento se ajusta ao jogo?
- Como está induzindo a linguagem, relacionamento e ação?
- Qual é o enquadramento de tempo para este jogo?

7) *Procure pelas Propriedades Emergentes.*

Como um processo dinâmico, um elemento "vivo" no sistema é o *aparecimento*. Quando você combina muitas variáveis de um sistema, você pode esperar novas coisas emergindo. Isso é especialmente verdade em sistemas humanos: como novos estados de Gestalt emergem, os mesmos não podem ser explicados pela soma das partes.

- Você está procurando e esperando por novas propriedades emergentes surgirem no sistema?

- Uma vez que em coaching de grupo, o que emergirá serão os estados do grupo, padrões, atmosfera ou cultura, jogos, como está ocorrendo o surgimento?

A Arte do Coaching de Grupo

Se você sabe que está trabalhando com *um sistema humano* – pessoas que experimentam a vida como um sistema mente-corpo-emoção e que vivem dentro de sistemas múltiplos, então você sabe que o *coaching efetivo envolve pensamento e trabalho sistemático.* Requer uma mudança do pensamento, do linear e reducionista, para o pensamento sistêmico.

Como coach, foque no todo integrado. As partes vão fazer sentido em termos de um todo. Então, procure por padrões que geram o todo. Abraçar todo o sistema do seu grupo significa abraçar todos os múltiplos sistemas que nos quais o grupo vive. Você está pronto para isso? Como os membros do seu grupo se encaixam nesse sistema?

À medida que você desenvolve olhos para enxergar processos sistêmicos, você será capaz de ver os pontos de alavancagem do sistema. Então, você será capaz de fazer algumas perguntas muito poderosas – perguntas que irão engajar todo o sistema. Você já conhece essas perguntas poderosas?

Sistemas estáveis continuam em ciclos através de padrões previsíveis, a menos que ou até que sejam perturbados por alguma força externa. Se perturbado, o sistema, então, se tornará instável e terá que se adaptar à interrupção no ambiente. Então, como coach de grupo, você precisará da habilidade para desestabilizar um sistema como uma habilidade chave de coaching. Você consegue fazer isso? Você pode fazer isso introduzindo informações ou experiências contraditórias. Kurt Lewin chamou isso de descongelar um sistema. Quando essas forças bagunçam o sistema, vai dissipar em um estado de instabilidade (caos), buscando se reorganizar (descartando e redefinindo) em um sistema de ordem mais elevada (resolução) e desenvolvendo-se em um novo equilíbrio (fechamento).

Por causa das muitas variáveis interagindo em um ambiente complexo, trabalhar com sistemas impede o uso de uma abordagem "tamanho único"/padrão.

Em vez disso, comece da posição de que cada sistema humano seja único e valioso e, então, esteja preparado para descobrir como este funciona.

Notas Finais do Capítulo:

1. *Systemic Coaching* (2012) é o nono livro da série Meta-Coaching focado inteiramente em sistemas e sistemas de pensamento.

2. Enquanto o trabalho de Yalom (1969, 1975) tenha sido com grupos de psicoterapia, a vasta maioria de seu trabalho com dinâmicas do grupo, especialmente as das necessidades sociais dos seres humanos dentro de um grupo, se aplicam também ao coaching.

3. Para mais paradoxos em negócios, veja *Solving Impossible Problems: Working through tensions and paradox in business,* 2012 de Joe Cheal.

4. Pascal Gambardella criou toda uma série de diagramas de sistemas no seu livro, *Systemic Coaching,* bem como um capítulo sobre como ler os diagramas de sistema.

5. Esta distinção entre detalhe e complexidade é estabelecida por Peter Senge em *A Quinta Disciplina.*

Capítulo 8

EQUIPES:

COMO GRUPOS SE TORNAM EQUIPES?

"Finanças? Não. Estratégia? Não. Tecnologia? Muito menos. O trabalho em equipe continua sendo a vantagem competitiva definitiva – precisamente por ser tão poderoso e ao mesmo tempo tão raro."
Patrick Lencioni, 2002

"Posso dizer confiantemente que o trabalho em equipe está quase sempre ausente nas organizações que fracassam e está geralmente presente nas bem-sucedidas."
Patrick Lencioni *The Five Dysfunctions of a Team*

Se há magia em grupos, a fonte dessa magia surge de uma sinergia de pessoas conversando, se relacionando, conectando, cooperando e colaborando. E, a partir dessa sinergia, surge algo que é "mais do que a soma das partes". Em termos psicológicos, isso é uma "Gestalt" e, em termos de sistemas, isso é um surgimento. Um aspecto da magia que emerge nas dinâmicas do grupo é a Gestalt, o surgimento de *uma equipe* e de um *espírito de equipe* a partir de um grupo.

Componentes do Espírito de Equipe
Como criaturas sociais, nós vivemos e funcionamos efetivamente na medida em que aprendemos como trabalhar com e por meio de outros. Operar efetivamente em grupo, organização, negócios, corporação etc. requer um alto nível de qualidade nas habilidades social, relacional e comunicacional. Essas habilidades nos permitem ser bem sucedidos em nos dar bem com os demais. E o *"se dar bem com os outros"* é um requerimento para a liderança, gerenciamento, empreendedorismo, vendas e assim por diante. Quando nos damos bem com os demais, nós criamos

e convidamos um espírito de camaradagem que constrói o surgimento do *espírito de* equipe.

Quando um grupo desenvolve um senso de identidade como equipe, seu espírito de equipe reflete um alto nível de cooperação e colaboração. Isso nos possibilita pensar nos níveis mais elevados ao examinar nossos *frames* de referência e ao mover-nos além de um pensamento ganha/perde para um pensamento ganha/ganha. Isso aumenta a coesão do grupo e sua efetividade.

Modelar um grupo para ser uma verdadeira *equipe* requer permitir que cada jogador do time desenvolva um senso comum de propósito e destino acerca do que se quer conquistar. Fazer isso desenvolve uma identidade de grupo, de modo que os membros passam a ter um senso de *nós*. Conscientemente, eles desenvolvem um senso e uma crença de que, trabalhando juntos por uma causa comum, enriquecem a todos e criam algo que não se pode ser criado sozinho ou à parte. À medida que essa coesão cresce, as pessoas se tornam um *equipe.*

O Fator Semântico dos Humanos

Em uma equipe de cavalos, nos juntamos um número de animais para puxar uma carruagem. Para criar essa "equipe," nós os juntamos e os deixamos se acostumarem à estrutura. Com animais, é fácil. Não é tão fácil com um grupo de humanos.

De fato, é um assunto muito diferente. Com pessoas nós temos que lidar com suas *construções semânticas* – os significados que todas as pessoas trazem para uma situação. E elas trazem muitos significados sobre muitas coisas. Elas têm significados sobre escolhas, liberdade, entendimentos, acordos, importância, dignidade etc. Com pessoas, nós temos que levar suas visões e emoções em consideração. Com pessoas, nós temos que permitir que elas decidam aderir aos processos de modo que elas percebam que isso serve aos seus propósitos e objetivos mais elevados.

Quando surge um espírito entre os membros de um grupo, um que inspire um humor, entusiasmo, devoção e/ou uma forte consideração pela honra do grupo, nós o chamamos de *esprit de corps.*

- Como nós construímos este tipo de espírito?
- Como fazemos para que exista?
- Como o facilitamos?
- Quais dinâmicas do grupo se juntam para criar esse tipo de espírito de equipe?

Dinâmicas do Grupo

Dinâmicas do grupo, como as "dinâmicas" (ou "energias") que agem quando as pessoas se juntam em um grupo, são mecanismos e processos que governam e guiam o agrupamento social. E, dependendo de como nós usamos esses processos, podem fazer com que o grupo se torne tanto um comitê chato, um grupo raivoso, um grupo de trabalho ou uma equipe de alta performance. À medida que esses fatores influenciam a consciência psicológica dos indivíduos, eles dão suporte às pessoas trabalhando em conjunto ou umas contra as outras. Dentre esses princípios, há coisas como a organização do grupo, papéis, expectativas, estilos de interação, fluxo de comunicação, liderança, gerenciamento, seguidores, resolução de conflito etc.

Um aspecto significante da dinâmica do grupo concerne ao modo que os grupos se juntam, formam e performam.

Anteriormente (capítulo 6) identifiquei os estágios do desenvolvimento do grupo, em termos de formação, tempestade, normatização e performance. Nesses processos, o grupo funciona em um foco de dois lados: os estágios de

Relacionamentos- quando o grupo se forma; e *tarefa-* quando o grupo age e performam. Ao trabalharem bem juntos e ao trazer à tona o melhor em cada um, é a habilidade relacional e comunicacional que nos permite expressar respeito, cuidado, confiança, entusiasmo, apoio, mutualidade etc. Dinâmicas centrais envolvidas no desenvolvimento do grupo são as listadas na Figura 8:1.

Figura 8:1

Matriz	– Dinâmica	– Continuum
1) Intenção	– Direção	Resultado, Visão (propósito compartilhado), Missão.
2) Significado	– Comunicação	Conversa, Diálogo, Fala verdadeira e autêntica.
3) Estado	– Atitude	Boa vontade, Ganha/ Ganha, Ganha / Ganha / Ganha.
4) Outros	– Atividade	Participação, Decisão-comprometimento, Lealdade.
5) Poderes	– Conexão	Cooperação, Colaboração, Esprit de corps.
6) Self	– Identidade	Grupo, "nós" Pertencimento, Responsabilidade de Pares.

Definindo uma "Equipe"

O que é uma *equipe* e como estou usando o termo em contraposição ao termo do *grupo* ?

1) Um pequeno grupo de pessoas.
2) Que tem ligação proximal mental e emocionalmente.
2) Que divide objetivos comuns, objeções e visão de seus propósitos e resultados de performance.
3) Que é interdependente um do outro.
4) Que é mutualmente responsável em coordenar, cooperar e colaborar para atingir seus objetivos.
5) Quem mantém uma visão que inspira cada membro a ir além de suas necessidades individuais.

Os membros de uma equipe, como um grupo conectado emocionalmente, trabalham juntos de modo altamente colaborativo para alcançar uma visão e uma missão que transcendam o que qualquer membro poderia conseguir sozinho. É um grupo que desenvolveu um comprometimento mútuo e uma lealdade à equipe acima de necessidades individuais, de modo que rapidamente os indivíduos deixam de lado suas próprias necessidades, buscando o grande benefício do grupo.

Os Três Níveis de Experiência de Grupo

Como nós criamos um grupo para, então, desenvolvemos este grupo para se tornar uma equipe? Para responder a isso, em Meta-Coaching nós usamos o *Modelo Espiral de Desenvolvimento em Grupo*. Esse modelo é construído com base em processos dinâmicos e numa descrição de como esses processos, à medida que crescem mais enriquecidos em expressão, movimentam o grupo para níveis mais elevados de coesão.

Primeiro nível: Comitê ou grupo de trabalho.
> Um grupo de indivíduos começam a formar a fundação de se tornar um grupo. Cada membro ainda está focado em si mesmo.

Segundo nível: Grupo coeso
> Os indivíduos sucedem em se tornarem um grupo, desenvolvendo um senso de identidade, um senso de "nós" e até mesmo um senso de pertencimento.

Terceiro nível: Equipe

O grupo coeso se desenvolve e amadurece para se tornar uma equipe dotada de espírito de equipe, um centro forte e coeso, com alto nível de performance.

Os processos dinâmicos de grupo listados na *Figura 8:1* (direção, comunicação, postura, atividade, conexão e identidade) são os mesmos processos em cada nível. O que diverge são os seus desenvolvimentos em cada. A mesma dinâmica se torna mais rica e mais desenvolvida à medida que se expressa em cada nível mais elevado. Se pensarmos em cada um desses processos como um continuum, então podemos entender como os mesmos processos se expandem e são mais poderosos a cada nível.

Estes níveis de coesão no grupo permitem que reconheçamos os diferentes conjuntos de habilidades para a liderança a qual se requer para movimentar o grupo níveis acima.

Figura 8:2 Continuum do Processo de Dinâmica do grupo

	Início	Meio	Top
	Comitê	*Grupo*	*Equipe*
1) Direção:	Resultado	Visão (Propósito Compartilhado)	Missão
2) Comunicação:	Conversa	Diálogo	Autenticidade
3) Atitude:	Boa vontade	Ganha/ Ganha Ganha / Ganha / Ganha	
4) Atividade:	Participação	Comprometimento-Decisão	Lealdade
5) Conexão:	Cooperação	Colaboração	*Esprit de corps*
6) Identidade:	Identidade do Grupo	"Nós" pertencimento	Responsabilidade

Quais são as qualidades internas de um grupo que se parece com um comitê ou grupo de trabalho (Nível 1), que então se torna um grupo bem entrosado (Nível 2) e, então, desenvolvem um *espírito de equipe* forte e saudável (Nível 3)? Para explorar esta questão e os componentes mais importantes e indispensáveis, os quais contribuem com o desenvolvimento de *espírito de equipe*, nós começamos com os fatores que facilitam o desenvolvimento de um grupo de trabalho, no nível de comitê, e então grupo bem entrosado. Nós fazemos isso porque é a partir de um grupo bem entrosado que uma equipe emerge.

Para o nível dois temos, o que é necessário para se criar um grupo coeso ou bem conectado? Alguns dos ingredientes são óbvios: uma meta ou propósito comuns para o grupo, membros do grupo com inteligência emocional e social para se conectar com os outros, oferecendo boa vontade um ao outro, disposição e capacidade de se comunicar aberta e efetivamente, passar tempo com os demais etc.

No nível dois, quando um grupo se torna um grupo de ligações fortes, o grupo é muito mais do que uma mera agremiação de indivíduos, sobre o direcionamento de um líder único, como em um grupo de trabalho. Uma propriedade emergente surge – o grupo desenvolve uma personalidade própria. Há um senso de "nós" e um forte senso de pertencimento. Agora não há apenas cooperação, há colaboração. Não há apenas uma visão ou resultado altamente desejáveis, há uma visão compartilhada que o grupo acha inspiradora e maior do que os indivíduos.

No nível três, a participação que se torna uma decisão e comprometimento no nível dois, agora se torna uma missão. O grupo tem uma missão para realizar e uma visão a atingir, o que ganha completa lealdade de todos os membros. Isso os une para disciplinar suas atividades e os transforma em uma equipe. Agora, não há apenas pertencimento, há um senso de familiaridade ou *esprit de corps*. Uma equipe é muito mais do que um grupo.

O coach expert, Angus McLeod (2009), descreve uma equipe e sua cultura nos termos que se seguem (os quais quase duplicam a lista de qualidades autorrealizáveis que nós vamos cobrir no capítulo 22).

> "A equipe é aberta a desafios e é flexível, autodesafiadora, inventiva e incrivelmente apoiadora. Membros da equipe são mentores uns para os outros em novos níveis de performance. A equipe tem uma filosofia de 'nós podemos' Os membros da equipe estão todos comprometidos com o encorajamento do melhor de si mesmos e de seus colegas." (p. 124)

1) Direcionamento dado pela Intenção
Resultado Esperado – Visão (Propósito Compartilhado) – Missão

Primeiro Nível. Grupos começam com desejo de resultado. Alguém, ou muitas pessoas, idealizando um resultado que é altamente desejável e um que irá requerer o esforço mútuo de várias pessoas. Isso dá início a uma conversa sobre resultado. E, então, outros respondem à conversa com boa vontade para participar e cooperar na aventura, a identidade de um "grupo de trabalho" nasce. Ainda, primeiro, o grupo é formado com um certo relaxamento, sendo mais como um comitê, o foco é no líder e em suas contribuições aos indivíduos.

Como um grupo não vai, e não pode, funcionar bem sem um senso de direção, então quanto mais forte o senso de direção, mais forte as dinâmicas do grupo estarão aproximando as pessoas no grupo. E no começo isso é tipicamente proporcionado por um líder com uma visão ou uma tarefa para completar. Katzenback e Smith (*The Wisdom of Teams*) chamam isso de "grupo de um líder só." Agora, processos de grupo, como tempestade, tomada de codecisão, formação de consenso, resolução de conflito e, assim por diante, ajudam os membros do grupo a cocriar uma direção à qual possam facilmente aderir.

Segundo Nível. À medida que o grupo passa mais tempo claramente definindo o resultado esperado e a sua visão e, quando os membros estão familiarizados e confiam uns nos outros, a experiência de ser capaz de se comunicar e cooperar faz nascer uma visão compartilhada. *Esta é a visão que queremos alcançar juntos.* Neste estágio, o grupo começa a viver e a operar propositalmente em direção a algo que seja verdadeiramente importante para os membros do grupo. À medida que isso se desenvolve, a identidade do grupo se funde mais e mais, de modo que há, também, valores e normas compartilhados. Isso dá ao grupo um centro coeso. E, com um propósito comum, o grupo desenvolve um enquadramento comum de referência, unindo o grupo, ainda mais.

Terceiro Nível. A visão do que nós queremos alcançar, contudo, nunca está muito distante da visão de quem somos agora e quem queremos ser. Então, à medida que as pessoas se familiarizam com cada pessoa do grupo, nós nos familiarizamos uns com os outros enquanto ele ou ela desenvolve uma visão mais clara de seu *self* ideal, bem como de quem eles são nessa relação, quem são como membros de equipe. Esse é o porquê da autoconsciência e consciência acerca dos outros serem componentes chave no desenvolvimento de um grupo. Annette Simmoins (1999) descreve a relação entre autoconsciência e confiança com essas palavras:

> "Eles querem saber 'Quem é você?' Precisam confiar em você antes que possam te contar suas histórias ou deixar que você se aproxime de suas verdades perigosas. Para ser confiável, você precisa demonstrar que é digno de confiança. Para confiar em você, as pessoas precisam primeiro saber quem é você." (p. 119)

Então, a partir disso tudo, uma missão emerge. Agora o grupo tem um propósito. Sua visão se tornou uma missão. E, quando uma visão inspiradora se deixa de ter sido apenas compartilhada para se tornar a missão do grupo – o grupo passa para o terceiro nível, eles se tornaram uma equipe. Os resultados que originariamente trouxeram os indivíduos juntos agora se torna um senso de missão – a aventura do grupo, risco e comprometimento para um desempenho dominante. Quem eles realmente são como equipe, seu metaenquadramento mais abrangente para o qual todas as suas atividades, tarefas e experiências servem.

Quando o grupo, agora uma equipe, se move para um nível de senso compartilhado de missão/aventura, cada pessoa percebe que ele, ou ela, é absolutamente importante por contribuir com suas habilidades, talentos, dons e energia para a aventura. Isso eleva o nível de moral e motivação a um nível ainda mais alto.

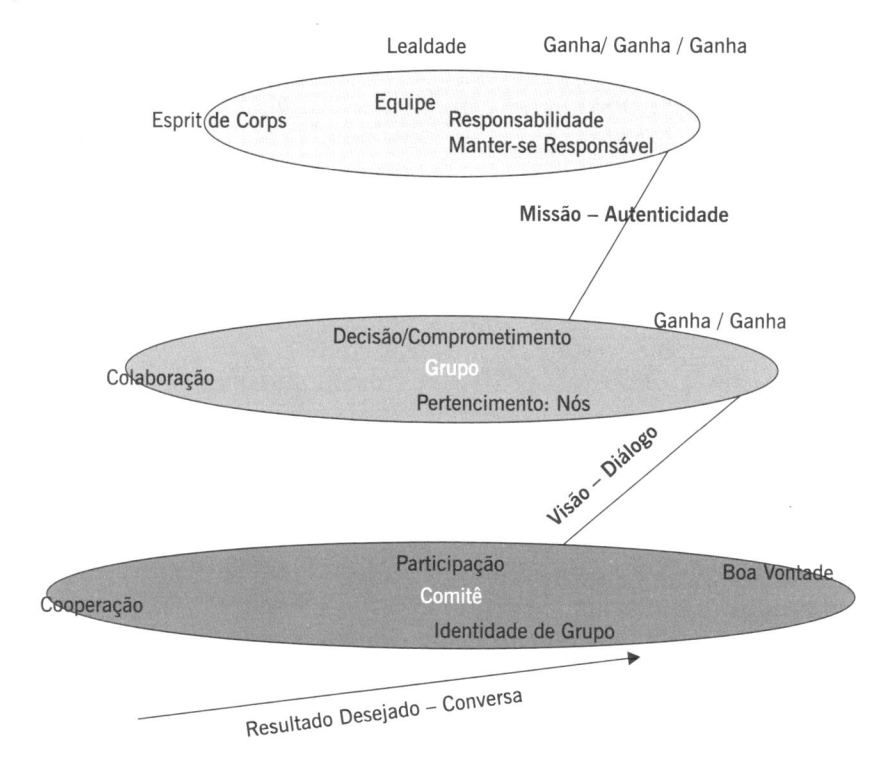

[Diagrama: Três elipses sobrepostas representando níveis do grupo. Elipse superior: Equipe – Lealdade, Esprit de Corps, Ganha/Ganha/Ganha, Responsabilidade, Manter-se Responsável. Conexão: Missão – Autenticidade. Elipse do meio: Grupo – Decisão/Comprometimento, Colaboração, Ganha/Ganha, Pertencimento: Nós. Conexão: Visão – Diálogo. Elipse inferior: Comitê – Participação, Cooperação, Boa Vontade, Identidade de Grupo. Seta: Resultado Desejado – Conversa]

2) Comunicação do Significado
Conversa – Diálogo – Fala Verdadeira e Autêntica

Primeiro Nível. O resultado desejado ou visão que origina o grupo começa quando alguém inicia uma conversa sobre possibilidades. Pode ter foco em um valor positivo do que seria possível ou pode ter foco em como lidar com um problema ou interferência. A resposta para a conversa determina se o grupo será formado ou não.

Se há boa vontade e uma postura de responsiva que pega a visão junto com o originador, então a conversa pode levar os indivíduos a iniciar uma participação como um grupo formado de maneira relaxada. E, à medida que participam coordenando horários e atividades e, então, cooperado para se encontrarem com frequência, uma identidade de grupo começa a se formar. Inicialmente, a conversa poderá ser unidirecional, alguém estará conduzindo os demais na apresentação de uma ideia, uma solução, uma possibilidade, e isso pode se prolongar por algum tempo. Isso é um trabalho de grupo de um único líder, sendo ainda o mais comum nas organizações. Eventualmente, contudo, se o grupo não é formado por receptores passivos das informações de um líder, mas um grupo de interações participativas, então a conversa muda de monólogo para diálogo.

Segundo Nível. O diálogo move o grupo de indivíduos para um tipo muito diferente de experiência, uma de igualdade, uma de relações mútua, à medida que os membros do grupo agora dialogam sobre problemas, questões e decisões. E, estas questões e esses problemas se tornam emocionais, intensos e, até mesmo, selvagens de vez em quando. Se há abertura e confiança suficientes, então os membros do grupo irão usar seus questionamentos para testar a realidade de sua experiência dividida à medida que exploram várias ideias. Boa vontade é, certamente, necessária aqui, ainda mais necessária, uma postura ganha/ganha, na qual, toda comunicação se dá no espírito da busca para encontrar as melhores respostas e, não apenas, vencer uma batalha ou ganhar um ponto.

Este é o lugar onde o conflito real se inicia e testa o grupo para ver se há uma postura ganha/ganha e habilidade de dialogar ou se o grupo irá sucumbir a uma coleção de lutas individuais sobre quem será o vencedor em uma guerra de ideias. Se o grupo tem a liderança e capacidade de conflitar sobre uma batalha de personalidades, então o conflito pode se tornar altamente útil e efetivo na clarificação e tomada de decisão do grupo .

Terceiro Nível. E, com isso, o grupo perde seu medo de conflito ao perceber o conflito como um simples debate acerca de ideias de importância para todos. Então, os membros do grupo podem, humildemente, perseguir a verdade de forma intensa e emocional, sem ser pegos ou sequestrados por suas emoções.

"Falando a verdade autenticamente" é a frase que tenho usado para descrever esta forma mais elevada de comunicação. Vai além do diálogo (que inaugura a postura universitária de igualdade e respeito), isso significa honestamente falando a verdade que, em outro contexto, poderia

parecer rude, até mesmo assustadora. Significa sermos reais em nós mesmos, de modo que sejamos abertos e honestos sobre os fatos, situações, decisões, sentimentos etc.

Agora não há mais "jogos" ou manobras defensivas. Em vez disso, há uma franqueza em sua autenticidade. E essa franqueza possibilita uma disposição para falar sobre o não-dito, de expor comprometimentos não-cumpridos e de ventilar conflitos. Quando as pessoas são autênticas, sua franqueza significa que expressam de forma real suas opiniões e, não apenas, o que supostamente devem dizer. Isso elimina o pensamento de grupo e o politicamente correto.

3) Atitude – o Estado do Grupo
Boa Vontade – Ganha/ Ganha – Ganha / Ganha / Ganha

Primeiro Nível. O requerimento para ter uma "boa vontade" contrasta com a má vontade, a qual geralmente aparece quando há atitude desamigável e suspeita de desconfiança. Indivíduos com esse tipo de postura não têm as habilidades fundamentais para se tornarem um grupo de trabalho, em primeiro lugar. Falta-lhes paciência, escuta e empatia. E, sem essas qualidades, não dão a si mesmos e aos outros uma chance de aprender um com o outro, de encontrar se há possibilidades em uma visão compartilhada.

Uma vez que haja boa vontade, contudo, então há uma chance para a participação e cooperação. E isso dá à confiança uma chance de mostrar que são dignos de confiança – o que é a única fundação sólida e confiança. E isso dá à confiança uma chance de nascer e crescer. Ganha/ganha é também uma fundação de respeito. De fato, você não pode realmente adotar a postura ganha/ganha se você não respeita os outros como seres humanos iguais. Então, com isso, surge uma conexão de respeito, na qual as pessoas se sentem significantes e reconhecidas pelo que são. Cada membro da equipe é reconhecido e apreciado pelo que é, sua visão, crença, perspectiva etc.

Segundo Nível. Se há uma ausência de boa vontade, então, em vez de conexão haverá competição, posturas de descuido, críticas, raiva, frustração, ressentimento, malícia e todo tipo de estados emocionais, essas são as qualidades que minam um grupo de pessoas, impedindo que se tornem um grupo funcional. Se as pessoas são forçadas a ser e/ou trabalhar com os demais dessa maneira, o grupo será disfuncional.

Mais adiante, quando os membros do grupo caem nesse tipo de estados devido aos vários eventos ou decepções, então permanecerão nesses estados por longo período. Esses são os estados que irão envenenar o grupo. Eles irão interferir na possibilidade e, até mesmo, prevenir que qualquer espírito de equipe emerja. Não se admira que um estado de harmonia absoluta dependa, minimamente, de as pessoas adotarem uma postura de boa vontade e uma crença no valor de cada uma das pessoas.

Uma vez que um grupo tenha boa vontade, esta irá se traduzir em uma postura ganha/ganha na qual os membros do grupo conseguem fazer fortes ligações. Então, um senso de confiança irá predominar, de modo que os membros até mesmo deem um ao outro o benefício da dúvida quando o estresse e emoções negativas surgirem. À medida que os membros do grupo começam a experimentar um senso de serem pessoalmente conectados, a disposição de colaborar aumenta, seu senso de pertencimento dá a eles a graça que permite às pessoas serem seres humanos falíveis.

A postura ganha/ganha inerentemente inclui apoio emocional. Isso porque quando realmente queremos que os outros ganhem, nós os apoiamos. Quando os demais estão em uma postura ganha/ganha, você pode contar que darão apoio emocional a você quando precisar. Esse é o começo de um comprometimento no qual estarão dispostos a correr um quilômetro a mais para te ajudar.

Terceiro Nível. Finalmente, a forma de pensar ganha/ganha/ganha num nível de equipe se refere a querer que eu ganhe, que os demais ganhem, que toda a equipe ganhe e, também, que o contexto social maior ganhe (talvez um negócio, uma corporação, um governo etc.).

Aqui, a postura ganha/ ganha amadurece de modo que o ego esteja sob controle de cada pessoa e não fique no caminho quando um indivíduo puder lucrar à custa da equipe. Nesse momento, a pessoa irá escolher a perspectiva mais elevada. Isso porque ela tem uma visão além de seu sucesso individual, enxergando um sucesso maior – para o legado que a equipe está cocriando.

4) **Atividade com Outros**
Participação – Decisão/Comprometimento – Missão

Primeiro Nível. Para um grupo ser pelo menos chamado de grupo, as pessoas precisam participar, nem que seja o mínimo. Se um líder está fazendo tudo no grupo, o restante dos membros estará apenas passivamente recebendo. Quando isso ocorre, nós não temos "um grupo" realmente. Para um grupo existir deve haver atividade, envolvimento e interação. Isso é mais verdadeiro, ainda, quando queremos um grupo bem entrosado. Então nós precisamos de *participação completa* de todos.

Nós não conseguimos ter um grupo bem entrosado onde os membros se mantêm distantes, observando os outros trabalhando, de modo inativo, sem iniciativa, sem assumir responsabilidades com o grupo e sem contribuir.

> "O bem de muitos sobrepuja o bem de um só."
>
> Mr. Spock, *Star Trek*

A participação ocorre em todos os níveis, desde dividir ideias, emoções, até o envolvimento nas tarefas do grupo etc. A participação promove um senso de envolvimento, cooperação e interdependência.

Segundo Nível. No segundo estágio, os membros deixam de apenas participar para terem uma tomada de decisões consciente, se tornando membros ativos, comprometidos e conscientes. De agora em diante, as atividades e envolvimento amadurecidos tornam-se constantes e confiáveis. Por causa do sentimento de confiança, a segurança também aumenta. Os demais no grupo conseguem acreditar no comprometimento dos membros de modo mais completo, precisamente porque eles são comprometidos em cumprir aquilo que prometeram.

O que está envolvido neste comprometimento? Muitas coisas. Uma expressão do comprometimento com grupo é: se os membros estão dispostos e prontos para deixar de lado suas necessidades individuais e seus desejos-agendas para focar quase exclusivamente no que é melhor para o grupo. Eles não colocam acima do grupo o status de sua motivação de ego, como um direito seu, ou buscam ganhar o crédito etc. Eles focam no resultado coletivo, objetivos e metas de uma equipe, a qual os aproximou em primeiro lugar. Como membros do grupo, eles agem para o bem comum.

Terceiro Nível. Quando há essa qualidade de lealdade no grupo, o grupo se move além do nível de grupo e se torna uma equipe. Há lealdade porque todos sentem que são escutados, reconhecidos e respeitados. Podem aderir a uma decisão final mesmo quando discordam dela porque foram ouvidos e reconhecidos. Agora eles podem dar seu apoio emocional.

Nos níveis mais elevados de lealdade, nós encontramos a habilidade única de deixar o interesse próprio de lado. Para o bem da equipe, as pessoas deixarão de lado seus interesses, agendas, posicionamentos próprios. Demonstrarão um comprometimento maior ao grupo do que a si mesmos. Irão aceitar uma decisão do grupo ou do líder, mesmo não sendo esta sua primeira opção.

Sobre isso, Leniconi (2005) diz que a maioria das pessoas não precisa ter suas próprias ideias adotadas, isso é, feitas de seu modo para conseguirem aderir a uma decisão. O que querem mesmo é ter suas ideias escutadas, entendidas, consideradas e explicadas, no contexto de uma decisão definitiva. (p. 53).

5) Conexão para o Poder de Trabalhar Junto
Cooperação – Colaboração – Esprit de Corps

Primeiro Nível. Cooperação surge de um mínimo de boa vontade que os membros do grupo estendem um ao outro. Isso permite que coordenem suas atividades e horários e, com isso, começa a surgir um senso de respeito e concernimento pelos demais membros do grupo. A cooperação de trabalhar bem juntos é a fundação para um grupo psicologicamente saudável. E, é claro, quanto mais saudável for a forma de conexão, comunicação, apoio um ao outro... mais saudável se torna o grupo.

Para cooperação efetiva, cada membro do grupo precisa saber seu papel e ser capaz e estar disposto a desempenhar esse papel de forma que permita os outros a serem mais efetivos nos papéis deles. Isto significa comunicar um com o outro mais constantemente quanto possível e de modo claro.

Segundo Nível. À medida que o grupo se move para o segundo patamar, a cooperação aumenta a colaboração. Agora o grupo se torna mais entrosado como grupo, uma vez que há uma crescente habilidade e disposição dos membros do grupo em ver a si mesmos como parceiros e colegas. Esta é uma orientação ganha/ganha que constrói uma boa-vontade de cooperação na postura de parceria colaborativa.

Terceiro Nível. Depois da colaboração, vem uma alta motivação, a qual chamamos de *esprit de corps.* Este é um senso profundo de *rapport* com os demais a uma tal extensão que sentimos estar juntos nisso. *Esprit de corps* refere-se a um forte espírito de entusiasmo, devoção e uma alta consideração aos membros da equipe, na mesma intensidade que têm a si mesmos e em honra do grupo.

Uma parte inevitável desse espírito é o espírito de alegria. Essa qualidade especialmente distingue as equipes dos grupos. Os grupos podem ser altamente funcionais e produtivos e, de certa maneira, sem alegria. Pode facilitar o trabalho e o sucesso, mas talvez não uma alegria verdadeira em estar na presença um dos outros e de compartilhar uma aventura. Uma equipe é um lugar de alegria e descontração, no qual as pessoas ficam contentes, são cooperativas e amigáveis, onde se sentem vivas e energizadas. Esta energia é o entusiasmo que as equipes compartilham no processo. Essa alegria muitas vezes aparece na forma de sentir orgulho da equipe – com um intenso desejo de realizar um trabalho excelente, de modo que cada membro possa ter orgulho da qualidade do que a equipe faz.

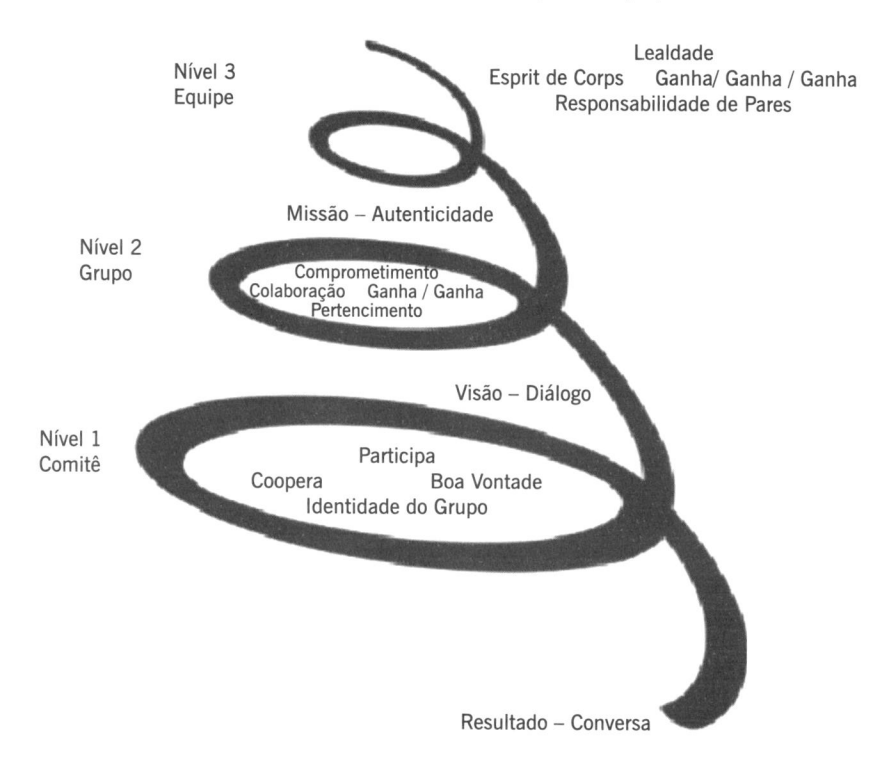

Nível 3 — Equipe
Lealdade
Esprit de Corps Ganha/ Ganha / Ganha
Responsabilidade de Pares

Missão – Autenticidade

Nível 2 — Grupo
Comprometimento
Colaboração Ganha / Ganha
Pertencimento

Visão – Diálogo

Nível 1 — Comitê
Participa
Coopera Boa Vontade
Identidade do Grupo

Resultado – Conversa

6) Identidade do *Self* do Grupo

Identidade do Grupo – "Nós" Pertencimento – Responsabilidade de Pares

Primeiro Nível. Quando as pessoas se juntam e formam um grupo, no início, não há realmente um senso de se fazer parte de um grupo. Quando começamos a trabalhar com os demais, nosso foco está no que estamos fazendo como indivíduos. O senso de fazer parte de um grupo desenvolve-se depois de um certo período de tempo de compartilhamento de um resultado esperado, de comunicar-se acerca disso, participando e cooperando. Eventualmente, um senso de "nós estamos todos querendo atingir a mesma coisa" se desenvolve. Na verdade, se os líderes continuam dizendo isso, estarão ajustando o *frame* unificado para o grupo.

À medida que os membros do grupo compartilham esses processos, eles começam a criar acordos sobre como se comunicar, participar e cooperar. À medida que isso ocorre, coisas em comum começam a formar o senso de ser parte de um grupo.

Com todas as coisas sendo iguais, quanto mais normas, padrões e visões são compartilhadas, mais os indivíduos se tornam "membros do grupo" e mais coeso é o grupo. Isso se desenvolve ainda mais quando o grupo começa a criar seus próprios rituais para encontros, congratulações, interações etc. Tudo isso soma para criação de um senso único de identidade de grupo.

Segundo Nível. No segundo estágio há o pertencimento. Este estágio naturalmente surge pois, como seres sociais, nós todos gostamos do senso de pertencimento, de que somos levados em conta, que somos parte de um grupo, esse sentimento de estar juntos nos endossa com um senso de *nós*, o qual, em troca, mais adiante enriquece nossa identidade como grupo. Pertencimento é uma das chaves de satisfação que todos nós buscamos ao fazer parte de um grupo. Quando há um senso de que o grupo é "bom," que está atingindo bons resultados, é visto como especial e está levando a algo grandioso, um senso de pertencimento mais forte cresce.

Terceiro Nível. No nível final, o pertencimento culmina em um senso de responsabilidade mútua por nós mesmos no grupo *para* o grupo. Nós nos sentimos responsáveis pelos demais membros *pelo* que prometemos contribuir. Nesse nível, o coach do grupo ou líder não é mais a pessoa que principalmente faz isso já que agora isso se torna mútuo e resulta de responsabilidade de pares.

Thornton nota que grupos geralmente passam por uma idealização temporária de "conseguimos realizar as coisas da melhor maneira possível." Então, à medida que "o grupo amadurece, os membros gradualmente adquirem uma estimativa mais realista." (p. 74).

O que é se manter responsável em um grupo nesse nível? Há essa disposição de lembrar um ao outro no grupo acerca dos padrões que combinamos e a disposição dos outros em nos lembrar acerca da mesma coisa. E como nós criamos um espírito de equipe para nos manter responsáveis? Fazemos isso ao fixarmos altos padrões e mantê-los rigorosamente, à medida que podemos contar um com o outro para manter tais padrões. Isso permite às pessoas desenvolver verdadeira *responsabilidade ou poder* e a implementar esse poder.

Transitando pelos níveis

Se nos perguntamos "Como nós transitamos de um nível para o nível acima?", há duas respostas. Primeiro, ao preencher os requerimentos do nível anterior. Preencher os requerimentos do nível 1 nos coloca em posição de estarmos prontos para o nível 2.

Para realizar isso, se faz necessário ainda um outro fator – uma dimensão escondida. *Então, em segundo, é preciso aprofundar a dinâmica do grupo na vulnerabilidade confiante.*

Sobre confiança e vulnerabilidade, Patrick Lencioni (2005) escreve:

> *"Em se tratando de equipes, tudo sobre a confiança é vulnerabilidade.* Membros da equipe que confiam uns nos outros aprendem como ser confortavelmente abertos, até mesmo expostos um ao outro, quanto a suas falhas, fraquezas e, até mesmo, medos." (p. 14)

De que se trata essa confiança? Como a definimos operacionalmente? Confiança é aquele forte senso (convicção) de que podemos confiar nas palavras e nas promessas de outrem. E isso se baseia em uma série de dizer-e-fazer. Com esse histórico de evidências que tenhamos testemunhado em outra pessoa, nós conseguimos dar um voto de fé, confiando que a pessoa típica, usual e regularmente faz o que diz que irá fazer. Então, nós nos fazemos vulneráveis à palavra dessa pessoa. Arriscamos nossa fortuna, dinheiro, futuro etc. na palavra desta pessoa.

Assim, quando Lencioni diz que "confiança em todas as equipes é sempre vulnerabilidade", ele descreve confiança como um tipo especial de "vulnerabilidade baseada em confiança." E vulnerabilidade, o que vem a ser? Obviamente, é uma abertura à palavra e promessa de outrem e, no grupo, é a abertura aos membros do grupo – suas palavras, promessas, falibilidade etc. É uma disponibilidade para falar sobre nossas necessidades e desejos para que alguém mais nos ajude. Essa é a inter*dependência* que constitui a fundação de um grupo e a glória de uma equipe.

Acerca de confiança, Jack Gibb, a descreve como sendo:

> "... fazer as pazes varia no crescimento do grupo. Disso surgem todas as demais variáveis de saúde. Na medida em que a confiança se desenvolve, as pessoas são capazes de comunicar genuinamente sentimentos e percepções em problemas relevantes para todos os membros do sistema"(Bugental, 1967).

Para um grupo realizar seus potenciais completamente, a equipe precisa ter a capacidade de atender gradativamente níveis mais altos de confiança. Esse é o próprio fator que está faltando em grupos sem desenvolvimento e disfuncionais. Neles, as pessoas camuflam suas batalhas pelo poder e pela autoridade. Neles, as pessoas nunca se abrem ou e se fazem vulneráveis aos olhos dos outros. Neles, teme-se estar exposto como pessoa falível, fraca e um ser humano carente.

Competências do Espírito de Equipe

Dadas essas dinâmicas do grupo, nós agora temos algumas coisas específicas que o Coach de Grupo ou Líder do Grupo pode fazer para aumentar o ligamento do grupo, de modo que este amadureça e se desenvolva para se tornar uma equipe completamente fortalecida.

1) Escolha se tornar um membro da equipe.

> Tornar-se um membro da equipe é uma escolha definitivamente pessoal. Ninguém pode te tornar um membro da equipe, cada pessoa tem que fazer a escolha. Cada pessoa pode sempre resistir, ficando à parte do grupo. Cada um de nós tem que se doar a nós mesmos de vontade própria. E, tipicamente, nós fazemos esta escolha de novo e de novo. Mesmo que sejamos convidados para um grupo, há sempre algumas induções formais ou informais nas quais escolhemos entrar.

2) Aceite os membros da equipe como são.

> Aceitação contribui para a formação de uma equipe. Sem aceitação, há julgamento e ressentimento. Quando não aceitamos, nós tentamos, demais ou de menos, mudar outra pessoa e, dessa forma, geramos conflito. Ninguém gosta que outros tentem mudar sua personalidade. Tentar mudar os outros, especialmente por meio de julgamentos, aniquila o longo prazo. Nós apenas damos à outra pessoa o poder de nos influenciar quando sentimos aceitação e valorização. Comece com a aceitação. Pessoas que se sentem validadas, escutadas e entendidas são mais abertas para serem influenciadas por você.

3) Ofereça confiar e confiança.

Escolher confiar e oferecer boa amizade facilita o processo de indivíduos se tornarem em um grupo coeso. Apoia a ligação que, posteriormente, cria o espírito de equipe. Quanto mais abertos somos, melhor. Ser aberto e transparente impede que um grande número de problemas e conflitos ocorram. Mantém as coisas às claras, de modo que as pessoas possam se expressar sem rodeios. Elimina leituras mentais e acusações.

Quando as pessoas confiam e têm segurança em seus líderes, elas cocriam um ambiente mais confortável e seguro. Elas criam um ambiente que elimina o medo e a politicagem.

4) Comunique-se aberta e vulneravelmente.

Seja direto em suas comunicações, elimine o triangulamento e crie um fórum no qual as coisas podem ser colocadas na mesa e trabalhadas pela resolução. Crie uma atmosfera democrática, da qual todos são bem-vindos a participar. Todos têm um claro entendimento do grupo, da organização e dos papéis inerentes a ele? O grupo está estruturado de modo que cada pessoa saiba seu lugar e como se ajustar a ele? Você toca nas diferenças de pensamento e estilo dos outros?

5) Mantenha o cuidado um com o outro no grupo.

"Coeso" refere-se a ser "amarrado, a manter um próximo ao outro." Quando dizemos que um certo grupo ou certas pessoas são bem "amarradas," falamos sobre quão próximas e conectadas elas são em seus valores, visão, propósito e apoio. Isso diz respeito ao comprometimento em relação aos demais, a não se separarem facilmente por críticas, conflito, desacordo etc.

6) Conflite aberta e efetivamente.

Conflitos dentro dos grupos não são apenas inevitáveis, mas são também saudáveis. Os grupos precisam de conflito para produzir pensamento acurado e inteligente, decisões, perspectivas redondas e para evitar o pensamento de grupo. Isso é o porquê de precisarmos treinar e fazer coaching de grupo com habilidades criativas para resoluções de problema. Isso significa a habilidade de comunicar efetivamente, de lidar com fortes emoções, ambas negativas e positivas, para discutir ideias abertamente, propiciando diálogo, dando boas-vindas à tensão, à negociação etc.

7) Conecte coração e alma.

Cada pessoa no grupo se liga a outra por meio de confiança mútua. Grupos se tornam equipes por meio da cooperação, da boa vontade e de uma condição amigável. Processos de construção de equipes constroem relacionamentos. É por isso que é importante conhecer cada pessoa à parte de trabalho e carreira; é preciso conhecer a *persona* um do outro: atividades, hobbies, interesses, visões, valores, sonhos etc.

8) Importe-se e relacione-se apaixonadamente.

Grupos se tornam equipes à medida que as pessoas trabalham juntas e se relacionam. Experiências intensas, geralmente, aproximam as pessoas, criando *rapport*, honestidade e confiança. Quando precisamos depender uns dos outros, nos tornamos mais reais e autênticos. É quando trabalhamos juntos para fazer as coisas acontecerem. Nós podemos, então, deixar de lado a vergonha, autoconsciência e sentimentos feridos. Podemos aprender a fornecer *feedback* construtivo e amigável, a tornar nossa comunicação produtiva. Nós podemos nos tornar uma equipe de alta performance que pode descarregar seus problemas e resolvê-los.

A Arte do Coaching de Grupo

Quando se trata de facilitar um grupo a se tornar uma *equipe*, as coisas ficam bastante pessoais, muito reais, muito vulneráveis e bastante abertas. É arriscado. Você arrisca conforto, manter-se seguro, conflito, ficando muito pessoal. E, quando as coisas ficam realmente pessoais, abertas e vulneráveis, como coach de equipe *você precisa ser completamente autêntico*.

Capítulo 8 — Como grupos se tornam equipes?

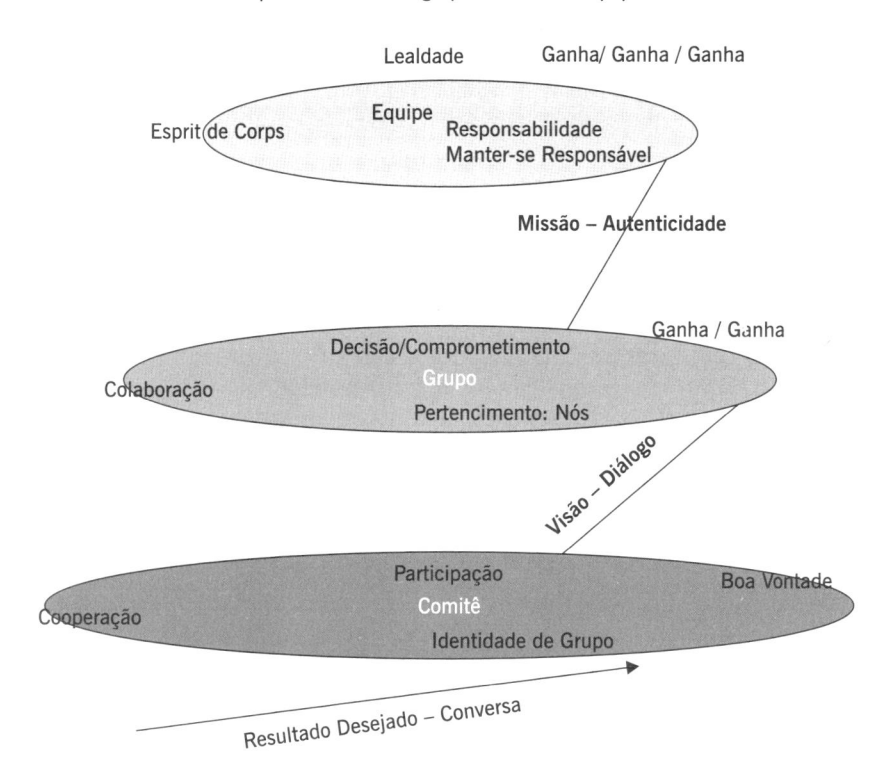

```
                     Lealdade      Ganha/ Ganha / Ganha
                  Equipe
  Esprit de Corps        Responsabilidade
                         Manter-se Responsável

                    Missão – Autenticidade

                                              Ganha / Ganha
                  Decisão/Comprometimento
                         Grupo
   Colaboração
                    Pertencimento: Nós

                                   Visão – Diálogo

                    Participação              Boa Vontade
                         Comitê
   Cooperação
                    Identidade de Grupo

              Resultado Desejado – Conversa
```

Ainda que eu não tenha falado explicitamente sobre *interferências na equipe* neste capítulo, quando uma equipe não está jogando com todo seu potencial, as coisas que podem potencialmente interferir são opostas àquelas que possibilitam à equipe o funcionamento efetivo.

Use a seguinte *checklist*:

- Falta de confiança entre os membros do grupo;
- Receio do ridículo, zombaria, sarcasmo;
- Receio de ser dominado, controlado, evitado;
- Perseguição de objetivos pessoais em detrimento dos objetivos do grupo;
- A necessidade de liderar e de estar no controle;
- Falta de clareza acerca de objetivos e papéis;
- Objetivos que são incongruentes;
- Agendas ocultas e segredos entre os membros, escondendo informação.

- Falta de clareza no processo de como trabalhar juntos
- Falta de regras básicas para comunicação e tomada de decisões
- Rivalidades e competição, pensamento e ação de grupo
- Posições rígidas

Notas Finais do Capítulo:

1. *Esprit de Corps* (pronúncia: is-prid-e-koer), o espírito comum de grupo e um entusiasmo inspirador, devoção e sorte consideração pela honra do grupo.

Funções & Disfunções de uma Equipe

- Resultados --- Falta de atenção aos Resultados — Status & Ego
- Responsabilidade de Pares — Evita Responsabilidade — Baixo Padrão
- Comprometimento --- Falta de Comprometimento — Ambiguidade
- Conflito --- Receio & Fuga de Conflito — Harmonia Artificial
- Confiança --- Falta de Confiança e Vulnerabilidade — Invulnerabilidade

Capítulo 9

DISFUNÇÃO

COMO GRUPOS SE TORNAM DISFUNCIONAIS E O QUE FAZER?

"O Coaching funciona a partir de uma pressuposição de que a colaboraçãoé um elemento essencial para que as pessoas trabalhem juntas."
Geoffrey Abbott (2009, p. 274)

Não apenas um grupo pode se tornar funcional, altamente funcional, mas um grupo pode, igualmente, se mover na direção oposta e se tornar disfuncional. Então, à medida que você faz coaching de um grupo, você não apenas tem que ter uma visão clara de com o que se parece um grupo funcional e como opera, mas também um entendimento de como o grupo se torna disfuncional. Então, quais seriam os sinais e pistas que mostram a disfunção?

No livro, *The Five Dysfunctions of a Team*, Patrick Lencioni identificou formas centrais nas quais um grupo pode falhar em funcionar efetivamente. E, como não consigo melhorar o que ele descobriu e escreveu, vou citar na íntegra o que Lencioni escreveu no seu *Field Manual* (2005):

- **Ausência de confiança:** Membros de grandes equipes confiam um no outro em um nível fundamental, emocional e eles se sentem confortáveis sendo vulneráveis quanto aos demais em relação às suas fraquezas, erros, medos e comportamentos. Eles chegam a um ponto no qual podem ser completamente abertos um com o outro. Isso é essencial porque...

- **Receio do Conflito:** Equipes em que os membros confiam uns nos outros não temem se engajar em diálogos apaixonados acerca de assuntos e decisões que são chave do sucesso da organização. Seus membros não hesitam em discordar, desafiar e questionar um ao outro, tudo no espírito de buscar as melhores respostas, descobrir a verdade e tomar grandes decisões. Isso é importante porque...

- **Falta de Comprometimento:** Equipes que se engajam em conflito sem filtros são capazes de conseguir uma aderência genuína em importantes decisões, mesmo quando vários membros da equipe inicialmente discordam. Isso porque eles asseguram que todas as opiniões e ideias estão na mesa, sendo consideradas, dando confiança à equipe de que nada ficou escondido debaixo da pedra. Isso é necessário porque...

- **Evitar se Manter Responsável:** Equipes que se comprometem com uma decisão e padrões de performance não hesitam em manter um ao outro responsável por aderir às suas decisões e padrões. Eles não se apoiam no líder da equipe como a principal fonte de manutenção da responsabilidade; eles vão diretamente aos seus pares. Isso é importante porque...

- **Falta de atenção dos resultados:** Equipes nas quais os membros confiam uns nos outros entram em conflito, que se comprometem com as decisões e que mantêm um ao outro responsáveis são muito predispostas a deixar de lado as necessidades e agendas individuais para focar quase exclusivamente no que é melhor para a equipe. Não caem em tentação de colocar seus departamentos, aspirações profissionais ou desejos egocêntricos por *status* acima dos resultados coletivos que definem o sucesso da equipe. (p. 7)

A Hierarquia Disfuncional

Se nós consideramos a criação de um grupo disfuncional como *uma habilidade*, isso é, uma resposta estruturada a qual não ocorre do nada, mas tem estratégia e forma, então podemos perguntar algumas coisas realmente necessárias acerca disso. Esta é uma das premissas básicas que usamos em PNL e Neurossemântica para entender a experiência. *Se isso fosse uma habilidade, como funcionaria?*[1]

Capítulo 9 – Como grupos se tornam disfuncionais e o que fazer?

- Como um grupo se torna disfuncional?
- Qual é a estrutura de um grupo disfuncional?
- O que você precisa fazer primeiro, em segundo lugar e terceiro etc. de modo a minar e sabotar o funcionamento do grupo até que ele não consiga funcionar?

Na lista de Lencioni, tudo começa com *a falta de confiança.* Ao *não* confiar nos demais no grupo, ao não acreditar no que dizem, não acreditar em suas competências e suas habilidades (mesmo que façam o que dizem), não confiar na abertura de suas informações e comunicações (que não estão escondendo algo e mantendo segredos), e não confiar na sinceridade do que dizem – ao não confiar, nós destruímos qualquer fundação de interdependência. E isso nos impede de criar um grupo. Isso é enfatizado no poder e na imaginação do título do livro de Stephen Covey, Jr., *(Negócios na) Velocidade da Confiança.* Sem confiança, não há trabalho em conjunto num negócio para se atingirem resultados valiosos.

Uma vez que você se recuse a confiar – mesmo que seja confiar em si mesmo para lidar com os desafios do grupo e outros – agora você irá enxergar qualquer desacordo ou diferença como significando destruição daquela pouca interação que existe.

Afinal, como você pode trazer à tona e fazer aparente um desacordo sem a confiança de que o outro irá escutar, explorar e buscar entendê-lo? Você não teria que confiar nos motivos e intenções do outro, na abertura e habilidades de ser respeitoso enquanto há uma discordância? Você não tem que confiar que é melhor colocar os fatos na mesa e dialogar até que vocês tenham alcançado uma posição de concordância? Você não tem que confiar que você e os outros podem ser apaixonados e emocionais sobre suas visões e, mesmo assim, conversar de modo aberto?

Se você não confia em si e nos outros para serem abertos, verdadeiros e respeitar os seus diálogos, então será que algum dia você poderá formar equipe com outros para tomar uma decisão comprometida para optar por um resultado e uma abordagem que todos possam conviver com eles? Tomar uma decisão para comprometer seu tempo, energia e recursos, em uma dada direção, não é como uma decisão significativa qualquer que você tome como indivíduo.

A diferença é que pode haver muitos outros prós e contras, ambos a favor e contra a decisão e, então, leva-se mais tempo antes que o grupo possa tomar uma decisão. Ainda assim, é o mesmo processo. E definitivamente uma decisão deve ser tomada. Até mesmo a procrastinação e a hesitação contra a tomada de decisão constituem uma decisão.

Então, a falta de confiança que evita um debate forte, o qual impede o grupo de se comprometer com uma decisão, agora elimina a possibilidade do grupo dar um passo em direção a um lugar de responsabilidade mútua. Afinal, poderia o grupo, o líder do grupo ou o coach do grupo manter por que os membros responsáveis? Nada foi decidido. Nada há pelo que se comprometer. Ninguém se adiantou para fazer um comprometimento por que alguém pudesse se responsabilizar por fazer. Nenhum padrão de performance foi acordado. E, sem isso, o grupo não tem nenhum padrão para se manter nivelado.

Coloque todos esses passos juntos na estratégia de criação de um grupo disfuncional e o final resulta em desatenção aos resultados. Nenhum resultado de grupo será estabelecido, criado ou terá comprometido. Nenhum resultado de grupo foi ajustado como um padrão pelo qual o grupo poderia fazer seu *benchmark* ou conferência. Nenhum resultado de grupo foi criado! Então, em vez de resultado de grupo, não se admira que os membros vão apresentar e focar resultados *individuais*.

Eles serão motivados por preocupações individualistas e egocêntricas:

- O que ganharei com este grupo?
- Como ele irá melhorar o caminho da minha carreira?
- Como posso "tirar o meu da reta" se o grupo como um todo não alcança seus objetivos?

A ausência de confiança, medo ou conflito, falta de comprometimento, evitar se manter responsável, desatenção aos resultados são *indicadores de disfunção em um grupo*. Nós podemos, agora, usar essa lista como um *checklist*. Ao identificar isso, como coach de grupo, você pode apontar ações específicas que os membros do grupo adotaram para levá-los a esse caminho errado. Lencioni sugeriu algumas das pistas comportamentais de disfunção:

- Invulnerabilidade – A recusa de ser aberto e verdadeiro;
- Escondendo informação e mantendo segredos;
- Tratar informação como "poder" para ser negociada;
- Conflito contraprodutivo e destrutivo;

- Todas as manobras do "jogo sujo" (a ser explicado nos capítulos 10 e 11 nos quais há uma longa lista de padrões de comunicação disfuncional).
- Recusa para promover o conflito construtivo (veja capítulo 21);
- Ambiguidade, falta de clareza de direção ou missão;
- Inabilidade para criar e esclarecer descrições de base de objetivos, papéis, trabalhos etc.;
- Baixos padrões, falta de rigor ou disciplina para manter as pessoas responsáveis;
- Deixar ego e o status para os indivíduos em vez da equipe;
- Dar desculpas e deixar as pessoas de fora;
- Mecanismos de defesa que evitam a abertura e fala da verdade;
- Brigar para encobrir, promoção do isolamento etc.

Funções & Disfunções de uma Equipe

Nível	Disfunção	Característica
Resultados ---	Falta de atenção aos Resultados	Status & Ego
Responsabilidade de Pares	Evita Responsabilidade	Baixo Padrão
Comprometimento ---	Falta de Comprometimento	Ambiguidade
Conflito ---	Receio & Fuga de Conflito	Harmonia Artificial
Confiança ---	Falta de Confiança e Vulnerabilidade	Invulnerabilidade

Fazendo o *Checklist* de Indicadores de um Grupo Funcional

Agora, imagine o oposto dessa lista. Reverter a lista te dá um conjunto de cinco passos que podem se tornar cinco propósitos poderosos de coaching de grupo. Como lista resumida, tem-se o seguinte:

- Criação de confiança interpessoal;
- Conflito construtivo de regras e estilos;
- Comprometimento dos membros do grupo ao aderir à visão do grupo;
- Responsabilidade de pares;
- E atenção aos resultados do grupo.

A Arte do Coaching de Grupo

Ser capaz de reconhecer as disfunções vem primeiro. Depois disso, o grupo vai precisar de disposição e coragem de falar, de ajustar a determinação do grupo para enfrentar os indicadores disfuncionais e, então, confrontar tanto o grupo quanto os membros individuais sobre comportamentos contraprodutivos. Essas habilidades são as competências centrais para qualquer um que queira ser bem-sucedido como coach de grupo. Dado isso, onde está você? Do que você precisa para começar a detectar as pistas? O que você precisa fazer para desenvolver sua comunicação e para confrontar suas habilidades?

O que é uma Equipe?

"Um pequeno número de pessoas com habilidades complementares, que são comprometidas com um propósito comum, objetivos de performance e abordagem, pelos quais eles se mantêm mutuamente responsáveis."

Jon Katzenback

"Um grupo de pessoas que são interdependentes com respeito à informação, aos recursos e às habilidades e que buscam combinar seus esforços em um objetivo comum."

Leigh Thompson

Parte III:

FUNCIONAMENTO DO GRUPO

Capítulo 10

CLIMA:

COMO OS GRUPOS CRIAM UM ESPAÇO CONVERSACIONAL EFETIVO?

"A maioria de nós que trabalha em grupos não sabe como falar um com o outro, muito menos dizer a verdade."
Annette Simmons (1999)

"As pessoas não conseguem aprender quando estão sendo atacadas."
Gordon Allport

O *segredo definitivo da efetividade de grupo* (alta performance, trabalhar juntos para atingir um resultado específico, coesão como grupo, desenvolvimento e expansão de competências) é tão simples quanto profundo: comunicação. Facilitar a efetividade do grupo é uma função da qualidade de suas comunicações. Grupos são criados, desenvolvidos, mantidos e operados a partir *do modo* que falamos com e para os outros, a partir *da qualidade* de conversas que temos nos grupos. De fato, nós podemos aplicar todas as qualidades que descrevem uma equipe altamente desenvolvida à sua comunicação e perguntar: "A comunicação é aberta, inclusiva, segura, respeitosa, empoderadora, divertida, focada no resultado, relevante etc.?" Enriquecer *a qualidade* da comunicação do grupo reside no cerne do processo de construção de um grupo forte e efetivo, sendo essencial para um coaching de grupo efetivo.

Como os indivíduos, os grupos de pessoas se conectam, formando laços por meio de uma alta qualidade comunicacional. Um grupo desenvolve sua identidade, visão, missão, valores, capacidades etc. por meio de conversas; por meio delas, nós chegamos a entender nossos objetivos e um ao outro. Apreciamos, valorizamos, damos suporte, estamos presentes para capacitar os demais. Se nós não conseguimos conversar suficientemente bem para entender um ao outro, coordenar nossas atividades, cooperar, então nós nunca vamos colaborar verdadeiramente como grupo, quiçá como equipe.

O Desafio da Comunicação

É claro que a comunicação sozinha é desafiadora – muito desafiadora. É desafiadora porque é uma interação entre os significados que as pessoas mantém em mente e as palavras que dizem. Esse é o porquê de nenhum de nós jamais saber o que nós "comunicamos." Sim, você pode saber o que disse; você pode até saber como disse o que disse (gravar sua fala, de modo que poderá ouvir de novo e ver a si mesmo quando está expressando o que disse). Mas descobrir o que outra pessoa *ouviu*, que significados os membros do grupo dão às suas palavras, você não saberá ao menos que você pergunte. Isso requer bastante tempo e esforço.

> **Premissa Comunicacional da PNL**
> "O significado da sua comunicação é a resposta que você obtém– independente do que você pretendia."

Qualquer que seja o significado que tenham dado às suas palavras e às suas expressões não-verbais, são o *significado da sua comunicação para eles* não obstante as suas intenções. Isso é o porquê de você nunca sabe *o que* você está comunicando sem o *feedback* deles. Isso faz da "comunicação" algo complexo e desafiador. Isso significa que você não pode assumir que meramente dizer algo uma única vez significa que as pessoas no grupo entenderam, escutaram ou interpretaram da forma que foi dito. A comunicação não é linear dessa forma, em vez disso, é de natureza sistêmica.[1]

Espaço Conversacional que Não Funciona

Em muitos grupos, se não na maioria, o espaço para conversa não é certo. Pode ser "normal" e, ainda, bastante inadequado. Como seres humanos tipicamente falam e agem, quando se juntam em grupo, é geralmente ótimo para o que é necessário. *Não* é definitivamente o tipo de espaço necessário para o coaching de grupo. Normalmente, e na maioria dos grupos, as pessoas não se sentem seguras para se abrir, com liberdade, verdade e vulnerabilidade. Então, nas nossas conversas, nos engajamos em muitas Manobras defensivas e protetivas. Ainda, estas são as verdadeiras coisas que nos previne de ter uma conversa verdadeira e autêntica. Elas contribuem para a *disfunção comunicacional*.

Qual tipo de *espaço conversacional* é normal ou típico para a maioria dos grupos? Geralmente o espaço é caracterizado por fatores como:

- *Superficialidade.* Há muitas conversas pequenas, as quais dizem nada ou muito pouco, sobre a personalidade de alguém ou o seu coração. Tipicamente, grupos mantém as conversas rasas e na superfície, de forma que ninguém se sinta envergonhado de modo que nenhuma vulnerabilidade seja exposta, nenhum sentimento seja ferido.

- *Afirmações de aconselhamento.* Conversas típicas nos grupos envolvem o compartilhamento de conselhos e declarações, em vez de explorar um assunto por meio do questionamento. Grupos podem começar de premissas como: "Perguntar significa que você não sabe" e "Não saber é ser vulnerável a críticas, o que é algo ruim!" Então, a decisão operacional para a maioria dos indivíduos no grupo é: "Nós simplesmente não vamos lá!". Como resultado, pouca ou quase nenhuma pergunta é feita pelos membros do grupo. Isso resulta em falta de curiosidade, fascinação ou abertura para exploração.

- *Silêncio.* Há também muito silêncio nesses lugares, nos quais as pessoas até poderiam estar fazendo perguntas ou onde poderia haver abertura para não saber. Em vez disso, os membros do grupo se silenciam no principal momento que deveriam usar da verdade da situação e receber *feedback*. Há, ao contrário, um silêncio que cresce do medo de cometer erros e da timidez de ser verdadeiro.

- *Pressuposições.* Nós assumimos que sabemos o que está ocorrendo, o que os outros estão dizendo e o que isso significa, assumimos que não nos falta nada, que não precisamos fazer perguntas. Como resultado, nós não fazemos qualquer pergunta penetrante, não fazemos requisições pessoais que nos deixaria vulneráveis a rejeição alheia.

- *Fuga pela tangente.* Se algo sensível ou problemático aparece, nós evitamos conversar a respeito. Nós até mesmo evitamos fazer notar que ouvimos a respeito. Nós não vimos nada; não ouvimos nada, não ocorreu! Nós fugimos, mudamos de assunto, mentalmente pulamos fora, evitamos comentar, apaziguamos, aplacamos; fazemos tudo e qualquer coisa para fazer desaparecer a vulnerabilidade.

- *Leitura Mental e Projeção.* Se notamos que temos que lidar com algo, nós pegamos atalhos para as conclusões. Fazemos avaliações e julgamentos acerca dos outros. Em vez disso, de perguntar abertamente, nós anunciamos nossas pressuposições e projetamos Nossos julgamento. Sem identificar como adquirimos certas informações, nós anunciamos aos outros o que estão sentindo, pensando, suas intenções, significados etc. Nós iniciamos nossas sentenças com "Você é...", "Você está..." e nós geralmente temos nossos dedos indicadores apontados em posição de ataque.

- *Culpar e acusar.* Uma tática de grupo especialmente tóxica é a acusação e achar um bode expiatório. Culpar nos permite por o foco e atenção em outrem, tornando essa pessoa culpada pelo quer que tenha dado errado. Isso nos dá uma dose extra de força emocional, então, podemos nos tornar viciados. Isso também é um ótimo jeito de começar uma briga em grupo!

- *Fazendo-se de vítima indefesa.* Pensar, sentir e agir da perspectiva do "não adianta nada" exime alguém da responsabilidade e ação, da mesma forma que acusar e culpar. Nessa tática, a pessoa usa a dependência e a carência para bancar a vítima e, portanto, sem poder para coisa alguma ou para ser responsável.

- *Brigar e atacar.* Muitas pessoas se tornam reativas quando engajam em conversas. Isso é como se conversar fosse perigoso e como se qualquer coisa que o outro diga seja um ataque. Então, se tornam reativas a palavras e a tons. Talvez façam isso para se livrar de qualquer possibilidade de alguém responsabilizá-las. Então brigam, xingam, insultam, criticam, rejeitam, usam de sarcasmo, debatem etc.

- *Conspirar.* Na conspiração, alguém acha um aliado em outra pessoa e formam par com aquela pessoa para distrair a atenção de si mesmo a fim de resvalar o foco para outro lugar.

Deixe-me Contar as Formas de Minar Efetivamente a Comunicação

Obviamente, há muitas formas de se esconder um dos outros em grupo e, até mesmo, de nós mesmos. E por quê? Por que nos engajamos nesse tipo de táticas? Principalmente porque nos sentimos inseguros. Sentimo-nos vulneráveis, fracos, e expostos.

> "É papel do coach estabelecer um clima que gere uma discussão franca, além de modelar como ser e como manter-se responsável."
> Suzanne Skiffington & Perry Zeus
> (p. 172)

Então, nós sentimos medo, raiva e o estresse de que nós não seremos capazes de lidar com isso. Nós até mesmo nos sentimos inseguros em conversas com aqueles que são capazes de se abrirem e serem verdadeiro. Então, nós sentimos medo. Inseguros pela presença de conflito, da exposição de alguns problemas, medo de que não saibamos as respostas. Então, nos protegemos de termos que lidar com tudo isso ou de assumirmos responsabilidade. Qualquer tática que adotemos, nos tornamos rígidos e teimosos à medida que nos embasamos e nos asseguramos em algo. Podemos nos tornar reativos se nos encontrarmos encurralados em uma posição. Podemos evitar dizer qualquer coisa verdadeira para encobrir nossa insegurança com superficialidades.

Em grupos, nos debatemos um com os outros e com os modelos de mundo dos demais. Nós nos debatemos contra suas expectativas, pressuposições, crenças, esperanças, sonhos e receios. Não há como evitar isso. A questão então se torna: como podemos nos engajar em uma conversa saudável, adulta, autêntica, como grupo, tentando pensar, aprender e decidir juntos?

Comunicações Disfuncionais em um Grupo

Não é, de modo algum, difícil que a comunicação em um grupo se torne amarga ou disfuncional. De fato, parece ser uma coisa bem fácil. E, quando o espaço conversacional se torna problemático, nós temos coisas como as seguintes.

Harmonia Artificial. Começa com um pseudotipo de "paz", a qual não é paz verdadeira. É um medo de conflito. Então temos *bloqueio*, que são manobras para evitar que alguém traga assuntos sensíveis. Pode haver formas de *não-envolvimento* no qual os membros do grupo mostram uma atitude despreocupada, falta de comprometimento e cinismo. Pode tomar a forma de brincadeira sem graça, bobeira e se fazer de bobo.

> "Um grupo que vê a diversidade como um ativo e fonte de aprendizado tem uma boa chance de discussão produtiva acerca das diferenças."
>
> Lee Bolman & Terrence Deal *Reframing Organizations*, p. 178

À medida que a disfunção cresce, há mais e mais *desconfiança* no grupo. Nossa confiança nos outros enfraquece, o que cresce é uma desconfiança de estar disposto a ser aberto e vulnerável para o outro. Pode haver também uma *falta de vontade de manter-se responsável*.

Isso é, uma recusa dos membros do grupo de se manterem confiáveis pelo que dizem ou fazem no grupo, o que, então, diminui a qualidade das comunicações.

Nesse ponto pode haver uma certa competição dentro do grupo, competição por *busca de reconhecimento*. Os membros do grupo focam em chamar atenção ao vangloriar-se, com relatos de conquistas pessoais, agindo inapropriadamente dando ênfase no status. Isso leva a outro jogo, *dominação*.

Aqui os membros do grupo buscam afirmar a autoridade e superioridade sobre os demais, ao manipular o grupo. Eles podem usar a bajulação ou perder tempo afirmando seu status superior ou interromper os outros.

Aqueles que não querem ou não podem entrar neste jogo, podem resvalar para um jogo diferente, eles *bancam a vítima*. A disfunção aqui é buscar simpatia via expressões de insegurança e inadequação pessoal.

Então, há a disfunção sutil de ser *sarcástico e cortar* observações alheias. Aqui, membros diminuem o *status* dos outros no grupo zombam de suas ideias ou sugestões, fazem piadas maliciosas, insultam etc.

O Erro de Atribuição Fundamental

À lista de formas de comunicação disfuncionais, eu também incluí o **Erro de Atribuição Fundamental**. Este é um erro que todos nós parecemos naturalmente cometer, de forma que nós atribuímos explicações sobre outros que minam o entendimento e a empatia. Eis o erro: *Quando os outros engajam em comportamentos negativos, atribuímos a causa às suas características.* "Ela é assim mesmo." "Está em sua natureza ser assim." E, em contraste, quando engajamos em comportamento negativo, nós explicamos as razões pelas quais falhamos, bagunçamos tudo ou arruinamos algo, culpamos o ambiente, as circunstâncias e/ou as influências alheias.

\multicolumn{4}{c}{*O Erro de Atribuição Fundamental*}			
Quem	*Evento*	*Nós Vemos*	*Causa Atribuída*
Outros	Erro, Engano, Problemas	Comportamento	Seu Caráter, Defeitos
Outros	Soluções, Sucesso	Comportamento	Circunstâncias, Ambiente
Eu	Erro, Engano, Problemas	Intenção	Circunstâncias, Ambiente
Eu	Soluções, Sucesso	Intenção	Nosso Caráter, Excelência

De forma similar, quando um outro alguém faz algo muito bem, quando são bem-sucedidos em atingir uma meta e são reconhecidos por isso, quando nos deparamos com alguma qualidade muito boa que tenham, explicamos isso em termos de ambiente, circunstâncias e/ou sorte. É claro, quando nós fazemos algo muito bem ou demonstramos algumas boas qualidades, só pode se tratar do nosso caráter!

Essa atribuição fundamental de erro explica o porquê de sermos tão gentis e delicados com nós mesmos, em termos de *explicação das causas comportamentais,* e tão ávidos em julgar e desmerecer os demais. Agora, há uma boa razão pela qual esse erro é tão natural. Nós temos conhecimento interno sobre nossos motivos e intenções. Com o conhecimento de uma pessoa de dentro, nós sabemos que estamos tentando fazer o melhor que podemos, somos imediatamente conscientes das nossas boas intenções. Com os demais, nós não temos esta informação interna. Nós podemos apenas ver seus comportamentos, os quais são ruins e magoam, então, facilmente concluímos: "Eles são maus."

Agora, saber dessa atribuição fundamental de erro permite a você considerar isso ao longo de sua comunicação no grupo. Quando você usa isso como *frame* de enquadramento, procura encontrar as intenções positivas por trás dos outros (o que não é óbvio). Comece perguntando sobre eles. Isso vai reduzir a sedução de julgamento dos outros.

Fontes de Comunicações Inadequadas

Em vários graus, todas essas comunicações nada ideais indicam que há uma de duas fontes originárias desse estilo e habilidade de comunicação inadequados – ou estresse psicológico ou falta de desenvolvimento pessoal.

Primeiro, estresse psicológico. O que faz esses padrões de comunicação tóxicos tão comuns é que todos nós regredimos. Aumente o estresse e todos nós tendemos a ter respostas mais primitivas. Nesses momentos, as pessoas estão fazendo o melhor que podem, dado o senso de ameaça, perigo e/ou sobrecarga interna. A briga decolante na comunicação indica, na verdade, o nível de estresse da pessoa e, tipicamente, não vai melhorar até que o estresse seja reduzido.

O estresse é óbvio no *estresse agudo,* que ocorre quando a pessoa é diretamente ameaçada com o perigo. O estresse mais inconsciente e sutil é o de *sobrecarga*. Poderia ser de sobrecarga de trabalho, sobrecarga de informação ou sobrecarga nos relacionamentos. Tendo vivido nisso por tanto tempo, a pessoa se acostuma e fica no seu inconsciente. Então, a pessoa precisa apenas de uma "última gota" para chegar ao limite.

Segundo, falta de desenvolvimento pessoal. Muitos se comunicam nesses modos disfuncionais porque simplesmente não sabem fazer de outra forma. Nunca foram ensinados ou treinados em habilidades de comunicação e quando são informados de que leitura mental e julgamentos são inefetivos, errôneos e não ajudam em nada, a própria ideia de não fazê-lo parece inimaginável, até mesmo inacreditável. Cresceram em meio a esse o tipo de comunicação, a qual sempre receberam, e então a normalizaram e universalizaram em suas vidas, de modo que nada mais lhes parece conversa de outro mundo. Eles vão descartar os padrões de comunicação saudável encarando-os como baboseira psicológica. Para alguns, o comportamento e a comunicação disfuncionais talvez estejam tão arraigados que, na verdade, se encontram tão machucados por dentro que precisariam de intervenção terapêutica.

Espaço Conversacional Efetivo

Dado tudo isso, não admira que o espaço que criamos para as discussões do grupo precisa ser um espaço muito especial.

Precisa ser um espaço onde haja liberdade, segurança, respeito e mutualidade. Para um coach de grupo isso é imperativo. Depois de tudo, um coach de grupo é uma pessoa responsável por criar e manter *o espaço conversacional* dentro do qual o grupo pode abertamente explorar e dialogar.

Grupos não estão sempre em seu melhor e, nem sempre, são capazes de criar efetivamente esse tipo de ambiente de engajamento em uma conversa criativa e saudável. De fato, provavelmente o estado "normal" ou "mediano" dos grupos é oposto a conversas efetivas e respeitosas. Para resolver isso nós precisamos, antes de tudo, ter uma justa compreensão e entendimento do espaço conversacional nos quais as discussões do grupo ocorrem. Ao compreender a norma, nós podemos, então, planejar como possibilitar e empoderar um grupo a criar espaço conversacional mais efetivo e saudável. Quais, seriam as qualidades para um *espaço conversacional efetivo*?

1) Abertura

Uma importante habilidade de comunicação para um grupo saber profundamente é a de criar um ambiente no qual eles tenham um espaço para as pessoas pensarem em voz alta, descobrir seus pensamentos, dividir suas ideias "malucas" e simplesmente estar presente para qualquer coisa que apareça. Isso não é fácil. O que é fácil é julgar. O que é fácil é rápida e automaticamente tirar conclusões e imediatamente desmerecer ideias "malucas" dos outros.

A discussão deveria possibilitar que as pessoas permanecessem informadas e inspiradas acerca do que estão fazendo como grupo. Deveria ser um fórum aberto, de modo que as pessoas pudessem apresentar suas ideias, independente de serem preocupações, problemas, insights, reclamações etc. Então o diálogo pode ser uma batalha de ideias, em vez de uma batalha de pessoas, à medida que o grupo pensa alto, decide, faz planos etc. Você sabe que criou esse tipo de espaço quando as pessoas dizem que confiam que serão escutadas.

> "Os princípios da boa comunicação são os princípios básicos de construção da comunidade. E uma vez que as pessoas não sabem naturalmente como se comunicar, já que humanos não sabem naturalmente como conversar um com o outro, permanecem ignorantes das leis e regras de genuína comunidade."
>
> M. Scott Peck, (p. 83)
> *The Different Drum*

2) Aceitação

O tipo de espaço que nós queremos ser capazes de gerar, como grupo, é aquele no qual todas as ideias, não importa quão "malucas," estúpidas, bobas etc. são aceitas. Isso não significa que nós endossamos, apoiamos, somos lenientes com elas. A aceitação não significa que as reconhecemos. Nós queremos um espaço onde julgamentos esteja fora de questão. Quando nós temos isso, então nós podemos jogar com as ideias e engajar em uma atividade bagunçada de "pensamento" e aprendizado junto como um grupo. Para alcançar isso, trace os enquadramentos:

- "Não há questões ou sugestões estúpidas."
- "Todas as questões e sugestões são aceitas como possibilidades para exploração."

3) Autodisciplina e Autoliderança

Manter este tipo de espaço significa que nós estamos dispostos a perceber nossos julgamentos e nos segurar. Isto requer autodisciplina. Então, fixe algum tipo de processo de comunicação no grupo em que nos mantenhamos responsáveis por não julgar e nos afastar de julgamentos, pedido desculpas quando escorregamos. Isso vai também envolver esperar a própria sua vez na conversa de modo que não se atropele outra pessoa ou haja conversa cruzada quando alguém diz algo que nos deixa agitados.

4) Respeito

A qualidade das conversas do grupo precisa ser um diálogo aberto e respeitoso. Então conversas livres e respeitosas podem ocorrer. O que possibilita este tipo de discussão e a torna possível é levar em conta todos os diversos pontos de vista no grupo. Dê a todos uma chance de falar no grupo, expressando seus pensamentos e sentimentos para pôr as ideias de cada uma das pessoas e visões na mesa. Respeito também significa que, em todas as discussões, ninguém insulta o outro ou questiona os motivos, as intenções do outro ou seu valor pessoal.

John Gottman, em seu livro *Why Marriages Succeed or Fail* (1994), identifica os quatro cavaleiros do apocalipse de uma relação condenada – críticas, desdém, postura defensiva e acusações. O pior deles é o desdém que se apresenta na forma de sarcasmo – comentários sarcásticos, rolar dos olhos etc. – tudo isso mina o respeito.

5) Diálogo

Como já foi mencionado, a forma que um grupo aprende é pelo diálogo. Este diálogo define o tipo e a qualidade de discussão aberta que nós temos no grupo. Como uma conversa na qual *significados* se movem *através* do grupo (diálogo), o grupo precisa permitir o fluxo livre de significados de um modo aberto e respeitoso.

E quando o significado se move por meio das pessoas, então as ideias jogam com as ideias se misturando e combinando nos moldes menos previsíveis. Às vezes, isso resulta em camadas de várias ideias sobrepondo-se uma às outras e, de vez em quando, em um mix maluco de justaposições impossíveis. Tudo isso, é claro, descreve a criatividade selvagem e imaginativa.

Quando isso ocorre, pode ser desafiantemente irritante. Isso porque quando o significado flui através de uma mente para outra, às vezes uma incoerência de nosso pensamento é revelado ou pode nos fazer entender o grau que nosso pensamento participa e cria a nossa realidade ou como realmente entender o ponto de vista de outra pessoa.

Espaço Conversacional Ótimo
1) Abertura
2) Aceitação
3) Autodisciplina
4) Respeito
5) Diálogo
6) Escuta Profunda
7) Autoconsciência
8) Verdade
9) Abraçando a Falibilidade
10) Confiança

6) Escuta Profunda

Para um grupo ter uma exploração livre e criativa de ideias sutis e complexas, é necessária uma escuta profunda de um para com o outro, suspendendo pressuposições. Conversas muitas vezes desenvolvem uma vida própria e nos levam a direções que nós não planejamos ou esperamos. De vez em quando, as conversas liberam uma sinergia de aprendizado e às vezes não. De todo modo, aprender a aceitar um ao outro e a escutar as melhores intenções do outro facilita uma conexão profunda entre os membros.

À medida que o coach de grupo desafia a *pensar junto*, a pensar alto, cada pessoa no grupo será desafiada a ser uma *pessoa pensante,* a ser considerativo em maneiras novas e mais elevadas. Como a linguagem é um fenômeno de grupo, o pensamento também pode sê-lo. (Tema do capítulo 13.)

7) Autoconsciência

Para um grupo se tornar altamente efetivo e trabalhar como uma equipe, cada pessoa precisa ser autoconsciente. Trabalho de equipe depende da autoconsciência de cada pessoa, de modo que possam reconhecer quem e o que eles são no grupo. Sem essa autoconsciência, é difícil dialogar verdadeira e abertamente, uns com os outros. Na medida em que o grupo cria e nutre uma atmosfera que apoie a autoconsciência, o melhor do grupo irá operar e mais forte o espírito de equipe irá emergir.

Esta autoconsciência também inclui consciência de nossas emoções e nossas paixões, porque nas conversas nós podemos nos sentir afetados e nos tornar emocionalmente intensos em nossas expressões. E, ainda, nossas emoções são apenas emoções. Não são comandos do paraíso. Não são indicadores de moralidade, sejamos bons ou maus.

Quando uma pessoa se move para fora de sua zona de conforto, tudo que está ocorrendo é desconfortável. Isso é tudo. Se nos sentimos desconfortáveis em relação ao desacordo, ou desacordo intenso das pessoas, nós estamos apenas desconfortáveis. Nós também podemos ter alguns medos espreitando por perto, memórias ou outros tipos de consciência.

Ainda, se a conversa é apenas desacordo e não desrespeito, nós podemos ficar calmos e curiosos, não podemos? A meta agora se torna aprender a tolerar o desconforto, apesar da ansiedade, e a ser verdadeiro, em vez de apenas polido demais.

Autoconsciência inclui consciência de nossos modos individuais de pensamento – nossos estilos de pensamento e a forma que nós especificamente raciocinamos, o que nos leva às nossas conclusões. Conscientes disso, nós podemos agora fazer com que nossa forma de raciocinar esteja disponível para os outros no grupo, de modo que eles possam entender como nós desenhamos as conclusões que nos levaram a ser abertos às suas questões.

8) Verdadeiro

Uma conversa verdadeiramente aberta e honesta é uma conversa na qual as pessoas falam a verdade uma para a outra e, muitas vezes pela primeira vez, para si mesmas. Falar a verdade em um grupo – aberta e respeitosamente – requer que nós comecemos a partir da posição da qual nós aceitamos as verdades dos outros.

Isso não significa que estamos concordando ou sendo condescendentes com suas verdades. Significa apenas que estamos buscando entender e dispostos a deixar cada uma das pessoas articular sua verdade.

Busca da verdade se torna inquisicional quando nós esquecemos nossa falibilidade e nos tornamos dogmáticos. Quando nos lembramos que somos seres humanos falíveis, nós somos então capazes de perseguir a verdade sem orgulho ou competição.

Podemos explorar ideias e entendimentos com os quais não concordamos – buscando primeiro e, antes de tudo, entender, como outra pessoa pensa e acredita. Quando esquecemos nossos objetivos e encontramos a verdade, então nós caímos em modos infantis de agir, tentando "vencer as discussões", ou nos demonstrarmos mais espertos, mais corretos e, logo, não escutamos bem. E, no final, não vamos encontrar a verdade da outra pessoa.

9) Abraçando a falibilidade

Habilidades de grupo como essas requer abraçar a falibilidade inerentes a erros de pensamento, fala, entendimento, percepção, escuta etc. Então, podemos repetidamente fazer a pergunta, "Seria possível que você estivesse enganado?" para abraçar o entendimento de que "É claro, eu poderia estar enganado!" "Nós poderíamos estar enganados."

Sabendo que nós vamos cometer erros, que haverá momentos que não estaremos nos nossos estados corretos, quando soltamos alguma resposta estúpida e alguém nos pega sendo incongruentes, assim por diante, nós podemos adotar uma abordagem mais gentil e doce para com os outros.

Abraçando a falibilidade significa nossa humanidade com todas as suas fragilidades. Nós chegamos aos grupos dos quais nós fazemos parte como seres humanos falíveis com problemas pessoais, diferenças de modelos mentais, histórias e experiências que nos lembram de coisas, significados sobre justiça e injustiça, poder e abuso de poder e mil outras coisas.

Para muitas, se não a maioria das pessoas, isso é novidade. Quase todos mundo foi educado para nunca admitir que não sabe a resposta. Nós fomos treinados para advogar nossas posições o mais forte possível e a não escutar as questões difíceis ou abertamente inquirir acerca de um assunto complexo. Isso é o que nós precisamos superar por meio de desaprender para, então, nós possamos aprender o que somos – falíveis.

10) Confiança

Procure por diálogo confiável. Confiança mantém as pessoas juntas e nos permite ser efetivos como grupo. Como um coach de grupo construindo confiança, inicie consigo mesmo – faça-se aberto e vulnerável, à medida que coloca de lado toda e qualquer máscara que você tenha, de modo que você poderá, então, mostrar seu verdadeiro eu. Seja aberto e vulnerável. Então, assuma riscos em favor dos membros do grupo.

Se você tirar um momento agora para imaginar um espaço conversacional com essas dez qualidades, você rapidamente percebe o quão especial, até mesmo mágico, esse tipo de espaço é. Isso não ocorre por acaso – precisa ser intencionalmente criado e mantido por todos os membros do grupo. Isso porque basta um membro desrespeitoso para arruiná-lo. Também precisa ser monitorado e protegido pelo líder/s do grupo e repetidamente renovado pelo coach do grupo.

A Arte do Coaching de Grupo

Fazer coaching de grupo de modo que possam comunicar-se efetivamente requer a criação de espaço conversacional de alta qualidade. Demostre primeiro esse tipo de qualidade de comunicação, em como você ajusta enquadramentos para o grupo, e o tipo de comunicação necessária no grupo.

Esteja disposto a corajosamente levantar-se e segurar o espelho para todos e qualquer um se começarem a adotar uma habilidade de comunicação disfuncional. De modo gentil, doce e gracioso que distingue a pessoa do comportamento, confronte o comportamento do modo que a pessoa fala ou age, à medida que você convida a pessoa para chegar a uma qualidade de fala e ação mais elevadas.

Notas Finais do Capítulo:

1. Veja *Communication Magic* (2001) para um livro de Modelo Comunicacional em PNL e estrutura de comunicação. O livro prático que deriva disso é *Mind-Lines: Lines that Change Minds* (fifth edition, 2007).

Checklist de um Efetivo Espaço Conversacional	
O que caracteriza as comunicações no grupo?	
Disfuncional	**Alta Qualidade**
Discursos: Aconselhamento	Questões, juntar informação
Julgamentos, Opiniões	Descrições: linguagem de base sensorial
Avaliações de pessoas	Honrar pessoas quando discordam
Ambiente de Um Homem Só	Apoio aos outros
Manter cartas próximas ao peito	Autorrevelação da falibilidade
Manobras de Superioridade	Celebrar o sucesso dos outros
Debater posições	Advogar sem dogmatismo
Baixa tolerância dos outros	Encorajadores, validar pessoas
Solução de problema Prematura	Esclarecer Problemas, Definir primeiro
Cortar: calar-se	Respeitosamente assumir o desacordo
Exagerar	Oferecer coisas de modo cuidados
Tirar conclusões	Testar, Checar
Horrorizar uma situação	Checagem de Clareza
Rígido e dogmático em posições	Pensamento do tipo ambos/E em vez de E/Ou
Fazer Politicagem	Dividir poder, empoderar
Sarcasmo	Respeite mesmo quando discordando
Personalizando	Resiliência, distinguindo pessoas/ação
Fazer-se de vítima (dependência)	
Hostilidade Mútua	
Jogar o Drama triangular: Perseguidor, Vítima, ou Salvador	

Capítulo 11

CONVERSAS:

COMO GRUPOS CONVERSAM?

"A habilidade de comunicação desempenha um importante papel ao determinar a performance do grupo. É como se qualquer coisa que interfira com a comunicação entre os membros, prejudicará o desempenho do grupo."
Jonathan Freedman, et. al, *Social Psychology*

"Nossas vidas serão um sucesso ou um fracasso, uma conversa de cada vez. [Isso] é, a um só tempo, senso comum e revolucionário."
Susan Scott, *Fierce Conversations*

Uma vez que criamos o espaço conversacional correto para o grupo (capítulo oito), e continuamente monitoramos o grupo, de modo que o espaço especial é mantido – qual tipo de Conversas de Coaching estamos buscando facilitar?

Os Sete Tipos Básicos de Conversas de Coaching
Em Meta-Coaching nós identificamos sete tipos de conversas (*Coaching Conversations*, 2011). Esses são os tipos de conversas que os indivíduos querem e/ou precisam para entender a si mesmos e para despertar seus potenciais mais elevados.

Indivíduos	Grupos
1) A Conversa de Clarificação	1) Exploração Aberta
2) A Conversa de Decisão	2) Negociação
3) A Conversa de Planejamento	3) Planejamento
4) A Conversa de Experiência	4) Experiência/ Recurso

5) A Conversa de Mudança   5) Mudança / Transformação
6) A Conversa de Confrontação   6) Confrontação
7) A Conversa de Mediação   7) Mediação

Todas, exceto a última, ocorrem nas conversas do coaching um-a-um, a última ocorre quando há dois ou mais indivíduos em conflito e precisam de um coach para permitir que discutam (mediando) o conflito e cheguem a algum tipo de solução mutualmente aceitável.[1]

Conversas de Coaching em Grupo

Essas sete conversas similarmente ocorrem em de coaching de grupo e, em adição, há várias outras. Dois anos atrás (2011) identifiquei e descrevi as oito Conversas de coaching um-a-um – as Metaconversas. Esta aqui é tão especial quanto para coaching de grupo.

8) A Metaconversa

9) As Rodadas de Conversas

10) A Conversa de Solução de Problema

11) A Conversa de Aprendizado Coletivo (a qual cobrirei no Capítulo 13)

12) A Conversa de Resolução de Conflito (Capítulo 20)

1) Conversa de Clarificação
Busque Primeiro Entender

A primeira meta de qualquer indivíduo e, especialmente, pessoas em um grupo é entender um ao outro e o que nós, como grupo, queremos.

A razão disso é simples. Nós, natural ou inevitavelmente, não entendemos um ao outro ou sabemos o que queremos. Então, falar nossas verdades para outros não garante que entendam. Entendimento não vem tão facilmente. Primeiro, nós temos que passar por todos os nossos filtros que nos bloqueiam de entender outras pessoas, nos termos dela, mais do que nos nossos.

Então, ao buscar antes entender do que ser entendido, nós escutamos, nós repetimos o que pensamos ter ouvido e continuamos a fazer isso, até a outra pessoa confirmar que o que repetimos é mesmo o que a mensagem quis apontar. Em tempos e contextos não controversos, isso pode ocorrer bem rápido.

Quando surgem conflitos, pode demorar de cinco a dez repetições da mensagem para que se confirme o que os demais ouviram de nós.

O princípio fundamental de comunicação neste nível é o que nós asseguremos a cada pessoa o direito exclusivo, a responsabilidade e o privilégio de falar por si mesmo/a. Ninguém pode falar por outra pessoa. Já é difícil o bastante para cada um de nós falar por si com clareza! Esse princípio de comunicação significa que leitura mental e/ou projeção do que pensamos sobre outra pessoa "realmente" não é permitido.

Para manter uma Conversa de Clarificação no Grupo, o coach deve intencionalmente diminuir o ritmo da conversa entre os membros do grupo ao fazer constantemente a checagem de clareza dos termos que estão usando e também checando com os membros do grupo acerca do *quê* eles escutaram. Essa é a checagem sobre clareza nas comunicações.

> **Checagem de Clareza:**
> Pergunte sobre que pessoa quis dizer com o uso de um termo.

A Conversa de Clareza examina o cenário de pensamento e a *psico-lógica*,[2] que é, examinar aberta e calmamente o pensamento por trás da conversa. Ela abre para a exploração que vai além do conteúdo do que foi dito e pergunta sobre o que há por detrás do assunto. Quais são as pressuposições e premissas que governam e criam o conteúdo?

> *Psico-lógica*:
> O raciocínio único (lógica) que uma pessoa usa em pensamento e no chegar de conclusões.

Examinando o cenário de pensamento de um pessoa significa explorar a psicológica própria da mente de uma pessoa. Qual tipo de pensamento está presente na gestação desta ou aquela ideia? Você está usando o pensamento do tipo "ou um ou outro" ou você está usando um pensamento do tipo "ambos/e"?? Você está usando o pensamento pessimista ou otimista? Pensamento personalizado ou impessoal? Qualquer que seja o tipo de pensamento ou racionalização que está sendo usado, este será ou efetivo ou inefetivo, útil ou inútil em dado contexto e em certo grau.

Quase todo estilo de pensamento será efetivo em algum lugar, em algum tempo. Então, não se trata de ser bom ou mau, moral ou imoral, mas possibilitar ou limitar a clarificação para compreensão.[3]

Agora quando um grupo começa a examinar o cenário de pensamento de uma pessoa, este pode ter um sentimento de ameaça. Para reduzir qualquer e todo senso de ataque, o coach de grupo vai querer ter certeza de que o grupo criou um espaço para essa complexidade. Aqui o coach de grupo pode fixar enquadramentos/orientações para tornar a qualidade de seu coaching e de suas conversas possíveis:

"A pessoa nunca é o problema; o enquadramento é o problema ."

"Uma pessoa é sempre mais do que e sempre diferente de seus filtros e estilos de pensamento."

"Uma pessoa é incondicionalmente valiosa e vantajosa, o comportamento ou expressão de pensamento é sempre falível e passível de erro."

2) A Conversa de Decisão Conversa de Negociação

Na Conversa de Decisão, o coach possibilita uma pessoa ou um grupo a pensar através dos prós e contras de uma decisão. Quais são as vantagens? Quais são as desvantagens? Qual é o peso para cada um carregar? Quais são as crenças, entendimentos, identidades, significados etc. que enquadram cada um desses prós e contras? Em coaching, essa exploração de profundidade opera por meio do sondar em profundidade.

Então, o cliente pode tomar uma decisão verdadeiramente inteligente. Em Meta-

Coaching, nós urgimos os clientes a considerarem os prós e os contras de tomarem uma decisão para uma mudança, bem como os prós e os contras de *não* fazerem a mudança, decidindo permanecer o mesmo. E, é claro, para cada item haverá enquadramentos antecedentes que governam o pensamento e valorização por trás da decisão.

Em um grupo, o processo de tomada de decisão começa nos processos e se move para a negociação. Enquanto nós poderíamos dizer que o indivíduo também precisa negociar consigo mesmo, em grupos o processo é verdadeiramente diferente.

Agora o grupo tem que negociar as facetas de uma decisão. Aqui há um dar-e-receber. Negociar a forma como um grupo processa capacita o grupo chegar a uma decisão, a um posicionamento ou a um entendimento que reflita os valores e objetivos do grupo e isso significa que as decisões do grupo são decisões negociadas.

Para essa conversa, precisa haver, antes de mais nada, exploração suficiente do assunto, de modo que haja clareza nas mentes acerca dos fatos e realidade que o grupo, organização, negócio ou associação está enfrentando. No coaching individual, esta é a Conversa de Decisão, quando o indivíduo decide sobre algo.

Tomada de decisão em grupo é quase sempre *uma decisão negociada*. Isso porque haverá, normalmente, diferentes pessoas propondo diferentes escolhas e, nesses casos, a decisão final surgirá como resultado de negociação entre as escolhas e os diversos caminhos de resolução de problema ou desafio.

Quando você conduz a Conversa de Negociação, você não deve ficar satisfeito com o grupo permanecer no nível superficial de diversas propostas e vontades. Ajude-os a descobrir o pensamento por trás das propostas, bem como o nível de intenções de cada pessoa. É aqui que o grupo irá encontrar enquadramentos de concordância para criar grandes negociações.

3) A Conversa de Planejamento

Uma vez que uma pessoa ou um grupo conseguiu clareza sobre o que quer, sobre o que é necessário ou qual problema resolver e o grupo negociou uma decisão, ou a decisão foi feita pelo gerente sênior, a próxima conversa de facilitação é a que, dentro do grupo, se direciona para tornar a decisão uma realidade.

- Você tem um plano? Nó temos, como grupo, um plano?
- Temos um *blueprint*, um esquema, estratégia, mapa-mental, *checklist* ou alguma outra forma de mapeamento sobre o que vamos fazer?

Se não, talvez esta seja a próxima conversa. A Conversa de Planejamento ajusta como nós vamos conseguir nossas metas e resultados. Pode ser tão simples quanto uma *checklist* das coisas a se fazer ou tão complexo quanto um plano completo de negócios que descreve cada aspecto de como planejamos conduzir os negócios.

A Conversa de Planejamento com um grupo será similar àquela individual, a diferença reside no número de pessoas e vozes, adicionando ideias ao plano e sugerindo diferentes modos de planejar e de formatar o planejamento. Isso é onde o *brainstorm* de grupo, testar técnicas para invocar a criatividade, e o inventar estratégias entram no coaching.

4) Conversa de Experiência ou Conversa de Recursos

Com clareza, comprometimento de uma decisão e um plano, nós estamos prontos para implementar o plano. Bem, talvez... talvez não. As próximas perguntas que surgem tanto no indivíduo quanto nos grupos são sobre recursos.

- Temos os recursos necessários para realizar este plano?
- Precisamos de alguma experiência adicional ou ativo, de modo que possamos completar a missão e alcançar nossos objetivos?
- Temos alguma obrigação que precisamos informar?

A Conversa Experiencial poderia ser a conversa que se requer para estarmos prontos para apresentar, enquadrar, vender, negociar etc. Talvez, precisemos de um protótipo ou um modelo de simulação que irá nos preparar.

Talvez precisemos de alguma experiência de grupo que nos deixará prontos com a inspiração, a dedicação, o comprometimento necessários ou apenas nos colocará no estado correto. Do que nós, como grupo, precisamos? Esta é a questão e a conversa.

A Conversa de Recurso com indivíduos foca em que recursos nós precisamos acessar (e/ou ter em pronto acesso) de modo que estejamos completamente prontos para performar o nosso melhor. É nessa Conversa que o coach poderá usar "um padrão" ou técnica para facilitar o desenvolvimento de um estado ou uma estratégia. Em PNL e Neurossemântica, um padrão é *um processo formulado que foi criado para lidar com um certo contexto e atingir um resultado determinado*.[4]

5) A Conversa de Mudança ou Transformação

Com clareza, comprometimento de decisão, um plano, mais os recursos requeridos, estaremos prontos para implementar o plano. Bem, de novo, talvez sim e talvez, não. Há alguma mudança que precisamos promover para cumprir nossos planos e torná-los realidade? Há alguma crença limitante, decisões, proibições, hábitos, identidades etc. que estão nos bloqueando e nos impedindo de alcançar uma performance top? Se sim, nós precisamos ainda de outra conversa – a Conversa de Mudança ou Transformação.

Enquanto esta conversa possibilita a uma pessoa uma mudança, a mudança pode ocorrer em um dos três níveis. Isso porque nem toda mudança é igual.

1) Comportamental: Nós precisamos mudar como agimos, o que fazemos, os modos habituais de fazer as coisas. Se é assim, nós precisamos do *coaching de performance* para chegar aos comportamentos requeridos, então, nós poderemos ter um desempenho de maneiras que se encaixem nos objetivos que o grupo estabeleceu.

2) Pessoal: Nós precisamos mudar quem somos (nossa identidade), nossas crenças, valores, entendimentos, proibições etc. Isso requer um *coaching de desenvolvimento,* assim como envolve mudança evolutiva de uma pessoa, e não apenas mudança comportamental.

3) Estrutural: Nós precisamos mudar nossos paradigmas acerca do mundo, nossas visões acerca de onde estamos indo e, portanto, nossa direção. Isso requer o *coaching transformacional* porque vai além da mudança evolutiva, é uma mudança revolucionária. Em um grupo ou organização, isso significa mudança cultural.

A Conversa de Mudança Transformacional é a mais desafiadora das conversas de coaching tanto para um indivíduo quanto para um grupo. A razão disso é simples: Nós temos tanto desejo quanto medo da mudança. E para complicar as coisas – ambas as orientações e emoções operam simultaneamente. Nós queremos mudar para melhor e sair do jogo, de modo que melhoremos a qualidade de nossas experiências e nós também não queremos perder nada que poderemos ter que abrir mão, especialmente familiaridade, segurança e conforto. (Mais a esse respeito no capítulo catorze, em *Mudança.*)

6) A Conversa de Confrontação

Com qualquer uma das conversas prévias, incongruências podem aparecer que o coach um-a-um e, também, o coach de grupo pode precisar trazer à tona e colocar diante do grupo ou dos membros do grupo. Uma vez que estamos *trazendo à tona a face* da pessoa ou do grupo (portanto, *con* – com, e *fronte* – face) algo que pode ser desagradável e que pode engatilhar respostas e emoções negativas fortes, isso é um "confronto."

O confronto muito comumente traz à tona duas ou mais coisas que parecem incongruentes e, portanto, não combinam, não correspondem. O confronto pode, também, ser revelador de coisas que estão fora da percepção consciente de uma pessoa, ou grupo – os enquadramentos invisíveis, escondidos que estão informando e governando uma pessoa no grupo.[5] Em um grupo, o coach de grupo pode, muitas vezes, usar o próprio grupo para confrontar ou dar apoio à confrontação com um ou mais membros sobre um comportamento padrão de resposta.

> "Vamos fazer uma pausa. Estou tanto impressionado quanto desafiado pelo que Bill acabou de fazer e quero saber o que o grupo acha disso. Bill fez três perguntas que assumem que o grupo aceitou uma decisão que nós não tomamos e me parece que o grupo aceitou por aceitar. O que vocês pensam?"

7) A Mediação

A sétima conversa é a de mediação do relacionamento entre duas ou mais pessoas e, isso ocorre tanto no coaching individual quanto de grupo. O projeto dessa conversa é criar um relacionamento ganha/ganha para todos de modo que, então, o plano a seguir possa ser cumprido e nós possamos finalizar a discórdia, conflito, ressentimento, raiva, comportamento indesejável etc.

Ao fazer coaching com Conversa de Mediação, o coach facilita uma mediação entre duas ou mais partes. Isso requer a habilidade dos indivíduos para claramente compreender o que cada pessoa tem a dizer, de ouvir ativamente o que cada um está dizendo e abraçar estresse, frustração, raiva, medo, ansiedade e todas as outras emoções fortes, de modo que as partes possam ambas falar e ouvir de modo respeitoso, desconsiderando o quanto podem discordar.

Enquanto o coach lidera essa Conversa, ele ou ela possibilita que cada parte permaneça criativa para que todos possam estar abertos e dispostos a ter a conversa em um esforço único para encontrar soluções.

8) A Metaconversa

Esta é a conversa que um coach pode ter com um indivíduo ou grupo, tendo o propósito de possibilitar o autogerenciamento de conversas. Além das sete conversas (clareza, decisão, planejamento, mudança, experiência ou mediação) as quais nós facilitamos com os clientes, há uma outra conversa, uma que geralmente falta. A conversa ausente é a metaconversa. À medida que uma metaconversa é acerca da conversa que estamos tendo, isso possibilita a uma pessoa ou grupo a dar um passo atrás do assunto da conversa, ganhe perspectiva, controle de qualidade em como estão indo, avaliando ou mudando as conversas.

À medida que a Metaconversa permite ao coach e ao cliente dar um passo atrás para um estado observacional para examinar e avaliar essas conversas, é uma conversa acerca da qualidade e estrutura do funcionamento do grupo. Como coach, ela possibilita a você ser uma catalisador para uma nova conversa.

Esta conversa é importante por uma série de razões. Primeiro, é importante para aqueles momentos que a conversa não está indo a lugar algum, mas andando em círculos, não atingindo os resultados do grupo. Isso não significa que você esteja "emperrado", significa apenas que, por uma razão ou por outra, a conversa não está progredindo como o esperado. Talvez *não* seja o tipo de conversa que vocês precisariam estar tendo. Ela é importante, também, se vocês estiverem *emperrados.* Isso pode ocorrer. Afinal, há momentos quando a conversa do grupo parece esforçada, laboriosa, difícil e é como se você estivesse afundando em lama profunda, o que faz parecer que cada passo é dado em câmara lenta. Nesse caso, recorra à Metaconversa.

Então há, também, aquelas conversas que não são simplesmente inefetivas, elas são erradas. Podem até mesmo ser tóxicas. Por exemplo, se o grupo caiu em uma Conversa de Apontar Culpados entre eles. De algum modo, a conversa mudou para explorar "quem é o culpado," ou "o que é o culpado," ao fazer isso, se transformou na busca de quem ou o que se pode culpar. Isso é definitivamente uma conversa que se deve evitar, reconheça ela como ela e, e saia dela.

Uma conversa tóxica menos óbvia, mas tão inefetiva quanto é a Conversa de Lamentação. Esta é a conversa que começa com a exploração de "o que não está funcionando," e fazendo uma lista de "quão mal estão as coisas," e como

> *"A conversa é o relacionamento."*
>
> Susan Scott

as coisas são tão difíceis hoje. Quando você caiu na sedução de se lamentar sobre os problemas e dificuldades e o quanto tempo exigem e o quanto custam – o grupo definitivamente precisa de uma Metaconversa para sair dessa conversa.

Como funciona a Metaconversa? Se você descobrir que está engajado na conversa errada, o que fazer? Como você inicia a Metaconversa para examinar e desafiar a conversa? Como as outras conversas, é questão de perguntar algumas excelentes perguntas de facilitação. Aqui há uma lista que irá permitir a você mudar a conversa:

- Deixe-me dar um passo atrás e perguntar a vocês: "Vocês gostam das conversas que estamos tendo?"
- Que tipo de conversa vocês diriam que nós estamos tendo até agora?
- Se vocês tivessem que dar um nome ou título ao tipo de conversa que estamos tendo, qual seria?
- Essa é a conversa que nós deveríamos estar tendo? Se, sim, por quê? Porque deveríamos estar tendo este tipo de conversa? Quais são os valores e objetivos de engajarmos nessa conversa?
- O que é bom sobre a forma que estamos conversando nos últimos dez minutos?
- Com as conversas que estamos tendo, quem sente que estamos fazendo progresso em direção ao resultado esperado do grupo?
- Se tivéssemos que dar uma guinada e iniciar uma nova conversa, que tipo de conversa você acha que deveríamos ter agora mesmo?
- Estamos prontos para mudar a marcha e ter essa conversa neste instante?

Qualquer conversa de coaching que você tenha, precisa ser verdadeira e autêntica. Para facilitar isso, ambos o grupo e o coach de grupo precisam ser verdadeiros. Isso pode ser assustador. Pode ser desconfortável. Isso significa sair de trás de suas máscaras, seus papéis e maquiagem de Relações Públicas e ser sinceros uns com os outros, à medida que se diz o que realmente pensa. Quando a conversa se torna real, será intimista, focada em significados, revelando a verdade interna da pessoa e sendo responsável um pelo outro.

Algumas vezes, a conversa de coaching degenera para um mero bate-papo. O assunto muda de repente o que o grupo está fazendo para nada mais do que um agradável e prazeroso papo. E, uma vez que não é mais uma conversa sobre que o grupo precisa, será provavelmente uma evasão. O grupo poderia ter esta conversa em qualquer bar ou *pub*. A conversa deixou de estar focada no que é importante para o grupo, tornando-se apenas falas e os falantes estão escondidos atrás de seus papéis, metas e sociabilidade.

Quando for a hora ou for necessário mudar a conversa, faça o lançamento da

Metaconversa. À medida que você dá um passo atrás, tire um metamomento e reavalie a atual conversa para testar a qualidade, efetividade e autenticidade dela. Fazer isso muda a conversa. E quando a conversa muda, pessoas mudam, culturas mudam. Muitas vezes, o próprio problema com uma pessoa ou organização é *a conversa corrente* que ninguém parece ser capaz de mudar.

Pense nessa conversa como tirar um *metamomento.* Como um Metacoach de grupo, você é coach das estruturas invisíveis dos indivíduos e grupo que são mais elevadas (ou profundas) para o assunto. É por isso que somos coaches dos significados que direcionam as experiências, dos filmes internos na mente das pessoas, para classificações linguísticas, de metaprogramas, de pressuposições etc.

É por isso que o coaching facilita o processo de aprendizado e desaprendizado, de libertação, de prender e liberar, de sinergizar do significado com performance, de gratificar as necessidades apropriadamente até o topo das metanecessidades etc.

Quando você apresenta um metamomento, você propõe aos membros do grupo, dar um passo atrás da experiência imediata, facilitando a autoconsciência da experiência no momento. Isso pode tomar qualquer uma das seguintes formas:

- Vamos tirar um metamomento para notar o que está ocorrendo. Do que você está consciente nessa conversa? Como está indo em nos direcionar para, então, poderemos atingir o nosso resultado?
- Dando um passo atrás para esta conversa, em qual estado estamos, *como grupo*, nesse instante? Como chegamos a esse estado? Quais pensamentos e/ou gatilhos convidamos para esse estado? É um padrão comum para a gente como grupo? É nisso que deveríamos focar? Isso faria uma diferença transformadora?
- Se todos nós dermos um passo atrás do que estamos falando à respeito, do que estamos conscientes? Qual enquadramento ou enquadramentos estão interferindo com nossa efetividade como grupo?

Se o coaching de grupo é uma experiência criativa e inovadora projetada para capitalizar o potencial humano, então tirar um metamomento possibilita ao grupo tornar-se ciente da estrutura invisível que está dirigindo ou influenciando a experiência do grupo. Isso convida o grupo a adotar padrões colaborativos na experiência de coaching.

Calibre cada pessoa no grupo, à medida que convida a um minuto de silêncio para refletir sobre ideia, experiência ou comportamento. Então, convide a uma reflexão sobre a reflexão. Isso requer que o grupo diminua a velocidade e use o silêncio. Aqui, ir mais divagar permite que o grupo vá mais rápido. Então, podemos ir mais devagar com o pensamento do grupo, usando o silêncio e, portanto, dando a nós mesmos uma chance de realmente considerar algo, fazendo um giro em nossa mente e observando tudo sobre várias perspectivas.

9) A Conversa em Rodadas

O que é uma Conversa em "Rodadas"? Aqui você fixa alguns enquadramentos e orientações ou faz questões, convidando o grupo a ir dando *voltas no grupo* com cada pessoa dando a sua resposta. Essa é a conversa mais simples que um grupo pode ter e, de algumas formas, é uma pré-conversa porque não é muito uma conversa, no senso de diálogos, como é um modo de cada membro do grupo compartilhar abertamente sua perspectiva. Se um grupo cai em um padrão no qual poucas pessoas falam sempre e os outros se recostam para escutar, as Conversas de Rodadas podem interromper o padrão. Permitem que cada membro do grupo tenha sua vez, sem interrupção. Para estimular a rodada, use as seguintes elicitações:

- Vamos fazer uma rodada e ver o que cada um pensa sobre esta proposta.
- Para nos situar, vamos fazer uma rodada e ver quais são as experiências de cada um nessa área.

Em uma conversa de rodada, o coach do grupo vai precisar de monitoramento contínuo, permitindo que todos no grupo sejam escutados e que estejam prestando atenção. Mais frequentemente, esse é o desafio. Uma experiência comum em grupos é que os membros fiquem entediados. Então, eles não escutam respeitosamente quem quer que esteja falando.

Como coach do grupo você pode injetar Rodadas de Conversa quando você notar que quatro pessoas estão fazendo toda a comunicação e outros cinco estão apenas ouvindo.

> "Nós ouvimos Bog, Brandon, Lilly, e Cecília. Vamos, agora, terminar ouvindo os demais. Vamos começar com a Alexandra."

10) A Conversa de Resolução de Problema

Todo grupo que tem uma visão a perseguir e tarefas de performance para alcançar se encontra no negócio de resolução de problemas. Algumas vezes, de fato, esse é o propósito principal do grupo (ex: grupos de Pesquisa e Desenvolvimento, forças de tarefa especiais etc.). Portanto, essas conversas do grupo são o que definem o problema e trazem as soluções que mais efetivamente resolvem o problema. Se um grupo é habilidoso em fazer isto, as conversas serão altamente focadas no diálogo que tocam na inteligência coletiva do grupo. Se o grupo não é habilidoso em fazer isto, as conversas podem degenerar em argumentos, andando em círculos, conseguindo pouco ou nada.

Em consideração a esta conversa, há, na verdade, duas conversas ou dois estágios de conversa. Primeiro, vem a *conversa de definição do problema*.[6] Esta conversa é projetada para, clara e precisamente, definir o problema de modo que o grupo trabalhe em um problema real e não em um sintoma, uma charada, um paradoxo ou qualquer outra forma de pseudoproblema. Para isso, o grupo tem que conversar abertamente sobre o que eles querem dizer e como eles definem o problema. A melhor ferramenta que conheço para esse tipo de pensamento inevitável é o Metamodelo. Este é um modelo para a precisão na linguagem e especificidade em referência.[7]

Segundo é a *conversa de boa formulação de solução.* Esta conversa também tem muitos passos, dos primeiros com um brainstorming do vasto escopo de possibilidades e, então, de convergir àquelas que correspondem aos critérios de solução como determinado pelo grupo.

12) Conversa de Resolução de Conflito

Diferente da Conversa de Mediação, a Conversa de Resolução de Conflito não se trata de mediação, mas sobre possibilitar o grupo a aprender, experimentar e praticar a resolução de conflito. O alvo é que o grupo sozinho se torne habilidoso em lidar com conflitos futuros como uma parte normal do trabalho em conjunto.

Uma vez que uma disputa entre pessoas ou grupo teve início, as pessoas entram na batalha e usam seus métodos favoritos de luta. Todas essas táticas, porém, são disfuncionais. Elas apenas tornam a luta pelo poder pior, em vez de melhor. Elas não nos possibilitam ter uma conversa adulta ou saudável na qual exploremos as coisas procuremos entender as causas e contribuições de fatores e perceber as boas respostas. São projetadas para nos impedir de ter uma conversa aberta e autêntica uma vez que são projetadas para nos proteger e defender da realidade.

É por isso que elas, em longo prazo, nunca fazem as coisas funcionarem melhor.

Habilidades de resolução de conflito são avanços comunicacionais especialmente projetados para quando as pessoas estão chateadas, estressadas, receosas, raivosas ou em qualquer estado que torna difícil a comunicação clara, precisa e cuidadosa. Ainda, precisamos nos comunicar um com o outro e, muitas vezes, durante estados de tempestades emocionais. (Essas são as habilidades que vamos cobrir nos capítulos 20 e 21.)

A Arte do Coaching de Grupo

Como um coach de grupo, a primeira coisa que se deve ser capaz de distinguir é *que tipo de conversa o grupo está tendo e que tipo de conversa precisa ter*. Tudo somado, há doze tipos de Conversas de Coaching que o grupo pode ter. É importante que fiquemos cientes de que conversas estamos tendo atualmente e mudemos quando não estas não forem as mais apropriadas em um dado momento.

Notas Finais do Capítulo:

1. Veja o livro *Coaching Conversations* para descrição extensa dessas primeiras sete conversas de coaching.

2. Psycho-logics se refere ao tipo de "lógica" que nós humanos usamos, à medida que pensamos, raciocinamos, tiramos conclusões etc. Alfred Korzybski primeiro descreveu isto em *Science and Sanity* (1933, 1994) quando nós pegamos a palavra psicologia e psicólogo e colocamos um hífen nas palavras para criar *psico-logia* e *psico-logo*. Ele notou que nosso tipo de pensamento é pessoal e único, porque nós abstraímos algo para tirar alguma conclusão acerca das coisas. Quando estabelecemos um *frame* sobre um pensamento, este *frame* se torna o nível lógico que classifica ou categoriza este pensamento.

Quando você relaciona um estado a outro estado, você cria uma lógica interna "maluca" que surge de uma sobrecamada de uma lógica sobre a outra. Quando você *transcende* um estado (digamos, raiva ou alegria) para outro estado (digamos, calma ou respeito) *você estabelece um segundo estado como frame e o inclui na sua mente.* Isso cria uma "calma raivosa," alegria respeitosa, aprendizado alegre etc. Isso torna o primeiro estado um membro de classe do segundo.

Se você disser, "Mas isso não é lógico!" Você está certo. Não é. Ainda assim, é *psico-lógico*. Quando você se põe em um estado de raiva ou medo dentro de outro estado (calma, respeito, gentileza, coragem etc.), *você muda a lógica interna* do seu sistema nervoso. Quando você se coloca em um estado "lógico" relacionado a outro estado, então este estado está em um nível mais elevado em *relação* ao outro. Este *sobrerrelacionamento* estabelece uma nova "lógica." O nível lógico existe apenas na sua mente à medida que você cria categorias para seus pensamentos e emoções.

3. Tipos de pensamento – em PNL nós chamamos de "tipos de pensamento" o que nós podemos engajar em *"Metaprogramas."* Para um livro inteiro sobre isso veja, *Figuring Out People* (2005). Distorções Cognitivas são também uma lista de padrões de pensamento.

4. Para PNL e Neurossemântica, veja *Source Book of Magic* (1997) e *Source Book of Magic, Volume II.* O primeiro livro tem 77 padrões da PNL fundacional e o Volume II tem 143 padrões de Neurossemântica e de Metaestados.

5. Para mais sobre Conversas de Confrontação, nós temos um Modelo Confrontacional. Envie um e-mail para o autor para requerer uma copia gratuita em PDF para isso (em inglês).

6. Veja o manual de treinamento para *Despertar a Criatividade* na série de manuais de *Psicologia da Autorrealização*. Um Problema Bem-Formado foi antes criado por Martin Roberts em *Change Management com PNL* e atualizado em *Games Business Experts Play*.

7. Os livros originais de Metamodelo são fundados em *A Estrutura da Magia, Volumes I e II* (1975, 1976). *Magic DeMystified* (2012) republicou um livro do começo da PNL de Byron Lewis e Frank Pucelik, e *Communication Magic* (2001) é a descrição mais extensa do Metamodelo.

Capítulo 12

EMOÇÕES:

COMO OS GRUPOS LIDAM COM EMOÇÕES?

Proíba as emoções e "as pessoas se tornarão vazias, elas perderão suas almas."
Grinder and DeLozier (*Turtles,* p. 204)

"Em sua raiz, o primeiro trabalho da liderança é emocional."
Daniel Goleman, *Primal Leadership*

"... equipes têm sentimentos também."
Katzenbach & Smith, *The Wisdom of Teams*

Emoções podem e vão surgir nos grupos nos quais você faz coaching. Conte com isso! Emoções são consequências normais de seres humanos e resultam do fato de que nós damos significados às coisas. No fim das contas, isso que é uma emoção – a *expressão, a manifestação do sentido de significados.* Emoções quase inevitavelmente surgem no contexto de grupo porque nós somos seres sociais. De fato, quase nada é um maior potencial gerador de emoções do que colocar pessoas juntas em grupos ativando a dimensão social dos membros do grupo. Não apenas isso, mas quando você tem um grupo, você percebe o aumento de possibilidade de "contágio" de emoções. Isso porque, em grupos, emoções são, muitas vezes, altamente contagiantes. Yalom (1973) escreve:

> "Estar em um grupo, ou apenas na presença de outras pessoas, faz com que o indivíduo se comporte e pense de modo diverso de quando está sozinho." (p.496)

Capítulo 12 — Como os grupos lidam com emoções?

Facilitação Social é o fenômeno que ocorre quando as pessoas fazem performance de tarefas melhor quando estão na presença de outros do que quando estão sozinhas. Ao menos, isso funciona com tarefas simples em vez de complexas.

> "Para humanos, a presença de outras pessoas tende a aumentar sentimentos de competição e também concerne sobre ser avaliado. Pessoas tendem a interpretar virtualmente cada situação social como uma competição. (Yalom, p. 500)

Pesquisas demonstraram repetidamente que em contextos sociais, ao serem vistos por outros, as pessoas se distraem mais facilmente quando estão tentando aprender algo novo. Se a tarefa não for familiar se for difícil, então a motivação e a distração têm efeitos adversos de modo que a performance diminui. É em tais circunstâncias que experimentamos "ansiedade de performance."

Que emoções você pode esperar que estejam permeando o grupo? Todas elas! Nenhuma é excluída. Onde há seres humanos, haverá toda a vastidão de emoções. Dado que grupos proporcionam um forte contexto social, haverá especialmente emoções sociais. Algumas emoções experimentamos *quase exclusivamente com outros* e quase nunca quando estamos sozinhos.

Por exemplo, considere o ruborizar-se. Nós ruborizamos e sentimos vergonha quase que apenas na presença de outros que estão nos olhando ou pensamos que estão nos olhando. Quando sozinhos e a mesma coisa acontece, (descemos nossas calças, derramamos comida, arrotamos etc.) não ficamos vermelhos ou com vergonha. Passar vergonha depende de você achar que tem alguém te olhando! Não precisam estar olhando, você apenas tem que *pensar que estão olhando.* Mesmo com risada, nós rimos muito mais fácil quando há outras pessoas presentes. Isso é, em situações sociais, emoções são especialmente contagiantes.

Considere a lista a seguir de emoções sociais visto que estas geralmente envolvem outras pessoas e ocorrem quase intensamente em relação aos contextos.

__ Chateação	__ Raiva	__ Ansiedade
__ Apatia	__ Admiração	__ Antecipação
__ Tédio	__ Curiosidade	__ Compaixão
__ Desejo	__ Descontentamento	__ Desencorajamento
__ Depressão	__ Inveja	__ Empatia

__ Vergonha	__ Expectativa	__ Perdão
__ Medo	__ Frustração	__ Fascinação
__ Esperança	__ Insegurança	__ Ciúmes
__ Amor	__ Luxúria	__ Gargalhada
__ Aprendizado	__ Nervosismo	
__ Relaxamento	__ Paixão	__ Ressentimento
__ Vergonha	__ Surpresa	__ Estresse
__ Simpatia	__ Tristeza	__ Confiança
__ Timidez	__ Tensão	__ Imaginação

Em um grupo, os membros do grupo vão frequentemente experimentar as emoções de estresse – as emoções de medo e raiva. Eles vão experimentar fortes emoções acerca dos vários aspectos da vida em grupo – liderança, inclusão, participação, poder, tomada de decisão, distribuição de recursos, estabelecimento de status, papéis etc.

Emoções 101: Afinal, a que são as Emoções?

Fundamentalmente, uma emoção é a *diferença* entre seu mapa do mundo e sua verdadeira experiência no mundo. Essa diferença surge dos seus entendimentos, expectativas, crenças, valores e assim por diante. Há, também, o território no qual você experiencia algumas interações, à medida que você usa o seu mapa para navegar a vida.

Como os estados, as emoções *registram* seus significados em seu corpo (*soma*, pelo que são psicossomáticas) e, então, emoções é o *sentir* no seu corpo os seus significados (suas avaliações). Isso permite a você sentir a energia dos significados que você cria. Emoções, como sintomas de significados, são derivadas de como você interpreta as coisas.

Como tais, emoções são apenas emoções e, não, comandos, e elas, definitivamente, não são ordens infalíveis sobre o que fazer. Você gerencia bem suas emoções quando as aceita e usa como informações. Isso significa que você pode usar suas emoções, sendo estas sinais de seu sistema mente-corpo que provêm informação acerca do suas representações mentais sobre as coisas (seus significados e interpretações). O valor informal provê a você um sistema de energia de "vai" ou "pare", parecido com o de freio e aceleração do carro. Emoções dão informação sobre o que está sendo bem sucedido ou falhando em termos de navegação do mundo for a de sua própria pele.

Capítulo 12 – Como os grupos lidam com emoções?

Emoções são racionais e, até mesmo, lógicas. Ainda mais, elas são *lógicas* de uma forma bastante especial – são *psico-lógicas*. Porque emoções refletem seu pensamento, elas sempre estão *certas* – certas para as informações que elas refletem. Elas são, também, relativas àquela informação e, portanto, muitas vezes estão *erradas* – cognitivamente erradas em relação a fatos e eventos externos.

Eles são corretos para os mapas de onde vêm; são relativos e dependem dos padrões de pensamento e estilo que criam os mapas; e eles são, muitas vezes, errados devido às distorções cognitivas, que usamos quando os criamos.

A linha mestre é essa: há razão e poesia em suas emoções. São padrões de da sua forma de pensar e responder e, portanto, reflete seu estilo interpretativo. É por isso que suas emoções são, às vezes, apropriadas e, às vezes, inapropriadas. Apenas porque você sente algo, não faz disso algo apropriado para o contexto. Emoções podem ser apropriadas ou inapropriadas, dependendo do contexto. Uma emoção "datada" pode ser uma emoção apropriada para algum momento prévio ou evento, ao qual a estaríamos usando hoje se estivesse ocorrendo agora.

Emoções podem ser distorcidas e se tornar pontos infecciosos em sua personalidade. Essa emoção é distorcida? Nós distorcemos nossas emoções por meio de distorções cognitivas e fazendo meta-afirmações sobre estas com emoções e pensamentos negativos. Emoções distorcidas se mostram como vulnerabilidades, negócios não resolvidos, feridas mortais, supersensibilidade ou fragilidade, calos e tornar-se um refém emocional.

Emoções, como movimentos somáticos de seu corpo, os quais foram ativados por significados, não são bons, nem maus. São neutros. São energias em seu corpo que te movem para fora de onde você está, portanto, *[e(x)moção: ex–fora, e moção–movimento]*. Emoções são refletidas na postura do seu corpo, movimento, respiração etc. e essas respostas fisiológicas também desencadeiam suas emoções.

Pseudoemoções – Emoções que não são realmente Emoções

Há emoções primárias e, há emoções em camadas. Meramente, iniciar uma sentença com "Eu sinto..." e, então, adicionar julgamentos não faz disso, uma verdadeira "emoção." "Eu sinto que me julgam." "Eu sinto que sou medíocre."

"Eu sinto que sou derrotado, me sinto fracassado, feio, bonito, estúpido, me sinto um vencedor, triunfante, dominado, traído, bobo, como se fosse criança." Todas essas pseudoemoções vão te enganar para pensar que você está trabalhando com uma emoção, quando você não está.

Quando você relaciona uma emoção com outra (um estado com outro estado) você cria um *metaestado*. Esses estados complexos não são sentimentos primários no seu corpo, mas julgamentos e avaliações em sua mente.

São emoções secundárias são – metaemoções. Então, quando você escuta alguém dizendo "Eu me sinto sem poder algum" ou "Eu me sinto sem valor" você não está ouvindo uma emoção central. Quando uma pessoa fala dessa forma confusa, não está realmente falando sobre uma emoção, está falando sobre um julgamento.[1]

A Neurossemântica de Suas Emoções

Para fazer uma síntese, há sete coisas importantes para saber e perceber, à medida que você lida com emoções em grupos de coaching.

1) Emoções são significados sentidos que medem a diferença entre o mapa mental de uma pessoa e o território que pretende navegar. Elas sempre fazem sentido, em termos de significado – experiência de relacionamento.

2) Emoções são funções do corpo, como da mente. São respostas somáticas de como estamos dormindo, comendo, exercitando, saúde, doença etc.

3) Emoções são apenas emoções. Porque são medidas pela diferença supracitada e registram essa diferença no corpo (soma), são apenas emoções e nada mais. Não devem ser tratadas como mensagens divinas ou carregadas com significado demais.

4) Emoções são importantes como sinais de informação. As emoções nos movem; emoções nos fazem sentir vivos. Então, são importantes para nossa energia e vitalidade e, ainda, são apenas emoções. São derivações de nossos pensamentos.

5) Emoções não são destino ou comandos. Uma vez que você sente uma emoção – a reconheça e aceite como uma emoção, você pode decidir como responder a ela – você pode lhe dar ouvidos, ignorar ou lidar com ela depois.

6) Emoções precisam ter controle de qualidade para adquirir ecologia e realismo. Apenas porque você sente algo, isso não demanda uma ação. Emoções podem ser distorcidas e, até mesmo, pervertidas. O que você sente pode não ser externamente real, mas em sua maior parte, ou até mesmo inteiramente, pode ser meramente uma função de seu modo de se alimentar, dormir, exercitar, interpretar etc.

7) Emoções se tornam hábitos, ânimos e atitudes inconscientes. Quando uma emoção se torna um hábito, você vive tanto nela que perde consciência da existência dela. Agora faz parte do seu humor que você leva para toda parte – é sua atitude.

Emoções Comuns em Grupos

Quais são as emoções e estados emocionais que você vai comumente se defrontar como coach de grupo? Faça uma lista de cinco a sete emoções (ou estados emocionais) que mais comumente se encontra nas pessoas no grupo no qual você é coach.

- Quais são os estados que você teve de lidar com mais frequência?
- Você sabe como procurar, escutar e calibrar estados dos membros de seu grupo? [Segurança, confiança, respeito, apreciação, inspiração, esperança etc.]
- Como coach de grupo, o que os seus estados comunicam? [Paixão, persistência, energia, amor, frustração, irritação, falta de carinho etc.?]
- Quais são os estados que você quer induzir naqueles do grupo? Quais estados você vai trazer à tona para o bem verdadeiro? Faça uma lista deles.
- Há emoções que você tem como tabu ou proíbe em si mesmo?

O Cadinho de Emoções

Uma coisa engraçada e, talvez, estranha sobre emoções é que *grupos, na verdade, precisam de emoções.* Da mesma forma que grupos precisam de ideias inspiradas, tarefas desafiadoras e encontros confrontadores, grupos também precisam de emoções. Sem emoções, o grupo se torna estéril, desmotivador, tedioso e uma experiência indesejável. Grupos precisam de emoções para inspiração, tempestade, criatividade, motivação, conexão, aproximação, colaboração, inovação, compartilhamento etc. Na verdade, os estados emocionais de um grupo são indispensáveis se o grupo for se tornar uma equipe efetiva e de alta performance.

De fato, no início do século vinte, foi descoberto que um dos poderes mais peculiares dentro de um grupo é o poder de cura. Subsequentemente, grupos terapêuticos começaram a surgir com o direcionamento para o modo pelo qual as pessoas se magoaram e o modo pelo qual poderiam ser curadas em comunidades pequenas ou grupos.

Grupos, então, se tornaram uma ferramenta da psicoterapia, com formação dos grupos de terapia, grupos de autoajuda, grupos de AA, grupos de encontro etc.

"Gerenciando" Pessoas e Suas Emoções

Fazer um grupo crescer, ou movimentar um grupo para se tornar uma equipe, requer habilidades de gerenciamento altamente refinadas. Isso porque as pessoas não são tão facilmente gerenciáveis. Gerenciar coisas é mamão com açúcar. Coisas não resistem, não têm os seus sentimentos magoados, elas não "posam de duronas." As pessoas o fazem. Esse é o desafio. Lidar com pessoas que têm suas mentalidades, vozes, opiniões, atitudes, crenças, entendimentos, memórias e histórias, imaginações e futuros, objetivos, esperanças, sonhos, visões e valores etc. significa ter muitos e muitos fatores envolvidos.

Com as *coisas,* você pode ser frio, impessoal e até odioso, elas não vão notar. Com as coisas você pode forçar, demandar, ser insensível e isso não mina o teu gerenciamento delas. Mas trabalhar com pessoas é muito diferente. Pessoas notando os seus estados, atitudes e sentimentos respondem a essas coisas e usualmente as consideram como sendo tão importantes quanto as tarefas que têm em mãos. Com as pessoas você não pode se permitir ser tão orientado para a tarefa, algumas pessoas são tão direcionadas para a realização da tarefa que se tornam relacionalmente insensíveis. Ao fazer isso, você irá comprometer a sua efetividade ao longo. Quando você tem que trabalhar com pessoas e, por meio delas, seus estados internos e experiência é muito importante.

Então, uma grande parte do trabalho com pessoas reside no entendimento delas, se ajustar a elas, se correlacionar com suas vontades e necessidades, comunicando-se efetivamente e se relacionando com elas pessoalmente – como pessoa. Pessoas sempre e inevitavelmente vivem em suas matrizes únicas e subjetivas de realidade. Elas agem de acordo com seus mapas mentais. E se nós, as pessoas, procuramos nos relacionar e nos comunicar com diferentes realidades, então, nós temos que buscar entendê-las.

Desenvolvimento e entendimento das pessoas – o que elas querem, precisam, como elas trabalham e funcionam em relação aos demais. Isso necessita de um entendimento psicológico de seus processos internos *psico-lógicos*. (Capítulo 6).

De Inteligência Emocional para Inteligência Social

Assim como, com indivíduos, no papel de coach de grupo, você irá precisar de inteligência emocional com o grupo. E, neste nível, você pode chamá-la de *inteligência social*. Com indivíduos, QE significa as seguintes quatro distinções:

1) Consciência emocional (conhecimento, entendimento de emoções)

Em qual estado você está? Como você sabe?

2) Monitoramento emocional (observar, habilidade de se motivar)

Quanto você tem este estado? Como monitorar quando você está nesse estado?

3) Gerenciamento emocional (controle, regulação de emoções)

Como você regula este estado? Como mais?

4) Conexão emocional ou relacionamento (empatia, conexão, comunicação, resolução de conflitos)

Quando usar este estado? Como usá-lo?

Fazendo Coaching das Emoções do Grupo

Como você, como coach de grupo, lida com as emoções que inevitavelmente surgem em grupo? As habilidades seguintes irão ajudar a você desenvolver suas aptidões nessa área. Afinal, o elemento do sentimento está sempre presente quando se trata de seres humanos. Os desafios interpessoais ais verdadeiramente (negociação de paz, assuntos trabalhistas, divórcios) tem a ver principalmente com sentimentos, medos, inseguranças e rigidez. Então, discuta abertamente sentimentos pessoais e os medos por trás das coisas rígidas de cada pessoa.

1) Aceite emoções como emoções.

Lembre-se, elas são emoções, não verdade absoluta, não comandos. Dê boas-vindas às emoções, até mesmo, as abrace. Mas são apenas expressões do processo de construção de significados de uma pessoa. Não lhes dê muita importância, mas também não faça pouco caso delas.

Consciência libera emoções e, até mesmo, sentimentos reprimidos. Esse é o motivo pelo qual o velho psicólogo disse: "Consciência é cura *per se*". Quanto mais as emoções são reprimidas, menos livre, aberto e expressivo é o pensamento de uma pessoa. Repressão de sentimentos confunde a mente e reduz a completude do escopo de inteligência e criatividade. Clareza de pensamento requer a habilidade de enfrentar a realidade como ela é, sem fingimento ou alucinação. Mas repressão afasta a pessoa da realidade e as convida a usar distorções cognitivas.

2) Distinga pessoa de emoções.

As emoções são respostas legítimas do mapa mental das pessoas e das experiências das pessoas no mundo. Não há nada errado com as emoções, *enquanto emoção*, mas elas também não são a pessoa. A pessoa é mais do que – e diferente da – emoção.

É importante não confundir a pessoa com a emoção. A emoção é apenas isso – um movimento somática (e-*moção*), procurando ser expressa.

3) Espere um contágio emocional no grupo.

Em um grupo emoções parecem ser especialmente amplificadas. Nós podemos chamar isso de "contágio emocional" – um fenômeno bem documentado. Isso se refere a como as emoções podem se espalhar de uma pessoa a outra de forma que nós automaticamente começamos a experienciar emoções mesmo quando nós não as criamos. Raiva, medo, depressão estão entre as emoções mais contagiosas, mas alegria e riso também podem ser contagiantes.

Algo fascinante ocorre em relação às emoções em grupos – em grupos, emoções podem se tornar particularmente *contagiosas.* Isso ocorre quando alguém se torna particularmente emocional e experimenta uma emoção muito forte, seja de humor, seja de medo e ansiedade, dúvida e raiva – em um grupo essa emoção intensa pode se espalhar para os outros de maneira que, similar a um vírus, possam ser contagiosas.

Por que isso ocorre? Como funciona? Isso se dá em função da presença de neurônios espelhos em seu cérebro. Devido a esses neurônios, quando alguém se move, age ou se emociona, nossa neurologia literalmente nos prepara para imitar as emoções, as quais nos capacitam a sentir com elas. Daniel Goleman escreve o seguinte sobre dos neurônios espelho:

> "[Neurônios espelho] ... reflete uma ação que nós observamos em outra pessoa, nos fazendo imitar ou ter o impulso de fazê-lo."
>
> "Neurônios espelho fazem as emoções serem contagiantes, deixando que os sentimentos que testemunhamos fluam através da gente, nos ajudando a sincronizar e seguir o que está ocorrendo. Nós sentimos os outros em um senso maior de mundo: percebendo seus sentimentos, seus movimentos, suas sensações, suas emoções, à medida que agem dentro de nós." (2006, *Social Intelligence*, p. 41, 42)

Isso é ótimo quando as emoções que foram experimentadas e compartilhadas no grupo foram as de compaixão, humor divertido e risada etc. Mas pode se tornar um desafio arrepiante para o grupo, como grupo e para sua efetividade quando as emoções experimentadas e compartilhadas foram aquelas de medo, ansiedade, dúvida, raiva, ressentimento, ódio etc.

4) *Explore a emoção abertamente com empatia.*

Comece com uma curiosidade inocente que fica a se pergunta, realmente a ponderar De onde vem a emoção? Como a pessoa está criando a emoção agora mesmo?

Quais são os *frames* interpretativos que a constroem? Quais são as distorções cognitivas?

Como você irá lidar com as emoções do grupo sob as condições de:

Complexidade – Pois, neste caso, haverá confusão, ansiedade, estresse ansiedade, sobrecarga etc.

Imprevisibilidade – Pois, neste caso, haverá insegurança, sentimento de perda de controle, receio, apreensão etc.

Turbulência – Pois, neste caso, haverá estresse, ansiedade, medo, desapontamento, depressão.

Por meio de autoconsciência, nós somos capazes de manter uma instância reflexiva e de monitorar nosso próprio estado emocional. Nós conseguimos dar nome a eles e, então, escolher se podemos agir a respeito. Primeiro reconheça quando uma emoção difícil aparecer (da amígdala do seu cérebro), então envie uma mensagem dessa emoção para o seu nível mais elevado de raciocínio, de modo que este possa entrar no jogo (córtex).

5) Permita à pessoa ventilar ou desarme a emoção.

Emoções são expressões de energia que revelam e manifestam um significado. Deixe que a pessoa chore, fique com raiva, mostre ansiedade etc. Isso é apropriado especialmente para emoções de estresse. "Estresse" é uma experiência que é ativada pela ameaça ou perigo e por sobrecarregamento. Ambas experiências irão ativar o senso de estresse e, quando uma pessoa atinge seu limite, experimenta, então, medo ou raiva, ou ainda, uma combinação de ambos.

O problema com o sobrecarregamento do estresse é que o estresse reduz a habilidade de pensar claramente. Estresse é um assassino de aprendizado. Quanto mais alto o estresse, mais tendemos a regredir e voltar aos padrões de pensamento da infância. Então, o pensamento se contamina por distorções cognitivas. Nós pensamos melhor se nós não estamos nos sentindo violados, atacados ou sobrecarregados.

Goleman (2006) também notou que "quanto maior nosso estresse, menos seremos capazes de sentir empatia" (p. 54). Isso se dá porque o circuito da amígdala segue em um impulso e o hipocampo se torna desparelhado por conta de cortisol demais e, então, não aprende bem, generalizando o sentimento de medo.

Como coach de grupo, sempre convide os membros a medirem seu nível de estresse. De 0 a 10, quanto estresse você está experimentando nesse momento? A boa notícia é que, ao diminuir a velocidade de suas reações e dar uma chance a você de respirar, de pensar, de refletir, você pode com que deixar níveis mais elevados de seu cérebro (suas áreas pré-frontais) governem os níveis mais baixos (a amígdala). Isso te dá a habilidade de gerenciar suas emoções. Goleman descreve isso como "nós usamos a autoestrada para fazer a reengenharia da baixa estrada" (p. 79).

Quando você estiver com um grupo, comece a mostrar que a motivação humana para explorar depende da sensação da segurança. Quanto mais seguras e a salvo as pessoas se sentem em seus centros, mais capazes serão de se abrirem à exploração do território desconhecido à sua frente.

A Arte do Coaching de Grupo

Como coach de grupo você será o coach de suas emoções. É sua responsabilidade despertar os melhores estados emocionais e abraçar abertamente as emoções presentes para lidar com elas efetivamente.

Como coach de grupo, tenha metamomentos para observar as emoções no grupo: Qual é o tom no grupo? É positivo ou negativo demais? Todas as emoções são permitidas? Você é capaz de lidar com ambos e, à propósito, explorar tanto problema, quanto fato, com os membros do grupo?

Notas Finais do Capítulo:

1. Veja *Meta-States: Managing the higher levels of the mind* (2007) ou AGP (Acessando o Gênio Pessoal)(que está agora na Amazon como produto Kindle – APG, Accessing Personal Genius ou em treinamento disponível no Brasil). Veja também o manual de treinamento, Emotional Mastery.

Capítulo 13

APRENDIZAGEM:

COMO OS GRUPOS APRENDEM?

"A busca da certeza bloqueia a busca por significado. A aceitação da incerteza é uma condição primordial que impele o homem a revelar seus poderes."
Erich Fromm

Um grupo aprende? Indivíduos aprendem, mas é claro que cada pessoa tem um cérebro que é projetado para aprender. Mas como um grupo de pessoas aprende? Teria o grupo um "cérebro?" Pode um grupo de pessoas ter uma *mentalidade* sobre as coisas? Uma postura? Uma perspectiva? Pode um grupo formular um entendimento, meta, visão etc. e representá-las?

A resposta é sim. Grupos podem aprender e, sim, "grupos" como pessoas encontrando-se-juntas pode desenvolver *uma mente singular* de valores, significados, visões, estratégias etc. Quando isso ocorre, então, surge um entendimento compartilhado, visão, valores, missão etc., do mesmo modo, *nós*, como um grupo, *pensamos*. Ainda assim, como?

A chave para um grupo se tornar um grupo efetivo de aprendizagem, um grupo que aprende e cresce se desenvolvendo – *requer um novo tipo de aprendizado*. Este novo tipo de aprendizado é a habilidade e a arte de apender junto, é *aprendizagem coletiva*.

- Podemos aprender um com o outro?
- Como podemos, como um grupo, aprender a escutar o outro e estar aberto, até mesmo, às ideias malucas e irracionais dos demais
- Podemos aprender juntos, de modo que sejamos mais inteligentes do que apenas um de nós?

Capítulo 13 – Como os grupos aprendem?

Um dos modelos mais usados para descrever o aprendizado de adultos é o modelo de David Kolb para o Ciclo de Aprendizagem Vivencial de Kolb.[1] Este ciclo contínuo também pode ser usado para descrever como o aprendizado pode ser desenvolvido e transferido dentro de um grupo. Há quatro estágios como ilustra a *Figura 13:1*.

1) *Uma Experiência Concreta:* Fazer, agir ou sentir algo.

2) *Observação Reflexiva:* Assistir, observar e refletir sobre a experiência. O que ocorreu?

3) *Conceitualizar, concluir, abstrair*: Formular conceitos, generalizações e princípios de uma observação reflexiva. O que eu (ou nós) aprendemos e quais as nossas reflexões?

4) *Planejar e experimentar ativamente:* Testar implicações de conceitos para transferir a novas situações. O que eu (ou nós) farei agora que eu (nós) sei disso?

Ainda, há mais. Para experienciar um evento concreto, a pessoa deve dar um passo para trás para refletir e assistir em retrospectiva, com intuito de ver e observar mais. Isso é *divergir*. Isso, agora, dá força para assimilação – tirar conclusões, interpretar, construir significados, computar o que isso tudo significa. Então, com este senso enriquecido de significado, pode-se *convergir o* foco para experimentar e testar a sua hipótese. O próximo processo é *acomodar,* à medida que se parte deste resultado ao voltar a fazer a experiência.

Para o próximo desenvolvimento do Ciclo de Aprendizado de Kolb, Tim Goodenough, um PCMC (Professional Certified Meta-Coach), Trainer em Neurossemântica e autor, projetou um modelo Meta-Kolb.[2] Refere-se a dar um passo atrás dos quatro estágios de aprendizagem que já foram gerados. Tim nota isso:

> "Nenhum aprendizado é igual. Agora, com o Modelo Meta-Kolb nós conseguimos identificar onde estão as falhas de aprendizado e como saná--las."

Isto implica em fazer uma série de questões sobre cada um dos processos de aprendizagem. E, quando nós fazemos isso, entramos na verdade em um ciclo duplo de aprendizagem. Para isso, pegue os meta-níveis (crenças, valores, identidade, permissão, memória, imaginação, decisão, intenção etc.) e tranforme-os em meta-perguntas que você poderá usar para cada estágio e para cada processo.

Figura 13:1

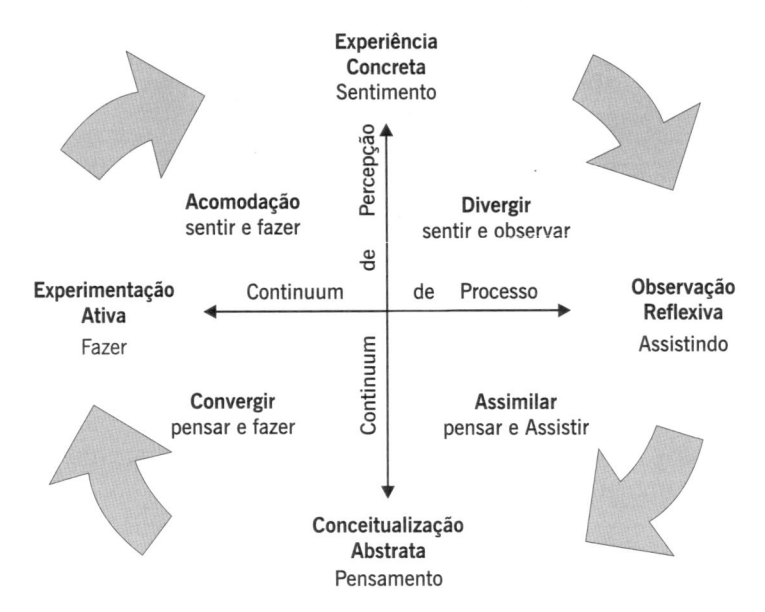

```
                    Experiência
                    Concreta
                    Sentimento
                         ↑
         Acomodação   Percepção   Divergir
         sentir e fazer    de     sentir e observar

Experimentação   Continuum  de  Processo   Observação
    Ativa      ←————————————————————————→   Reflexiva
    Fazer                                   Assistindo

         Convergir   Continuum   Assimilar
         pensar e fazer          pensar e Assistir
                         ↓
                    Conceitualização
                    Abstrata
                    Pensamento
```

Idealmente, dez pessoas espertas em um grupo aumentariam a inteligência do grupo. Idealmente, um grupo deveria ser capaz de aprender junto e de reter um maior potencial para descobrir soluções criativas para os problemas, mais do que qualquer um dos dez indivíduos sozinho. Um grupo de aprendizado deve ser capaz de dar um salto para frente e agarrar as oportunidades mais rápido do que os grupos de pouca iniciativa e os menos alinhados conseguem. Um grupo deve ser capaz de fazer isso mas muitos, ainda, talvez a maioria, falha em fazer isso. Falham em liberar os potenciais de aprendizado coletivo.

O *aprendizado coletivo* se difere do aprendizado individual. Aprendizado em grupo utiliza e transcende o tipo de aprendizado característico do indivíduo e como ele funciona. O aprendizado de grupo utiliza alguns fatores como input de informação, abertura à esta informação, disposição de jogar com novas ideias, de abraçar o que ainda não é conhecido e de abraçar a incerteza, o pensamento sobre as consequências de uma ideia etc. Peter Senge (1990) descreve o objetivo geral do aprendizado coletivo:

> "Aprendizado de equipe é um processo de alinhamento e desenvolvimento da capacidade de uma equipe de criar os resultados que seus membros realmente desejam." (p. 236)

Figura 13:2

Modelo Meta-Kolb

Aprendizado de Grupo

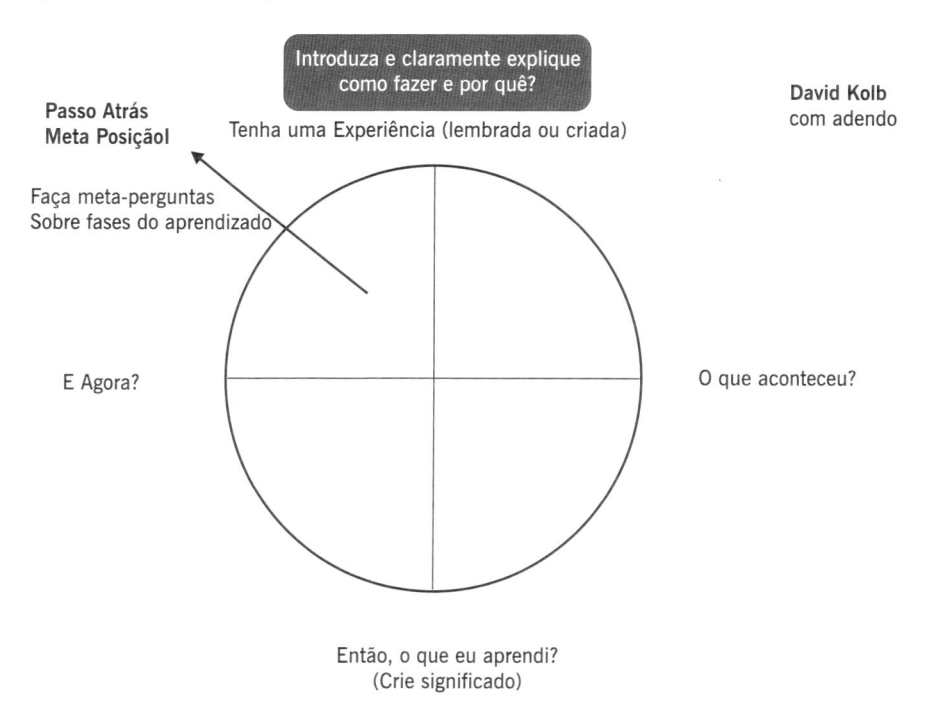

```
                    Introduza e claramente explique
                     como fazer e por quê?
   Passo Atrás                                              David Kolb
   Meta Posiçãol    Tenha uma Experiência (lembrada ou criada)   com adendo

   Faça meta-perguntas
   Sobre fases do aprendizado



      E Agora?                                          O que aconteceu?




                        Então, o que eu aprendi?
                          (Crie significado)
```

Sobre inteligência coletiva, Sabine K. Henrichfreise, em *The Routledge Companion to International Business Coaching* (2009), escreve:

> "No início da humanidade havia a inteligência coletiva... Nossa capacidade genuína de coletivamente criar o nosso futuro. Nós a perdemos provavelmente em nossa Evolução humana e agora estamos buscando redescobrir o seu gênio de novo." (p. 105)

Francois Noubel define inteligência coletiva como:

> "... a capacidade de um grupo de pessoas em colaborar de modo a formular seu futuro e de transformar isso em um contexto complexo." (p. 105)

O que se requer para um grupo efetivamente aprender junto? Para um grupo dominar as habilidades de *aprendizado de grupo,* o grupo tem que ser capaz de fazer o seguinte:

1) Pensar e produzir intenções juntos

2) Falar juntos em grupo

3) Abraçar incerteza juntos

4) Segurar o fechamento

5) Sondar Enganos e Erros juntos

6) Dar um passo atrás para explorar

7) Sintetizar juntos

1) Pensando Junto como um Grupo

Aprendizado de grupo também vai além do aprendizado individual, neste se requer um ajuste de mentalidade inteiramente diferente. Diferentemente do indivíduo que consegue e pode *pensar* silenciosamente e de forma privada nos recessos da mente, o pensamento/aprendizado que ocorre no grupo ocorre *aberta e publicamente*, e isso torna o aprendizado coletivo barulhento, confuso, caótico e selvagem. Em um grupo, o aprendizado ocorre em um diálogo aberto, como mentes individuais, contribuem com ideias em uma reunião que o grupo, como um todo, pode considerar jogar com, transformar em, tirar novas ideias para etc. É confuso.

É por isso que, em aprendizado em grupo, nós geralmente temos que introduzir alguns novos *frames,* orientações e algumas novas técnicas de modo que nós possamos colocar algumas novas ideias e deixá-las para que as outras mentes do grupo "brinquem com" elas. Isso é, ao mesmo tempo, entusiasmante e amedrontador.

Por que é assim? Porque a maioria de nós trata nossas ideias como "nossos bebês" e nós não queremos ninguém mais brincando com ideias que nós concebemos e demos à luz. Elas são nossos "bebês." Nós não queremos que nossas ideias sejam criticadas, avaliadas ou rejeitadas. Ainda, se nós pensamos nas nossas ideias como "nossas", que nós somos seus "donos," não espanta que tomemos isso como pessoal!

Uma vez que um grupo pensa e aprende em um modo aberto, público e barulhento – isso requer que o grupo se ajuste a este estranho ambiente. Nós temos que aprender a ser menos protetores com nossas ideias, mais abertos para jogar com ideias, sermos capazes de não personalizarmos forte o suficiente (força de ego) para sermos abertos e vulneráveis com ideias frágeis que formam bolhas dentro de nós, e de sermos compreensivos e apoiadores de ideias frágeis que formam bolhas nos outros.

1) *Ponha todas as cartas na mesa.*

Um *frame* para facilitar esse tipo de aprendizado é que nós estamos apenas brincando com ideias. Nós não estamos tomando decisões finais. A técnica para facilitar este tipo de aprendizagem é *colocar tudo para fora abertamente*. Então, nós expedimos o mandado: coloque tudo sobre a mesa. À medida que você faz isso, encoraje o pensamento divergente, enquanto o grupo faz brainstorm. À medida que as ideias divergem desse modo ou de outro, dê boas-vindas a todas elas, até mesmo os pensamentos que tentam escapar do assunto.

Aprendendo Juntos como um Grupo
1) Pensar e intencionar juntos
2) Falar junto em grupo
3) Abraçar incerteza juntos
4) Postergar o fechamento
5) Sondar Enganos e Erros juntos
6) Dar um passo atrás para Explorar
7) Sintetizar juntos

2) *Encoraje um sistema de pensamento.*

Outro *frame* para pensamento e aprendizado de grupo é o *pensamento sistêmico* – pensando no todo. Essa habilidade de aprender como pensar, aprender sistemicamente significa aprendizado para ver relações de interdependência, causa-efeito-causa. Comece com a aceitação da complexidade de interações em um sistema e não espere que ou demande que as coisas sejam simples. Em interações humanas, elas nunca o são. Pessoas não são simples. Aprender, pensar e agir sistematicamente também implica descobrir que geralmente as maiores alavancagens de intervenções são paradoxais e contraintuitivas. A técnica para isso é encorajar o desenho de diagramas para seguir uma experiência em volta do circuito.

3) *Faça frame do tipo "apenas falando."*

Um passo no aprendizado sobre como escutar ativamente os outros no grupo requer a suspensão de pressuposições e posicionamentos. O *frame* que deve ser estabelecido é estamos "apenas conversando e escutando", visando o encontro e criação da melhor ideia. A fala não significa que esta seja a nossa última ideia acerca do assunto. Isso não significa que "Este é o meu comprometimento com o assunto." Isso não significa ação, "Isso é o que eu irei fazer." Isso não quer dizer nada disso. Isso não nos compromete a fazer nada em particular. Estamos apenas pensando alto para aprender.

4) *Encoraje diferenças.*

Outro *frame* para aprendizado de grupo é: *Encorajar as diferenças* nos possibilita liberar mais possibilidades. Isso é um grande antídoto para um dos nossos maiores problemas que impedem o aprendizado em grupo. Afinal de contas, o que impede o aprendizado coletivo eficiente em um grupo? O *Pensamento de grupo.* Isso ocorre quando um grupo experimenta muita pressão para conformidade, familiaridade demais e alinhamento, bem como a proibição de discordar ou estar em desacordo. Quando todos estes fatores se juntam, há um grande perigo que o grupo caia no *pensamento de grupo.*

O surgimento de uma *mentalidade de grupo* tipicamente indica que há muito pouca diversidade e há foco demais na uniformidade. Isso ocorre quando o status no grupo depende demais de estar em acordo com aqueles no poder. Onde o status é proximamente ligado às recompensas e reconhecimento do grupo, o pensamento de grupo surge. E, quando o pensamento de grupo surge, as pessoas censuram si mesmas, evitam a dissidência.

Isso leva a uma consequência ainda pior: Nós ficamos sérios. O próximo resultado é a degeneração do pensamento crítico e a conformação àqueles com status para formar opinião.

Não é de se estranhar que o coaching inerentemente encoraja as diferenças, encoraja a descombinação, abraça o ceticismo no grupo e da a eles a chance de identificar todas as coisas que poderiam dar errado com as ideias e planos. Obviamente, isso não trará paz, isso tornará o grupo mais robusto e democrático.

5) *Torne seu pensamento explícito.*

Estas habilidades únicas surgem da capacidade de dar um passo atrás de nós mesmos para um meta-comentário. Apenas, então, poderemos perguntar: Como você está pensando? Qual linha de raciocínio você está usando para chegar a essas conclusões? Leve-me pelo processo de como você chegou a esta perspectiva. O que você está assumindo ser capaz para conseguir chegar a esta conclusão?

2) Dialogando Abertamente Juntos

Quando se trata de aprendizado de grupo, *diálogo é o método do grupo de aprendizado coletivo*. Para entender o que isso significa, dê uma olhada microscópica na própria palavra *diálogo*. O termo literalmente indica que "significado" (*logos*) é "fluir através" (*dia*, "através") da conversa nas quais as pessoas se envolvem.

Isso fala sobre um *tipo muito diferente de conversa* à qual nós tipicamente nos referimos quando falamos sobre conversas. A diferença reside em *como deixamos que os significados fluam por nós*. Isso requer uma disposição para *deixar* a conversa fluir, não precisar arrumar nada, não categorizar as coisas, não temer o que pode acontecer e não necessitar controlar a direção da conversa. Em vez disso, nós permanecemos em estado de exploração e questionamento. Isso também requer uma disposição para deixar que os significados com os quais não concordamos fluam através de nós, de modo que consideremos e não os cortemos antes de escutá-los – com uma escuta decente e respeitosa.

No coaching um-a-um, o significado flui *através* e *entre* o coach e cliente, à medida que eles exploram, interagem e buscam entender o mapa mental do cliente. No coaching de grupo, o significado flui através e entre os membros do grupo, à medida que eles falam alto sobre seus significados individuais e compartilhados. Então, no diálogo, nós procuramos *o fluxo livre de significados*, de diferentes entendimentos, definições, de crenças conflitantes e ideias motivadoras por meio do grupo. Isso é essencial para o pensamento criativo e efetivo de resolução de problema.

A meta do diálogo é o *aprendizado coletivo*. Aprender requer que nós exploremos a nossa ignorância, encontremos nossas crenças errôneas e mostremos nossas pressuposições. Precisamos descobrir tudo isso sozinhos. Neste ponto, devemos fazer perguntas que inspirem o aprendizado e a descoberta. Inspirar novos "aprendizados," e "pensamento" é essencial. A maneira de fazer isso é o método socrático, no qual as pessoas no grupo examinam a si mesmas.

Em um diálogo como este, é valioso manter uma gravação da jornada que o grupo está experimentando. Para isso, esteja com caderno de anotação em mãos ou, talvez, tenha alguém designado como escriba para manter notas do que é dito, alguém que apresente as ideias chave e mostre para onde a conversa vai.

Werner Heisenberg, que criou o Princípio da Incerteza na física, argumentou que a "Ciência tem raiz nas conversas." Ele relembrou suas próprias conversas ao longo de uma vida com Einstein e Bohr e outros que remodelaram a física. Ele argumentou que estas conversas tocaram em um aprendizado colaborativo desses catedráticos e produziram mais insights do que cada um poderia ter criado sozinho. Outro físico,

David Bohm, um teórico quântico, disse que é o diálogo que possibilita um grupo a se tornar "aberto ao fluxo de uma inteligência maior." O poder do diálogo reside na habilidade em facilitar a sinergia entre as pessoas.

Discussões muito comumente se degeneram para um tipo de conversa de leva e trás, bate-e-volta, na qual as pessoas jogam ideias para lá e para cá, com o propósito de "vencer" o debate, em vez de possibilitarem o surgimento de novos pensamentos. A conversa ping-pong em grupos é o debate e argumentação. O que cada pessoa mira em falar é fortalecer seu próprio posicionamento e ponto de vista.

Diálogo verdadeiro envolve estado, intenção e atitude bem diferentes. Requer uma curiosidade e fascinação para o que pode emergir do modo que ideias e pensamentos fluam através das pessoas. A atitude não é a de *ganhar*, é a de *estar no momento* para possibilidades emergentes. Se há qualquer pensamento de ganhar, este será focado no ganho do grupo. Este pensamento colaborativo requer abertura, confiança e disposição para abraçar a incerteza.

O diálogo também requer um metamomento, dar um passo atrás e se tornar ciente de como nosso pensamento e pressuposição inconsciente, talvez, possam impedir o surgimento de novos insights. Esta meta-consciência do nosso próprio pensamento e pressuposição permite que nós examinemos nossas premissas de que nós estamos operando a partir de uma visão, a qual podemos alterar, se precisarmos. Fazer isto em um grupo requer um nível mais elevado de força-de-ego e a separação da pessoa do pensamento, você é mais do que seus pensamentos.[3]

Quando você está em conflito, é nossos *frames* (pensamentos) que estão em conflito. Separar nós mesmos de nossos pensamentos, raciocínio e *frames*, nos capacita a fazer controle de qualidade deles. Isso também nos possibilita a verdadeiramente jogar com novas ideias, examiná-las, virá-las em nossas mentes e observá-las de outra perspectiva e não nos tornarmos deveras sérios acerca delas.

3) Abracem a Incerteza Juntos

Este passo de abraçar a incerteza talvez possa parecer estranho e contraintuitivo, então, para ajustar, deixe-me voltar um pouco atrás para considerarmos o que o aprendizado realmente é. O que é aprender? Quando e sob quais condições você precisa aprender algo? Não seria quando você está em uma situação na qual você não *sabe* algo? Se você já sabe isso, o que há ainda a aprender? Bem, a resposta é "Nada." Então, aprendizado é necessário e ocorre da incerteza sobre o que está acontecendo e o que fazer, da ambiguidade em, até mesmo, definir a realidade atual.

Se é isso que é *aprender* e o onde e quando é necessário, então o contexto que pede por aprendizado é quando você e eu somos ignorantes, confusos, sem direção, defensivos, internamente confusos etc., Oh, alegria! Agora, não é este um lugar divertido para se estar? De fato, quando se trata desses contextos – Como você se sente? Quando você está neste tipo de estado mental, quais estados emocionais você experimenta?

Se você é como a maioria de nós humanos, você não está no melhor estado para aprender. Está? Você está aberto, leve, entusiasmado, curioso, maravilhado e relaxado? Provavelmente não. Eu não estou! E, assim com com a maioria dos grupos – a maioria dos grupos também *não* está, nem como indivíduos ou como grupo, justamente nos momentos que o grupo mais precisa aprender. De fato, não apenas *não* estamos nos melhores estados, estamos geralmente em um dos piores estados o que, na verdade, mina o aprendizado! Então, o que o grupo pode fazer? O que o coach de grupo deve fazer?

A resposta é óbvia, não é? A resposta é convidar, evocar, elicitar, facilitar o melhor estado de aprendizagem no grupo, neste contexto. É convidar a uma consciência de que *este* é um contexto de aprendizagem. E isto é contraintuitivo. O melhor estado de aprendizagem envolve estar okay com o não-saber, aceitar confusão, abraçar ambiguidade e explorar curiosamente os problemas e conflitos. Paradoxal, certo?

O fato é que a maioria dos grupos, tipicamente, tem pouca tolerância para estas experiências e para as frustrações que surgem da incerteza, confusão e ambiguidade. *Ainda, se o grupo tiver que aprender, então precisamos considerar o que não sabemos*. Temos que abraçar a incerteza e as frustrações emocionais (estresse, tensão, desagrado) que vêm com isso. Temos que abraçar até os nossos erros e enganos para ver como estamos perdidos.

Se a intolerância do grupo à incerteza e confusão é baixa, então o aprendizado coletivo também será baixo. É aqui que muitos coaches de grupo erram. Eles usam a tática de facilitação, a qual é desenhada para remover a frustração do grupo. Ainda, ao fazê-lo, eles paradoxalmente diminuem a capacidade do grupo de aprender. Então, não faça isso! O que é necessário não é a eliminação da frustração, é a habilidade de aceitar, abraçar e curiosamente entrar no que gera a frustração para o propósito de aprendizado conjunto. O que o grupo precisa fazer neste ponto é o que um autor descreve como "disposição para praticamente mergulhar na incerteza." (Annette Simmons, 1999, p. 11). Criatividade e resolução de problema começa com um despertar de perplexidade.

4) Postergue o Fechamento

Então o problema que o líder do grupo tem que endereçar é a tendência que maioria dos grupos tem de correr para o consenso, para a atividade, para o fechamento.

Membros do grupo vão sentir (e de vez em quando dizer), "Vamos fazer alguma coisa!" Esta é uma grande pista de que os membros estão sentindo um alto grau de frustração e querem resolver *este* problema, em vez de abraçar o desafio.

A verdade é que, para aprender, o grupo vai precisar de tempo para pensar, de amadurecer ideias e fatos que estão confusos, sem direcionamento, ambíguos etc.

Annette Simmons (1999) em *A Safe Place for Dangerous Truths* escreve:

> "Quando um grupo é impulsivo e corre para um acordo/ação, ele arrisca com erros evitáveis e consequências previsíveis. A velocidade do local de trabalho acelerou o ponto no qual percepções de urgência tiranizam os grupos para tratarem todas as decisões como urgências. Quando isso ocorre, grupos se arriscam a más decisões e falham a aprender com experiências passadas." (p. 11)

Para diminuir a ansiedade da busca para o fechamento e a ânsia de fazer algo, nós temos que fazer algo mais que é contraintuitivo – nós temos que *abraçar a inação*. Nós temos que valorizar e apreciar a importância da reflexão, enquanto damos a nós mesmos tempo e espaço para explorar atentamente algo.

Isso é o que aprendemos, como grupo, nosso tipo especial de consciência humana, nossa autorreflexão, de modo que nós podemos nos engajar no pensamento reflexivo. No Meta-Coaching, nós chamamos estes momentos de – Metamomentos (os quais cobrimos no capítulo 11 e vamos cobrir de novo no capítulo 18 em *Habilidades de Coaching*).

5) Sondando Erros Juntos

Erros são apenas isso – erros. E todos nós os cometemos. Nós os cometemos todos os dias. Perceber isso nos ajuda no processo de aprendizagem, para o processo de tentativa-e-erro, enquanto podemos ampliar insights e mudanças. Agora, nós podemos engajar em uma análise pós-evento abertamente e, até mesmo, entusiasmadamente procurando pelos erros de modo que nós não precisemos cometê-los uma segunda vez. Este é o *frame*: Agora você sabe o que *não* fazer.

Depois de um evento que saiu como nós esperávamos, ou não, nós podemos engajar em uma revisão pós-evento, fazendo algumas perguntas, como as seguintes para ampliar o aprendizado.

- O que era pra ter acontecido?
- O que aconteceu?
- O que não aconteceu?
- Por que nós tivemos esses resultados?
- O que nós faremos agora?
- Quais recursos nós temos? De quais recursos nós precisamos?

É aqui "no trabalho" e na experiência que melhor aprendemos. Entretanto, para aprender com uma experiência, nós temos que dar um passo atrás e refletir.

Agora, nós podemos perguntar a nós mesmos e um ao outro:

- O que nós aprendemos?
- Estamos aprendendo com nossos erros?
- Tem algo nos impedindo de aprender?
- Ou de aprender mais efetivamente?
- O que faremos de forma diferente na próxima vez?

6) Dando um Passo Atrás para Explorar os *Frames* Escondidos

Quando uma pessoa ou grupo *dá um passo atrás de* seus pensamentos, emoções, escolhas, debates, conclusões etc., eles se movem para um nível mais elevado de consciência, uma consciência de sua consciência, cognição de sua cognição. Isso é meta-estado. É o segundo-ciclo de aprendizado, ao invés do primeiro-ciclo. No primeiro nível, nós aprendemos acerca do que fazer, como fazer, quando, com quem, qual estratégia usar e, assim por diante. Este é o aprendizado baseado em conteúdo – o primeiro ciclo.

No segundo nível, nós damos um passo atrás para aprender acerca de como estamos aprendendo. Como estamos focando e selecionando, como estamos desenhando conclusões, no modo e tipos de significados que estamos criando, o tipo e qualidade de padrões de pensamento que estamos usando, o critério que nós utilizamos e com o qual realizamos nossas avaliações e julgamentos etc. Neste primeiro nível, nós podemos continuar dando passos atrás para examinar mais profundamente os *frames* assumidos que estamos usando no pensamento e aprendizado.

Isso descreve como um grupo trabalha junto. Ao dar uma pausa para refletir, nós podemos aprender juntos, nós podemos considerar nossas estratégias de aprendizado, como grupo, como nós podemos desaprender o que não funciona mais, o que podemos fazer para melhorar nossas habilidades coletivas desaprendizado.

7) Sintetizando Juntos

Quando colocamos todas essas coisas juntas – pensar, dialogar, abraçar a incerteza, postergar o fechamento e sondar erros juntos – nós temos o aprendizado coletivo. Quando nós fazemos isso bem, então os grupos e equipes podem tocar

no potencial coletivo no qual muitas mentes podem operar para se tornarem mais inteligentes do uma única mente. Peter Senge (1990).

> "Aprendizado individual é irrelevante para o aprendizado organizacional. Indivíduos aprendem o tempo todo e, ainda assim, não há aprendizado organizacional. Mas se as equipes aprendem, elas se tornam um microcosmo para o aprendizado, por meio da organização. Os insights adquiridos são postos em ação." (p. 236)

Quando nós somos capazes de aprender coletivamente, nós somos capazes de, gradualmente, tornar reais mais e mais os potenciais de inteligência humanos no grupo. Ainda assim, para ser capaz de fazer isso, precisamos do direcionamento de alguém que seja do grupo. Então, há o porquê do coach de grupo estar na posição mais ideal para ser o facilitador que irá manter o contexto ou *frame* para este aprendizado coletivo. O coach do grupo pode manter-se relembrando cada participante de tirar preconceito, posição, julgamento e pressuposições e de respeitosamente tratar uns aos outros como iguais, como colegas. O *frame* é que estamos nisso juntos para realizar algo maior do que qualquer um sozinho conseguiria alcançar. Nós somos colegas em uma busca mútua por significado e visão mais elevados.

Peter Senge (1990).

"Na ausência de um facilitador habilidoso, nossos hábitos de pensamento

> continuamente nos puxam em direção a discussão e nos afasta do diálogo. . . Nós acreditamos nas nossas próprias visões e queremos que prevaleçam. Nós nos preocupamos acerca de suspender nossas pressuposições publicamente. Nós podemos até mesmo ficar incertos se é psicologicamente seguro suspender nossas pressuposições..." (p. 246)

Um efetivo facilitador de processo, como coach de grupo, irá possibilitar as pessoas a manterem domínio dos processos e dos resultados. O facilitador vai manter o diálogo em movimento, ao fazer resumo, checagem, testar, manter o *frame* e lançar desafio àqueles que falam pelos cotovelos e àqueles não se manifestam o suficiente.

A Conversa de Aprendizado Coletivo

Coloque todas estas coisas juntas em um contexto de aprendizado em grupo e o que você terá? O grupo será capaz de ter uma *Conversa de Aprendizagem Coletiva!* E, onde quer que haja inteligência coletiva emergindo, as pessoas estarão criativamente inventando novos futuros.

Francois Noubel define esta inteligência coletiva como "a capacidade de um grupo de pessoas para colaborar, com vistas a formular seu futuro e de fazer isso em um contexto complexo." Sabine K. Henrichfreise (Moral e Abbott, 2010, no capítulo "Coaching para que Líderes Internacionais obtenham Sucesso Coletivamente) diz:

> "A maestria em juntar pessoas e manter conversas significativas consiste em uma das competências chaves dos líderes de negócio de hoje. De fato, líderes testemunham que, quando quer que haja um retorno à forma que suas equipes trabalham juntas ou uma organização abraça o aprendizado permanente e mudança, alcançando um alto um progresso emocional, este geralmente flui de seu investimento de tempo em iniciar e participar de um propósito e conversas transformativas." (p. 107)

Do Aprendizado para a Decisão

Diálogos envolvem pensamentos divergentes e, a partir disso, continuam estendendo e expandindo o assunto até que novas ideias e perspectivas surjam. Em contraste, discussões *convergem* em conclusão ou curso de ação. Em grupos, ambos são necessários. Ambos, o pensamento divergente e o pensamento convergente, tornam-se parte do processo de facilitação, o qual o coach de grupo irá utilizar. Depois de diálogo suficiente, o grupo precisa tomar uma decisão acerca do que fazer.

Agora, os membros do grupo podem ter um posicionamento sobre o que mais faz sentido e tentar argumentar por isso – sem, contudo, ficarem presos a esta posição ou precisar ganhar. O conflito que surge, então, é um conflito de ideias – sinal de um grupo robusto, saudável e vigoroso. É um grupo que permite o fluxo livre de ideias, o conflito de ideias, e então o pensamento crítico e criativo ocorre.

Consenso aqui não é necessariamente consentimento. Consentimento é um tentativa de agradar a todos, afastando as pessoas do temor do conflito e desacordo. Ainda, o que geralmente resulta quando o grupo tenta fazer isso é que todos se desagradam. Ao invés de consentimento, o que é necessário é um diálogo robusto, no qual todos falem e sejam escutados, de modo que, quando uma decisão for tomada, todos os membros do grupo saibam que seu input foi, ao menos, considerado. Pessoas racionais, sabendo que não será sempre do seu jeito, não sentem esta necessidade.

O que realmente querem é que suas ideias sejam conhecidas e recebam uma escuta justa. Na verdade, esperar que todos concordem intelectualmente e cheguem a um consentimento em uma decisão é uma boa receita para a mediocridade, atraso e muita frustração.

Pensando e Comunicando como "Feedback"

Uma vez que o sistema envolve componentes de interação, interrelação e interdependência, os quais formam um complexo e não-identificado todo, *feedback* é a chave. "*Feedback*" tem um significado preciso no sistema de pensamento. Refere-se a como "o output/saída de um sistema reentra no sistema como input/entrada para influenciar as ações subsequentes do sistema." O *input* é processado e, então, se torna *output*, o que, posteriormente, se tornará *input* de novo. E quando esta informação retorna ao sistema, o retorno da informação então influencia o próximo passo. Sistemas vivem e operam por meio de processos indispensáveis e importantes de feedback. *Feedback* mantém o processo operando e, portanto, o sistema funcional. Corte o *feedback* e o sistema se torna cego. É como jogar boliche com uma venda.

A informação gira em um sistema de forma que ou reforça o sistema, fazendo com que este continue a crescer, ou restringe o sistema, fazendo com que fique balanceado. Isto nos dá dois tipos fundamentais de *Feedback* – Reforço e Balanceamento.

1) *Feedback de reforço.*

Este tipo de *feedback* ocorre quando mudanças no sistema retornam à medida que o input no sistema amplifique a mudança. Isso vai levar a mais mudança no sistema na mesma direção. Enquanto isso continuar, o sistema cresce mais e mais. Inevitavelmente chega um momento quando isso cessa de ocorrer. Se não cessar, o sistema entra em uma espiral fora de controle – se torna um sistema de fuga. A outra possibilidade é uma espiral descendente (a pessoa desencorajada freia, o ato de frear causa menos resultado, o que torna mais desencorajador, o que causa mais restrição, causando mais freio).

2) *Feedback de balanceamento.*

Há sempre metas implícitas ou explícitas ao balancear os ciclos de *feedback*. *Feedback* de balanceamento ocorre quando mudanças no sistema retornam de modo que haja oposição (ou resistência) à mudança original. *Feedback* de balanceamento é direcionado à busca as metas. Ciclos de *feedback* de balanceamento fazem uma contra-ação à mudança. O resultado é que restringe o efeito da mudança. Feedback de balanceamento gera um sistema estável. O *feedback* é resistência ou estabilidade? Isso depende. Isso depende do que você quer – manter as coisas ou mudá-las?

Em um grupo de coaching, como no coaching individual, *feedback* é *nossa ferramenta de coaching principal*. À medida que você mantém a meta do grupo como espelho para o grupo e provê *feedback*, as respostas e atividades do grupo para si mesmo, o grupo recebe *feedback* acerca de como está indo. Os *outputs* do grupo – suas tentativas de responder verbal e comportamentalmente, então se tornam o próximo nível de *inputs*.

- Estamos nos aproximando de nossas metas?
- Quão bem estamos indo?
- Há algo nos freando?
- Há algo que poderia nos empoderar?

A Arte do Coaching de Grupo

Este capítulo baseou-se n a premissa de coaching de grupo de que as pessoas têm todos os recursos de que precisam. Coaching de grupo não se trata de treinamento, ensinamento, aconselhamento, consultoria – ele foca em *trazer à tona* o potencial das pessoas. Trata-se de tocar na inteligência criativa das pessoas. Agora, se você acredita nisso, como isso afetaria o seu coaching de grupo?

Em uma era na qual a mudança é a norma, o aprendizado contínuo não apenas é necessário, mas algo absolutamente necessário mesmo que apenas para acompanhar as coisas. Isto é onde o aprendizado de grupo pode dar um diferencial competitivo à empresa – uma vez que isso capacita uma multiplicidade de mentalidades, trabalhando na detecção e reconhecimento da aceleração da mudança. Um dos papéis-chave do coach é facilitar a expansão da capacidade de um indivíduo para aprender e desaprender. O mesmo se aplica ao coaching de grupo. Um coach de grupo precisa liberar a capacidade de aprendizagem e de potenciais de um grupo.

Como qualquer outro tipo de *expertise,* maestria leva tempo. Requer prática deliberada ao longo de tempo suficiente para se integrar completamente no "modo de ser" no mundo. Isso significa bastante ensaio e prática.

Notas Finais do Capítulo:

1. O Ciclo de Aprendizagem de Kolb, de D.A. Kolb, I.M. Osland, e J. Osland. (1991). *Organizational Behavior: An experiential Approach.* Englecliffs, NJ.: Prentice Hall.

2. Tim Goodenough é um trainer de Neurossemântica e Meta-Coach que foi autor de dois livros *In the Zone* e *Raising Talent*.

3. Você como ser humano é mais do que suas expressões, mais do que o que pensa, sente, fala e faz.

Capítulo 14

MUDANÇA:

COMO OS GRUPOS OPERAM COMO UM AGENTE DE MUDANÇA?

"O início de uma mudança sempre começa com um desafio."
Angus McLeod, Ph.D.

"Quando a conversa é real, a mudança ocorre antes mesmo que a conversa termine."
Susan Scott, *Fierce Conversations*

A mudança é inevitavelmente construída dentro da estrutura da vida. Toda entidade viva é um ser devido à sua capacidade de adaptação, de se ajustar e aprender – portanto, de mudar. Quando um organismo não mais consegue mudar, ele morre. Então, a mudança é essencial para intensificar o mecanismo da vida que empodera os indivíduos e grupos. Não é de se estranhar, então, que *em coaching a mudança seja primordial*.

Coaching é mudança e o coaching de grupo possibilita ao próprio grupo se tornar tanto um agente de mudança e um cadinho de mudança.

Na verdade, é a disposição e a habilidade de *abraçar a mudança* que descreve uma das mais importantes características de um cliente de coaching, seja no coaching um-a-um ou coaching de grupo. Isso porque coaches são agentes de mudança e sua clientela são abraçadores de mudanças.

Então, de forma natural, o coaching é inerentemente projetado como um processo de mudança. A mudança é, também, inerente aos grupos. A mudança é, de fato, uma das dinâmicas do grupo uma vez que grupos estão sempre mudando e vão continuar mudando. Então, a questão não é tanto a respeito da mudança em si, mas sobre *o tipo de mudança, a velocidade da mudança, a direção da mudança e a qualidade da mudança*. Como os indivíduos, grupos podem também entrar em estados de resistência à mudança. Tudo isso levanta numerosas questões sobre coaching e mudança.

- Como grupos mudam de forma efetiva e definitiva?
- Qual é o processo de mudança de um grupo?
- Como pode o coach de um grupo facilitar o processo de mudança?
- Como os indivíduos mudam dentro de um grupo?
- Quais são os fatores de mudança nos grupos que permitem a um grupo funcionar como um agente de mudança para os indivíduos?
- Como podem os grupos operar como agentes de mudança em uma organização?
- Quais são os processos de mudança e princípios dentro do grupo que lhe possibilitam trazer à tona a transformação para a organização e para a cultura mais abrangente?

Coaches como Agentes de Mudança

Nós sabemos que, no âmbito individual, coaches são agentes de mudança *par excellence*.[1] Nós também sabemos que coaches não focam em mudanças terapêuticas, o foco é na mudança criativa. Isso descreve uma importante e indispensável diferença.

- Na *mudança remediativa*, a pessoa foca em consertar o que está errado. Encontra-se um remédio para o que está doente ou tóxico, curando o trauma.

- Em contraste, na *mudança gerativa* a pessoa foca em como gerar novos comportamentos, evoluindo para um novo e mais elevado nível de desenvolvimento e transformando a visão e direção de sua vida. A mudança gerativa diz respeito à liberação de novos potenciais e à criação de um desequilíbrio para uma expansão, descongelando-se da resposta habitual e saindo para explorar uma nova estratégia.

Mudança Gerativa – O Eixo do Modelo de Mudança

Para facilitar a mudança gerativa ou autorrealizar a mudança Meta-Coaching, nós usamos

Capítulo 14 – Como os grupos operam como um agente de mudança?

Os Eixos do Modelo de Mudança. Este modelo descreve como pessoas psicologicamente saudáveis mudam. Uma vez que se veem como abraçadores de mudanças, em vez de resistentes às mudanças, elas buscam, esperam, planejam e, facilmente, processam a mudança.

Os Eixos de Mudança surge da modelagem de como vários coaches experts verdadeiramente facilitam o processo de mudança. O que descobri foram quatro mecanismos de mudança ocorrendo em um continuum e, então, postulei o modelo baseado em quatro meta-programas da PNL (os quatro meta-programa foram identificados por Michelle Duval em nossas discussões quando o modelo foi desenvolvido). A mudança de autorrealização, portanto, foi formulada com base nos quatro mecanismos seguintes:

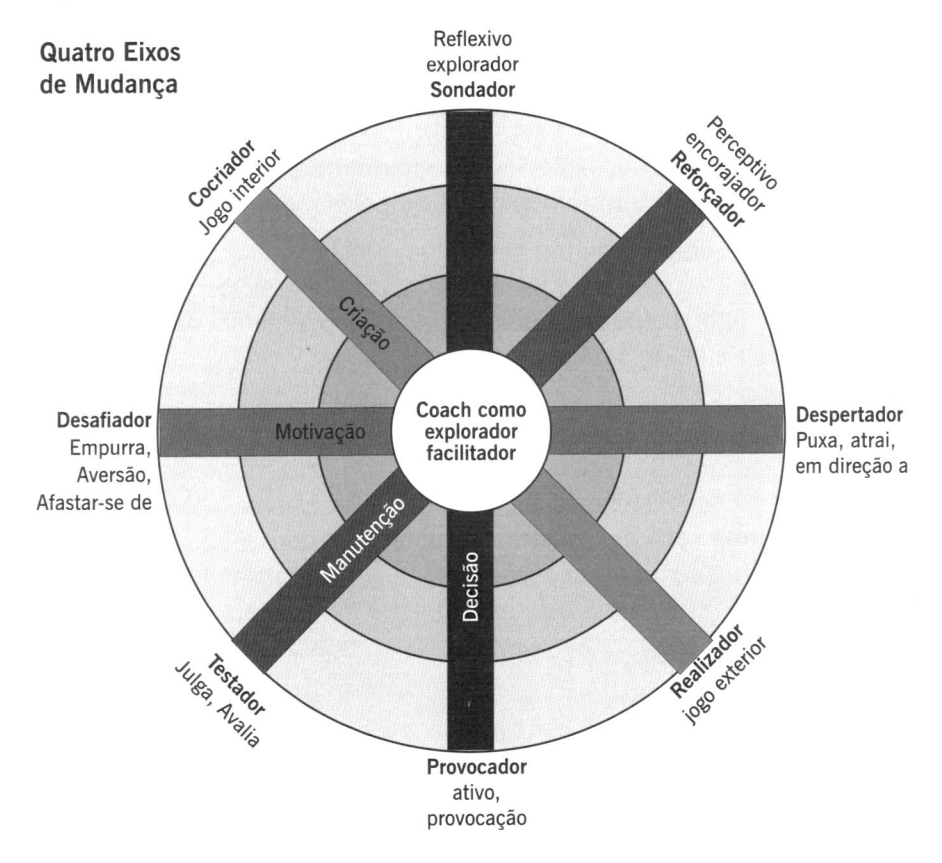

Quatro Eixos de Mudança

Reflexivo explorador
Sondador

Perceptivo encorajador
Reforçador

Cocriador
Jogo interior

Criação

Coach como explorador facilitador

Desafiador
Empurra,
Aversão,
Afastar-se de

Motivação

Despertador
Puxa, atrai,
em direção a

Manutenção

Decisão

Testador
Julga, Avalia

Realizador
jogo exterior

Provocador
ativo,
provocação

- **Motivação** no *continuum* de *afastar-se da dor* (aversão) em *direção ao prazer* (atração) criando os papéis de Coaching de Desafiador e Despertador.

- **Decisão** (comprometimento) no *continuum* de *reflexão* e *ação,* criando os papéis de coaching do Sondador e Provocador.

- **Criação** no *continuum* de *referência interna* para o papel do coach como Cocriador e no de *referência externa* para o papel Realizador.

- **Integração** no continuum de *achar semelhanças* o que se ajusta sendo similar ao plano criado para tornar real o papel de Reforçador e *achar diferenças* para aquilo que pode ser o melhor para o papel de Testador.

Grupos e Eixos do Modelo de Mudança

Para o coach de grupo, *Os Eixos de Mudança* igualmente descrevem como um grupo muda, bem como descreve o modo que muda um indivíduo.

- Primeiro, deve haver *motivação* ou energia suficiente no grupo para querer mover-se em direção a uma visão ou meta, distanciando-se de um problema ou consequência vindoura.

- Então, precisa ter uma *decisão* bem informada e inteligente que leve o grupo a aderir ao comprometimento que eles, como grupo, firmaram.

- Tendo feito o comprometimento, então, precisa haver *brainstorming* e *criatividade* de grupo para inventar o plano e as estratégias, à medida que o grupo trabalha os detalhes para o lançamento da inovação e realização na empresa e organização.

- Finalmente, há a *integração* do plano à vida, às regras, aos rituais, à cultura e ao "modo no qual fazemos as coisas por aqui."

Que os grupos facilitam mudanças para os indivíduos é conhecido há tempos. Há uma nova descoberta particular do início do século vinte que levou ao uso do grupo na psicoterapia. Mas grupos facilitando a mudança organizacional é uma ideia até mesmo mais nova. Mais recente, porém não inteiramente nova como Margaret Mead notou (e que citei na abertura do capítulo 2).

> "Nunca duvide de que um pequeno grupo de cidadãos comprometidos possam mudar o mundo. De fato, é a única coisa que sempre mudou."

Pequenos grupos, como a raiz de muitos movimentos, criaram mudança em organizações, comunidades e sociedade à medida que introduziram novas ideias, visões e novos significados. Nos negócios, um ou dois empreendedores foram a força inicial que resultou na criação das maiores empresas multinacionais – pense na Microsoft, pense na Apple.

Capítulo 14 – Como os grupos operam como um agente de mudança?

Coaching de Grupo Por Meio dos Eixos de Mudança

Como um coach de grupo, você começará com a motivação do grupo para a mudança. O grupo vê, entende e sente *o valor e benefício* da mudança proposta? Eles querem isso? E, se sim, em qual grau? Se é baixo, então essa se torna a conversa a ser facilitada. O grupo vê, entende e sente o *problema* das consequências que irão ocorrer (ou estão ocorrendo) se eles não mudarem? Se não estão, então novamente esta seria a conversa a ser facilitada no grupo.

Depois que o grupo se sentir motivado a mudar, vem a conversa de decisão e negociação para pensar seriamente e refletir sobre se deve haver um comprometimento para mudança e identificar o que é necessário para tanto. Esta conversa de grupo permite aos entender e aderir ao valor da mudança.

A cocriação para o plano legítimo vem a seguir. Aqui é onde o grupo pode ter que iniciar a pesquisa e desenvolvimento de como a mudança será criada e integrada na atual organização. Aqui o grupo irá fixar as medidas (benchmarks, indicadores, KPIs) para determinar o grau que será abrangido pelo sucesso da mudança. Neste estágio também vem o lançamento da iniciativa de mudança – quando, onde, com quem, como etc.

Finalmente, há a integração da mudança ao se estabelecerem recompensas e reforços para quando a mudança é executada com sucesso. Integração também envolve revisão, para aprendizado adicional, sobre como fazer a mudança mais robusta, de modo que esta se transfira mais completamente no ambiente de trabalho.

Princípios de Mudança e Dinâmicas em Grupo

Quais são os princípios e as dinâmicas – os ingredientes ativos? Como podemos criar verdadeira mudança, não apenas transformação cosmética? Como podemos assegurar que as metas de mudança organizacional serão trabalhadas e implementadas por aqueles que terão de conviver com elas?

1) Mudança imposta é mudança que encontrará resistência.

O que ocorre quando alguém impõe mudanças às outras pessoas? Resistência! Quando há mudanças impostas, dizendo às pessoas o que devem fazer, aconselhando, ensinando, lecionando, correndo para a solução de problemas etc., até mesmo frente às ideias mais grandiosas, a maioria de nós resistirá à imposição. Nós não engolimos bem a tentativa de sermos endireitados, corrigidos, mandados, impostos. Então, de acordo com este princípio de mudança, o desafio para o coach de grupo é dar e liberar o estilo de mudança imposta. Isso é paradoxal: A melhor forma de convidar e facilitar a mudança é liberar o seu desejo e necessidade para que o outro mude.

> "Quero e desejo que este grupo mude, mas não necessito disso. Isso cabe a vocês. Então, o que acham?"

2) Mudança convidada, cocriada e facilitada é mais facilmente aceita.

O oposto do princípio é: Se, a mudança imposta tipicamente enfrenta resistência, então, a mudança convidada será muito mais suscetível ao sucesso. Este princípio nos leva a facilitar a mudança e a cocriar as especificidades da mudança com os indivíduos ou grupo.

> "Se você quisesse mudar, eu poderia e amaria facilitar o processo."

3) A mudança deve ser dominada por aqueles que experienciam a mudança.

O sucesso da mudança está completamente no cliente tomar conta de suas metas, critérios e motivação. Se a meta de mudança não está dominada, a mudança será menos provável de ser bem-sucedida e durável. É o processo e experiência de *domínio da mudança* que possibilita a uma pessoa ou grupo a criar a mudança desejada. Este princípio diz que aqueles que são mais impactados pela mudança, e aqueles que estarão experienciando e vivendo a mudança, devem ter tanta voz quanto possível. Quanto mais os que estarão experienciando a mudança criarem no processo, mais abraçarão a mudança. Se eles não participarem ao menos da cocriação da mudança, a mudança parecerá imposta. Mudança que dura é aquela pela qual se optou.

4) A mudança requer entendimento.

Dado que, quando se trata de mudança, ela precisa ser uma opção e algo que se domina, se é para ser totalmente implementada e apoiada, esta também deverá ser compreendida. Este princípio leva os coaches a facilitarem os indivíduos e grupos a reflexivamente pensar ao longo do processo de mudança, de modo que seu valor e benefícios possam ser totalmente apreciados. A mudança duradoura dentro de uma organização requer que os indivíduos e grupos negociem um arranjo ganha/ganha, de forma que a mudança sirva a todos. Apenas assim as mudanças no sistema, nos processos, na cultura, e assim por diante, se farão sentir como um "ganho" por todas as partes, sendo, portanto, desejadas e geradoras de ação.

Há muitas dimensões, tipo e níveis de mudanças dentro de uma organização. Ao que chamamos de *mudança* pode se dar muitas dimensões de funções da companhia. Pode se tratar de mudança no tipo de trabalho realizado, como o trabalho é feito, papéis e relacionamentos, a identidade da organização no mercado de trabalho, mudança em relação aos clientes, mudança de missão, visão, cultura e valores.

5) A mudança inevitavelmente altera as conversas.

Mudança ocorre quando as conversas mudam. Conversa por si mesma tanto o mecanismo da mudança e o indicador de mudança. Quando as pessoas individualmente e em grupo mudam de crenças, atitudes, entendimentos, decisões, comportamentos, a mudança irá mostrar-se na forma como elas falam, na linguagem que usam e em como se dá o entendimento de seu código linguístico. O processo de mudança também depende de mudar a forma que conversam. A conversa, então, desempenha um papel circular no processo de mudança – tanto como criador e refletor. Onde quer que haja conversas em que apontam culpados, de reclamações, nós-contra-eles, poucos recursos, competição interna, mentalidade fechada, desconfiança etc. uma completa mudança cultural é requerida.

6) A mudança é sistêmica.

Quando nós mudamos nossas ações, entendimentos, crenças, identidade, intenções etc., essa mudança irá espalhar-se pelo nosso sistema mente-corpo-emoção, bem como pelo nosso sistema organizacional e de comunidade. Isso explica porque nosso apoio cultural para a mudança que criamos é tão importante, caso queiramos uma mudança verdadeira queiramos angariar apoio.

Isto também explica porque o tamanho da mudança pode ser desproporcional ao tamanho do problema. Às vezes, um pequeno ponto de alavancagem cria uma mudança para um problema tremendamente maior. E isso explica porque, algumas vezes, uma mudança linguística aparentemente inócua de um entendimento transforma toda a cultura de uma organização.

7) A mudança organizacional funciona melhor com o apoio da liderança.

Se nós queremos criar uma mudança cultural positiva em uma organização, a liderança dentro da organização precisa estar à bordo da mudança. Idealmente, os líderes deveriam liderar a mudança. A equipe de liderança dos líderes executivos e líderes gerenciais são as melhores pessoas para facilitar o convite e negociação para a mudança através do sistema. Não há nada mais frustrante para as pessoas do que ver as pessoas que sugeriram as mudanças, e que para elas são necessárias, sendo descartadas e ignoradas.

Agora, enquanto o gerenciamento de baixo para cima é viável e possível, aqueles cujo trabalho é liderar a mudança são os que estão em melhor posição para facilitá-la.

8) Indivíduos e grupos pequenos podem facilitar a mudança organizacional.

Hoje, grupos desempenham um papel consideravelmente maior e mais frequente nas mudanças culturais em uma organização. Algumas vezes, um pequeno protótipo de grupo é usado para facilitar a mudança; algumas vezes a mudança organizacional se inicia em um pequeno grupo.

Os Eixos do Cadinho de Mudança

No coaching de indivíduos e grupos, a mudança que se requer geralmente é *desaprender* algo que possa estar operando como uma interferência a um novo aprendizado e nova mudança. Em Meta-Coaching nós usamos O Modelo do Cadinho para facilitar este tipo de mudança. Esse modelo usa a metáfora de um cadinho, um *container* que é capaz de suportar intenso calor de metais derretidos. Quando o ferro derrete e outros metais estão se fundindo em estado líquido, eles podem ser purificados e derramados em novos recipientes para reformular seu material.

Se nós tivéssemos *um cadinho humano,* nós teríamos um lugar ou contexto no qual o "calor" de pensamentos, emoções, memórias, imaginação etc. de uma pessoa poderia ser mantido, de modo que os significados que são não mais relevantes se dissolvessem e fossem reformulados. Nós teríamos um lugar onde uma pessoa (ou grupo) poderia encontrar seus aprendizados passados de um modo seguro e reflexivo, então verdades antigas que não mais são úteis poderiam se transformar em uma verdade mais atual e prática para hoje.

Agora, dada essa metáfora e projeto, nós temos *O Modelo do Cadinho* para chegar nisso. O que é esse modelo? Como criamos um cadinho humano? Quais são suas qualidades e características? São seis. Três qualidades criam a segurança para o encontro e três criam a experiência ou confronto do encontro.

- *As qualidades de segurança do Cadinho:*
  - Autoestima e respeito-próprio Incondicionais.
  - Testemunhar ou observação sem julgamento.
  - Aceitação ou reconhecimento do que isso é.
- *As qualidades de confrontação de um encontro:*
  - Falar a verdade a respeito da situação real.
  - Responsibilidade ou posse de seus poderes de resposta.
  - Apreciação que enxerga valor em experiências.

Essas seis qualidades são seis dos mais poderosos *mecanismos de mudança* igualmente aplicáveis aos grupos, bem como aos indivíduos. De fato, a fonte original de desenvolvimento do Modelo do Cadinho veio dos Grupos de Encontro que foram criados no primeiro Movimento de Potencial Humano, sob a direção de Maslow, Rogers, Perls, Satir, Schutz e outros.[2]

Princípios de Mudança

Os seis fatores de mudança no Cadinho resumem e demonstram os princípios fundamentais de mudança.

Autoestima incondicional

Uma vez que as pessoas não mudam quando estão se sentindo ameaçadas, nós primeiro temos que criar segurança suficiente para os indivíduos e grupos mudarem.

A pessoa que se sente ameaçada ou atacada, essa pessoa não irá mudar. A pessoa ficará na defensiva. O inseguro não muda, apenas defende a si e luta contra a mudança. Pessoas precisam de segurança para mudarem. Essa habilidade possibilita um coach a facilitar a distinção entre pessoa e comportamento de modo que a pessoa ou grupo não personalize. Ao fazer isto, elimina a necessidade de ego da autodefesa. Respeito positivo incondicional estipula um enquadramento de que não há ameaça ao self. Estime o seu self incondicionalmente, a pessoa de cada um dos membros do grupo e, logo, não haverá mais ameaça!

Grupos também precisam estar seguros das ameaça tanto a de desrespeito, insulto, rejeição etc. quanto de sobrevivência econômica. Quando há uma situação fatídica, na qual uma empresa poderia vir à falência e/ou empregos poderiam ser eliminados, a segurança que se deve dar é a de que as pessoas terão o conhecimento e habilidades para ir adiante e terão dignidade no processo de readaptação.

Observar/ Testemunhar

Apenas observar (ou testemunhar) também elimina a ameaça de julgamento. O que você pode descrever sem julgamento, você pode abraçar e mudar. Ao contrário, o que você não consegue descrever empiricamente, você não consegue mudar. Dar um passo atrás para apenas observar (meta-cognição) dá a você perspectiva de mudança. Desenvolva uma abertura para buscar o que é ao adotar uma postura observadora de quem ainda não sabe para, então, você poder lidar apenas com os fatos empíricos. Mire em uma clareza para ver sem reagir, para enfrentar a realidade como ela é, e para se tornar amigável com a realidade.

Aceitação

O próximo fator e princípio é a aceitação. Você não consegue mudar o que você não aceita. E, aquilo que você aceita, muda. A aceitação remove a luta de defesa do ego. Depois de tudo, a mudança imposta é mudança que encontra resistência. Então, cesse a luta, a resistência, a defesa. Libere emoções antigas. Não são as emoções que nós queremos que machucam a gente, mas a negação, o que não reconhecemos, bloqueamos e do que nos defendemos. A aceitação elimina o julgamento de rejeição, endosso e desistência. Ao invés disso, apenas reconhecemos o que é, o que está presente e o que temos de lidar pelo *que* realmente é.

Verdade / Realidade / Significado / Propósito

Verdade é o próximo fator de mudança: "A verdade te libertará." Nós somos libertos para mudar à medida que somos capazes de "dizer a verdade em amor." Dizer a verdade nos liberta para sermos reais e autênticos, para nos tornarmos amigos da realidade. Isso enfatiza a relação próxima entre aprendizado e mudança. Mudar é aprender e, o contrário também é verdadeiro, aprender é mudar. Você muda sempre que aprende uma nova verdade ou tem um insight. Isso explica porque mudança, na maioria das vezes, é mais reorganização do que eliminação. Uma vez que você não consegue transcender o que você não confrontou, seja *brutalmente honesto ao dizer sua verdade*. Diga o que é real, autêntico, verdadeiro. Transformação emocional ocorre quando você é livre para enfrentar a verdade pelo que ela é. Dizer a verdade estabelece credibilidade pessoal, pois permite que se desenvolva a capacidade de lidar com a realidade. Isto nos poupa de desilusão, expandindo a consciência, habilitando a honestidade e expondo as mentiras.

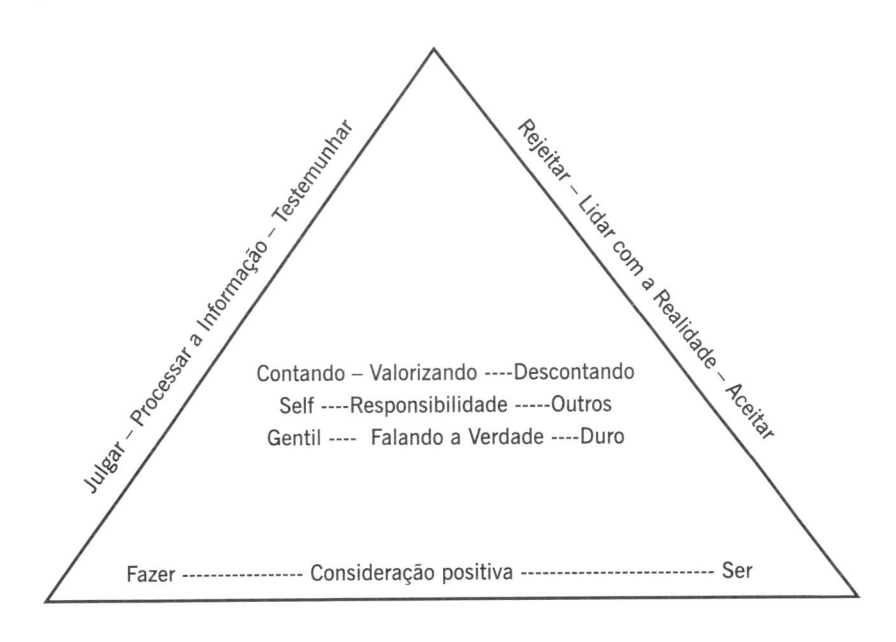

```
                          /\
                         /  \
              Julgar – Processar a Informação – Testemunhar
                       /      \
                      /        \   Rejeitar – Lidar com a Realidade – Aceitar
                     /          \
                    / Contando – Valorizando ----Descontando \
                   /  Self ----Responsabilidade -----Outros   \
                  /   Gentil ---- Falando a Verdade ----Duro   \
                 /                                              \
                / Fazer ---------- Consideração positiva ---------- Ser \
               /_____\
```

Apreciação / Significância

Apreciação é um poderoso agente de mudança. Você não consegue mudar o que você não aprecia. No momento em que nós apreciamos as coisas que foram difíceis ou desafiadoras, nós mudamos. Isso porque *cerne da apreciação reside no enxergar, encontrar e criar valor* – algo precioso, sagrado e positivo. Apreciação é ver e reconhecer o valor positivo das intenções por trás de algo. É sacramentar a vida com ricos significados. Uma vez que você ajuda um indivíduo a enquadrar valor e significância de algo previamente indesejável, temido, descartado, as coisas mudam. Criar valor transforma com honra o que previamente foi bestificado, temido e odiado.

Responsabilidade / Escolha

Finalmente, você não consegue mudar o que você não domina. Assumir responsabilidade pelos seus pensamentos e sentimentos é o primeiro grande passo na transformação para autorrealização. Responsabilidade, de fato, descreve o poder da mudança. A liberdade humana definitiva, a qual ninguém pode tirar de você, é o poder e direito de escolha de suas respostas. Essa terra nivelada de domínio leva a responsabilidade, a poderem contar com você, ao comprometimento. Então, concede o poder de agir, de integrar, de escolher, de manter, de libertar.

A Arte do Coaching de Grupo

Pode um grupo ser um cadinho? Sim, precisamente. A inclusão, cuidado, compaixão, respeito, empatia, comprometimento, pertencimento, do grupo etc. podem habilitar o grupo para ser um lugar de uma comunicação tão honesta que o grupo se torna um encontro com a realidade. Então, as conversas no grupo se tornam inacreditavelmente transformadoras. Algo mais, então, acontece. Perdemos nosso receio de confrontar. Agora somos capazes de usar e experimentar e de botar para fora o que é real e chegamos ao cerne do problema.

Como um coach de grupo, você inevitavelmente e sempre faz coaching da mudança. E a própria presença do grupo oferece a você um poderoso processo de mudança. A arte é facilitar o grupo a se tornar um cadinho para mudança. Isso vai requerer uma mão leve no processo, muita paciência e uma sabedoria para saber quando e como intervir.

O seu grupo é um cadinho de mudança? Você trouxe, como coach de grupo, ou como membro do grupo, empatia, respeito e curiosidade suficiente para facilitar o tipo e a qualidade de segurança que permite ao grupo falar a verdade, tomar posse de seus poderes, e encontrar valor no que quer que o grupo enfrente? No coaching de grupo, você estipulou metas, estrutura e experiência de grupo de modo que a cultura de mudança possa emergir?

- Nosso grupo, como sistema, precisa de mudança?
- O que precisa mudar?
- Quais mudanças culturais poderiam ter que ocorrer?

Notas Finais do Capítulo:

1. Veja *Coaching Change* (2004), o primeiro livro sobre O Modelo de Eixos de Mudança, da série Meta-Coaching. Eu modelei o coaching de Michelle Duval, Graham Richardson, Veronica Lim, e muitos outros.

2. Veja *The Crucible Model* (2007), o quinto livro da série Meta-Coaching.

Capítulo 15

PODER:

COMO OS GRUPOS EXERCITAM O PODER E O EMPODERAMENTO?

*"Sozinhos nós podemos tão pouco;
juntos nós podemos tanto."*
Estill Green, Vice Presidente do Bell Telephone Laboratory

Grupos têm e exercitam o poder. Todos nós sabemos disse e, ainda, como este *poder* funciona? O que exatamente é este poder que está em jogo no grupo? Como o poder influencia o coaching de um grupo? E, como devem os líderes de um grupo e coaches direcionar ou lidar com este assunto no grupo? O que você pode fazer quando há uso errôneo e abuso do poder? Há muitas questões; então, vamos começar com o próprio mistério do poder.

O Mistério do "Poder"

Quando se trata de poder em grupos. Para a maioria, *poder é um grande mistério.* No fim das contas, você não pode vê-lo, escutá-lo ou sentir seu cheiro. Seja lá o que for, este *poder* não é empírico. Você pode colocá-lo em uma escala e pesá-lo, mas você não pode pintá-lo de uma cor diferente. Não pode conectá-lo sobre uma balança para medir quanta força ou torque pode gerar. E há uma boa razão para isto – o poder que nós experimentamos em sua resposta e interpessoalidade no grupo não é esse tipo de poder. Este tipo de poder não existe na dimensão do que é visível, escutado ou sentido. Ao invés disso, existe no mundo interno da mente como um conceito que externalizamos à medida que nos relacionamos uns com os outros.

Linguisticamente, *poder* é uma nominalização e, como tal, refere-se a um processo – uma série de interações. Ainda, esta série de interações foi "nomeada" (nominalizada), e, ao ser nomeada, linguisticamente se parece agora com um nome (uma pessoa, lugar ou coisa). Mas não é. A série de ações que nomeamos e classificamos não é uma *coisa* estática que se mantém constante. A palavra "poder" é um conceito mental que rotula uma série de ações, as quais nos possibilitam falar sobre elas. Para ser mais preciso, ao invés de um pseudonome ou nominalização, nós precisamos de um verbo de modo que possamos descrever o referente ativo de *poder*.[1]

Isso começa a desmistificar o "poder." Agora nós podemos clarificar a série de ações ou respostas que nós classificamos como "poder" e como elas operam dentro de um grupo. E, uma vez que façamos isto, nós podemos então descobrir modos nos quais possamos fazer o coaching de grupos efetivamente gerenciando o grupo. E, uma vez que tenhamos feito isso, nós podemos descobrir formas de coaching de grupos para efetivamente gerenciar seu "poder" – as dinâmicas ou energias de grupo, mental, emocional, interpessoal, social e comportamentalmente.

O mais básico entendimento de *poder* é que se trata "da habilidade de agir ou de *fazer*" algo. *Se você tem poder, você tem a habilidade de responder.* Poder mental diz respeito ao poder de cognitivamente entender e compreender algo; o oposto é não ter o que dizer, ser inarticulado e não saber falar a respeito de algo. Poder emocional é a habilidade de sentir grande vastidão de emoções de alegria e amor para raiva, medo e tristeza, e ser capaz de reconhecer a emoção, monitorá-la e de regulá-la.[2]

Os Poderes de Grupo

Que o *poder* existe em grupos não é surpresa para ninguém, mas o que é o poder e onde ele está? O que compreende este poder?

Na verdade, está na mais simples das coisas – são *as ações* que o grupo exercita como grupo em si mesmo e em seu ambiente. Por dentro, é o poder de um grupo em aceitar, dar boas vindas às conversas, proporcionar uma identidade, organizar operações, empurrar à conformidade, tomar decisões, identificar e reconhecer a liderança, implementar ações, assumir responsabilidade, assim por diante. Por fora, é o poder de criar produtos e serviços, de operar no mercado, de influenciar o que as pessoas pensam, como vivem etc. O poder político que qualquer e todo grupo tem de criar estilos e formas de relacionar-se. É o poder de fixar relacionamentos de dominação, submissão, cooperação, competição, conflito, tomada de decisão, aprovação, liderança, seguimento etc. É o poder de dar ou receber aprovação, de aceitar ou rejeitar, de validar ou criticar, de dar boas vindas ou banir, de assegurar com recursos ou recusar acesso aos recursos.

Dentro de um grupo há tantos "poderes" quanto há formas de relacionamento – de tomar atitudes. O que aumenta o poder de um grupo é o valor que nós (aqueles de nós no grupo e fora dele) atribuímos ao grupo. Quanto mais valor, importância e significado as pessoas dão ao grupo, mais *poder* ele tem para seus membros. Qualquer grupo que desprezemos, odiemos, ou sentimos repulsa tem menos e menos poder conosco ou sobre nós (ao menos que tenha obtido poder governamental). Se o grupo nos critica ou nos rejeita – e daí? Quem se importa?

Os poderes de um grupo com os quais o grupo e o coach de grupo têm que lidar são os seguintes. À medida que você lê as descrições, você também irá perceber que estas são as características das "dinâmicas do grupo" que nós estamos explorando (e vamos explorar) ao longo desse livro.

1) Poder de Responsibilidade

2) Poder de Inclusão

3) Poder de Proteção

4) Poder da Conversa

5) Poder de Identidade

6) Poder da Organização

7) Poder das Decisões

8) Poder de Liderança

9) Poder de Implementação

10) Poder de Flexibilidade

11) Poder de Empoderamento

1) Poder de Responsibilidade

Dado que *habilidade* ("capaz de fazer") está na palavra "respons-*abilidade*", ela refere-se obviamente ao poder de fazer algo, de tomar alguma atitude. De fato, a base de todo poder é a *habilidade de responder*. Então, quando uma pessoa é responsável, aceita a responsabilidade e demonstra ações responsáveis, essa pessoa no grupo tem poder de responsabilidade. E, quando se trata de responsabilidade de poder, há uma importante distinção a se fazer – a diferença entre *responsabilidade por* si e por suas ações (mental, emocional, verbal e comportamentalmente) e *responsabilidade para com* outros. O primeiro (responsável *por*) descreve *responsabilidade* e o segundo (responsável *para com*) descrevem uma relação. Esses dois são fenômenos muito diversos.

Cada um de nós é responsável *por* si próprio, o que pensamos, sentimos e assim por diante. Nós não somos responsáveis *por* aquilo que outra pessoa pensa, sente, diz ou faz. Como poderíamos? Não somos *capazes-de-produzir-esta-resposta*. Pertence à outra pessoa. Ainda, a forma como nós respondemos *para com* outros – como falamos com eles e agimos em relação a eles evoca, elicita e desencadeia os seus pensamentos e sentimentos. Isso define o tipo de qualidade de relacionamento que temos com eles.[3]

Como membros de grupo, enquanto cada um é responsável *pelo* que dizemos e fazemos, nossas respostas afetam os outros. Esse é o poder de influência, não controle, mas influência. E, à medida que participamos em uma realidade compartilhada com os demais, teremos uma boa ideia do que certas palavras, gestos e ações vão elicitar em outra pessoa.

O poder de responsabilidade é o poder de definir a nós mesmos e escolher nossas definições. No fim das contas, nós definitivamente somos definidos pelas nossas escolhas. Nossas escolhas nos definem e nos criam momento a momento, à medida que escolhemos no que focar, quais significados dar às coisas, como responder etc.

Sartre alegou que "Nós estamos condenados à liberdade". Isso se refere a como cada escolha é sempre acompanhada não apenas à uma liberdade, mas, também, a uma perda de oportunidade.

Agora, em um grupo, o poder é inerentemente dividido. Faz parte da natureza do grupo ou sistema, distribuí-lo através do grupo de modo que vários indivíduos terão diferentes tipos de poderes. Em termos de responsabilidade de grupo, isso significa que em um sistema – ninguém é responsável sozinho pelo que acontece ou que se passa.

Em um sistema, todos nós dividimos a responsabilidade. A natureza interconectada de um sistema é de tal forma que o poder relacional das interações entre os membros de um grupo dá a todos algum "poder."

Responsabilidade coletiva é, na verdade, a dinâmica do grupo que transforma um grupo em equipe. Isso funciona pelo processo de pessoas se tornarem empoderadas para usar suas habilidades para contribuir com a performance e nutrição do grupo. Quanto mais isso acontece, a próxima coisa a ocorrer é o surgimento da responsabilidade mútua. O próprio grupo começa a manter os seus membros responsáveis. Não mais se espera pelo líder para que isso ocorra, os membros fazem isso e, à medida que o fazem, o grupo crescentemente se torna mais como uma equipe. A responsabilidade da equipe opera por meio das promessas com as quais as pessoas se comprometem de forma honesta umas com as outras no grupo, entregando, portanto, aquilo que prometeram. Isso cria uma fundação de comprometimento e confiança.

No *Design Organizacional* (1977), Galbraith descreveu o *enquadramento da responsabilidade* e o apresentou como um *frame* para descobrir como as pessoas trabalham juntas. Em um gráfico de responsabilidade, ocorrem três coisas:

1) A responsabilidade é atribuída.

2) É atribuída com uma maneira de se manter responsável.

3) Ela enfatiza como os papéis criados relacionam-se com o grupo e os membros do grupo.

2) Poder de Inclusão

Como coach de grupo, o que queremos para os nossos grupos são pessoas conectadas com os demais, de tal modo que seja real, autêntico, honesto e, também, no qual exista respeito, consideração, gentileza e graça. Isso é pedir muito. E não é natural. Todavia, quando pessoas desenvolvem essa profundidade e qualidade de relacionamento, o grupo ganha poder – o poder de inclusão. Quando este poder está totalmente desenvolvido – há um senso de pertencimento.

Como coach de grupo, a melhor forma de criar esta qualidade de experiências é modelá-la. Primeiro, foque em conectar-se pessoalmente com cada membro do grupo. Depois que você fizer isso, conecte-se com cada pessoa de novo e de novo. De fato, continue mantendo as conexões entre os membros do grupo e, à medida que o faz, arranje conexões entre os membros do grupo de modo que estes sigam sua liderança e comecem, por si mesmos, a criar conexões uns com os outros. Isso dará a você mais e mais poder para fazer as pessoas se sentirem incluídas. Isso significa se relacionar com as pessoas, falar com elas, incluí-las em conversas e convidá-las a ir com você mais e mais profundamente em conversas.

No primeiro momento em que as pessoas entram no grupo, a principal necessidade é a de que todos se sintam incluídos. Como coach de grupo, isso dará a você um trabalho! Inclua a todos! Cada pessoa no grupo precisa da sua ajuda para que se sinta incluída e para incluir uns aos outros. Eles precisam que você se preocupe com eles e esperam, também, que você o faça. Estão buscando informação, conhecimento sobre como as coisas funcionam por aqui, ideias, apoio, cuidados. Para conectar e criar ligações com cada membro do grupo, se assegure de passar um tempo com cada um deles. Em Meta-Coaching nós pedimos a cada coach de grupo para mirar em fazer uma conexão emocional com cada pessoa, todos os dias para embarcar com eles e possivelmente engajar cada membro em uma conversa mais profunda. Isso pode ter a forma de almoçar junto com cada um ou com muitos dos membros.

A qualidade de um grupo é uma função da qualidade das pessoas e seus relacionamentos no grupo. No nível mais fundamental, isso se resume a como se comunicam com, e o quão bem se dão uns com os outros. Para o coach do grupo, bem como para o líder do grupo, a visão, o desafio e o problema é *pessoas se darem bem umas com as outras*. Isso é o que nós queremos e, ainda, isso é o que achamos desafiante para criar e manter. Nos sentimos atraídos em direção a isso e, simultaneamente, nós fugimos disso.

É esta dicotomia de emoções, de querer se conectar e ainda temer isso que se passa dentro de quase todo mundo. Como seres sociais, nós somos direcionados a nos conectar, ligar, fazer amigos, nos tornar colegas e confiar uns nos outros e, ainda, essa ideia tanto assusta quanto empolga.

Isso levanta questões:

- O que há em se dar bem com os demais que tanto nos atrai e empolga?
- O que há em entrar em relações sérias e autênticas com os demais que simultaneamente nos amedronta?

Uma vez que tenhamos entendido essas dinâmicas sociais e interpessoais melhor, então nós estaremos prontos para fazer as perguntas do "como". *Como* obtemos êxito em nos conectar e criar vínculos e, ainda, fazer isso de forma saudável de modo que traga à tona o melhor em todos? Como utilizarmos nosso poder de dar boas vindas uns aos outros no grupo? Isso requer que os membros se tornem compatíveis uns com os outros, de forma aberta, flexível e cheia de compaixão.

- Estamos na mesma equipe?
- Temos um senso de que trabalhando juntos atingimos algo maior do que nós mesmos?

Poder, em referência a como nós interagimos, fala a respeito de nossos estilos de nos relacionar com os demais. Refere-se a como tratamos uns aos outros, como escutamos, inquerimos, requeremos etc. A partir disso, o *poder* envolve um reconhecimento e uso de nossos recursos e capacidades como grupo, bem como endossar ou manter nosso endosso em nossas conversas.

3) Poder de Proteção

Este é o poder de criar segurança para o grupo e para os membros do grupo. Ele é geralmente desafiador o suficiente para as pessoas se darem bem com outras pessoas, mas em um grupo pode ser mais desafiador ainda. Isso porque grupos oferecem um contexto de intimidade. Pode até não ser a intimidade mais profunda, mas oferece grau maior de familiaridade do que muitos, senão da maioria, dos lugares. E, para muitas pessoas, isso é assustador. E se é assustador, então de algum modo não parecerá seguro. Por isso que uma das necessidades mais fundamentais e iniciais que as pessoas têm é a de se sentirem seguras em suas mãos. E, de novo, elas esperam isso de você.

A segurança é o senso de estar sendo protegido da exposição, de ser alvo de chacota, ridicularizado, criticado, julgado e maltratado. Afinal, coloque pessoas juntas em um contexto intimista e, à medida que o estresse aumenta, também aumentarão as defesas e, com instâncias defensivas e manobras, haverá comentários ofensivos que podem machucar.

Como você criará um contexto e ambiente para seu grupo? Quais processos você irá usar para juntar as pessoas, de modo que se sintam confortáveis com você, com os demais, com os processos? Quais estruturas você usará para expressar o que se espera, com o que as pessoas podem contar etc.? Como você irá apresentar leveza cordial e alegria, de modo que as pessoas aproveitem a experiência, ao invés de apenas suportá-la? Você convidará o grupo a dar a si mesmo um nome, a criar alguns rituais? Capacitará cada um no grupo a sentir-se livre para falar e contribuir? Obviamente, aqui é onde a comunicação, o processo de tomada de decisão e estruturas do grupo criam ou quebram o lançamento do grupo.

4) Poder da Conversa

Um aspecto de um poder de grupo que já cobrimos é *a habilidade de pensar e falar* junto como um grupo, de ser bem-vindo nas conversas e para sentir que cada pessoa tenha uma voz e opinião, as quais contam. O poder do grupo expande quando há um senso de que todos podem falar livremente, sem medo de ser mal compreendido, interrompido a todo instante e de que a voz de todos é insignificante.

O poder de comunicação em grupo é que os membros do grupo podem ser escutados. Para um grupo exercitar totalmente este poder, há necessidade de abertura, respeito, aceitação do espaço conversacional (capítulo 10 sobre *Clima*). Em todo grupo no qual se evita a comunicação real, em virtude de desconfiança, hostilidade, manutenção de segredos, é preciso remover essas barreiras para que o mesmo se torne efetivo e poderoso.

Hoje, dado que a maioria das pessoas ao redor do mundo cresceram em democracias, há um pressuposto geral e a expectativa de ser tratado com respeito e equidade. A maioria das pessoas espera que um grupo com valor será um lugar no qual serão escutadas, não ridicularizadas e maltratadas. Como coach de grupo ou líder, falar abertamente sobre poder e abertamente usar poder é, ainda, visto como tabu. Supostamente, não deveríamos fazer isso. Nós achamos que falar e/ou usar do poder nos fará parecer ruins, que seremos vistos como "viciados em poder." A consequência é que membros poderosos do grupo escondem sua base de poder e a tornam o menos incômoda possível.

A equipe de trabalho, no entanto, se torna melhor por meio de trocas abertas e honestas de opiniões e sentimentos, nas quais cada pessoa assume responsabilidade pelo que traz ao grupo. Quando a comunicação é completamente aberta, cada um no grupo pode oferecer ao outro *feedback* efetivo e sensorial, o qual possibilita aos membros do grupo a usar *feedback* para crescer e se ajustar.

Discussão aberta sobre nossas fraquezas e forças facilitam tanto maior autoconsciência, consciência dos demais e a consciência do grupo. As pessoas podem, então, expressar seus sentimentos e fornecer *feedback* honesto umas para as outras. Dessa forma, poderão se tornar cientes de qual é a experiência das outras pessoas em relação a eles. No final das contas, isso possibilita a saúde do grupo para reduzir todo e qualquer segredo que separam as pessoas. Segredos são tóxicos eles separam e criam distância entre as pessoas.

Finalmente, conversas de poder desenvolvem-se ao fazer coaching de um grupo para desafiar e questionar suas pressuposições. Este é o poder de confrontação – a disposição de colocar as coisas sobre a mesa, confrontar as diferenças, escutar um ao outro e dar um fim aos embates de poder e guerras de influência, não desistindo diante da apatia.

O desafio real para as pessoas no grupo é fazer isso quando há conflito interpessoal com o qual o grupo não está conseguindo lidar. É manter o grupo atualizado e não permitir que os problemas se prolonguem e se alastrem. Se alguém deixa o grupo, discuta o problema com o grupo. Se alguém se torna rígido, defensivo, julgador, lide com isso imediatamente com o grupo. Nisso reside um pré-requisito para o coach de grupo modelar que é a habilidade de confrontar efetivamente.

5) Poder de Identidade

Nós entramos em um grupo com nossa própria identidade distinta, e à medida que nos conectamos com os indivíduos e com o grupo, o grupo endossa cada um de nós com uma identidade nova e estendida. É um dos poderes do grupo, bem como um de seus desafios. Cada um dos grupos dos quais você é uma parte contribuem para sua identidade. Isso permite a você se definir – em alguma medida – em termos de um grupo. "Eu sou um membro do grupo X." Este é o poder de identidade que pode afetar profundamente cada membro do grupo.

Uma dinâmica do grupo que cresce de seu poder de identidade é que quanto mais atraente é o grupo, mais nós iremos valorizar e conservar nossa credencial de membro e identidade no grupo. Um grupo efetivo e poderoso essencialmente diz a cada um dos membros: "Você é um de nós." Este pode de inclusão e atração de um grupo garante a cada um de nós um maior senso de nós mesmos e senso de respeito e importância. Nós *identificamos* com o grupo e ganhamos orgulho e dignidade como membro. Com certeza, o oposto também é verdadeiro. Se as Relações Públicas de um grupo, sua marca e identidade se tornam desgastados e desvalorizados, de alguma forma os membros do grupo podem perder seu senso de orgulho e, até mesmo, começar a sentir vergonha do grupo.

Abraham Maslow estudou equipes de alta performance no final de sua carreira e uma das características mais impressionantes que encontrou nelas foi uma visão e propósito compartilhados – um propósito que pode convidar a uma fusão de identidade. Em termos excepcionais ...

> ". . . as tarefas não mais era separadas do ser ... ao invés disso, ele se identificava com a tarefa tão fortemente que você não poderia definir o ser real sem incluir a tarefa." (*Eupsychian Management,* 1965)

6) Poder Organizacional

Se o poder é ativamente relacional e fala sobre como estruturamos e organizamos as coisas, isso leva ao poder organizacional do grupo. Este é o poder que surge de como nós arranjamos as coisas para conversar, tomar decisões, distribuir recursos, apontar pessoas para diferentes papéis, criar rituais, manter as pessoas responsáveis e assim por diante. Quando estiver formalizado e estável, nós chamamos isso de a "estrutura de poder" desse grupo.

Há poder organizacional em como estruturamos as responsabilidades e privilégios. A pessoa ou as pessoas que são responsáveis pela performance de várias ações em grupo, ou para o grupo, tem uma certa quantidade de poder. Quem tem o poder de aproximar um grupo? Para assinar cheques em nome do grupo? Para decidir sobre o horário dos encontros? Cada um desses são poderes de fazer algo importante.

Poder em um Grupo
1) Responsibilidade
2) Inclusão
3) Conversa
4) Identidade
5) Organização
6) Decisão
7) Liderança
8) Implementação
9) Flexibilidade
10) Empoderamento

"A estrutura de poder" do grupo pode ser organizada de várias formas. Pode ser hierárquica ou democrática. Pode ser burocrática ou flexivelmente aberta. Nós geralmente chamamos o poder organizacional de poder "politico": poder porque se relaciona ao corpo político, às "regras da casa," e a como nós organizamos nossas interações.

7) Poder de Decisão

Conforme foi mencionado, um dos poderes dos grupos é o poder de tomada de decisão. Quem toma decisões sobre o direcionamento do grupo, os recursos da organização, a estrutura, as mudanças etc.? Quem são aqueles consultados para as decisões? Quem são esses que ativamente participam processo de tomada de decisões? Cada uma dessas pessoas tem "poder" no grupo.

As decisões são feitas abertamente ou privativamente, elas envolvem todos no grupo ou um pequeno círculo do grupo? Se as decisões são feitas por uma minoria, elas representam o todo o corpo do grupo? Todas essas são questões sobre a presença e poder do grupo. Há poder nas decisões que são tomadas porque as decisões organizam e formam o funcionamento do grupo, como os membros do grupo se relaciona, como os recursos são distribuídos etc., O poder de decisão pode ser depositado em uma pessoa, em um pequeno subgrupo de elite ou pode ser distribuído de modo que este poder é exercitado pelo grupo todo. Como quer que isso for organizado, formal ou informalmente, isso influencia a estrutura "politica" do grupo: autocrática, democrática, laissez-faire, distribuída.

A efetividade do grupo ao tomar uma decisão, a qualidade dessas decisões e quão bem as decisões são executadas – tudo isso, afeta bastante os membros do grupo. Isso influencia o senso de que o grupo é efetivo, eficiente e produtivo. E, quando isso está em questão, é uma grande fonte de conflito.

8) Poder de Liderança

Então, há a "liderança." Em grupos, líderes sempre surgem. Isso porque *liderança* por sua própria natureza é situacional e funcional. Então, quando uma necessidade aparece no grupo, a pessoa ou as pessoas, que se propõem a dar um passo à frente para direcionar aquela necessidade, se tornam "líderes" neste contexto, reconhecidamente ou não. A pessoa que é melhor em algo e que pode ser líder para fazer o que grupo precisa tem uma importante função no grupo.

Quais são as necessidades dentro de um grupo que exigem que vários indivíduos deem um passo a frente? Há a necessidade de juntar as pessoas, a necessidade de descrever a realidade atual e de articular um resultado desejado para o grupo. Essas são necessidades que precisam de líderes visionários, líderes considerativos, líderes administradores e assim por diante. À medida que grupos se tornam estabilizados ao longo do tempo, líderes formais serão apontados para representar o grupo, para falar pelo grupo, de ser o primeiro etc.

Poder de liderança descreve outro conjunto de atividades relacionais que são necessárias no grupo. E a "estrutura de poder" de um grupo irá corresponder ao tipo de estilo de liderança que ela faz surgir – o líder herói, o líder ativo, o líder ditatorial, o líder exemplar, o líder gerente, o líder colaborativo etc.

Em consideração ao tipo e qualidade de comunicação dentro do grupo, a pessoa ou pessoas que podem articular os valores, desejos, estilos, história etc. de um grupo tipicamente irá surgir como liderança do grupo. E, aqueles que podem *fazer os frames* para o funcionamento, os processos operacionais e os valores, serão as pessoas que têm a maior influência dentro desse grupo. Estas pessoas também emergem como líderes do grupo – formais ou informais. (Irei expandir sobre Liderança no capítulo 16.)

9) Poder de Implementação

Agora, dado que este *poder,* por definição, refere-se a habilidade de *fazer,* de *ter iniciativa,* então o poder definitivo no grupo é o poder de implementação. Esta é a habilidade para implementar as decisões e planos do grupo e para, na verdade, atualizar a visão do grupo.

Os membros do grupo que têm este tipo de poder serão os *fazedores* no grupo. Eles são os que resolvem as coisas. Já foi dito muitas vezes que se você precisa que algo seja feito, atribua a uma pessoa ocupada. Há uma razão para isso. A razão é porque aqueles que não estão ocupados estarão, muitas vezes, operando com padrões de procrastinação, de inventar desculpas e/ou perfeccionismo. Procure por alguém com padrão de realização das tarefas e essa pessoa saberá como conseguir tempo, colocar em sequência as atividades necessárias, criar uma estratégia eficiente e fazer acontecer.[4]

Implementação é ainda mais do que isso e pode ser vista como um poder no grupo, mesmo nas atividades requeridas para se chegar a uma decisão ou plano. Poderia ser o poder de falar, de fazer perguntas, de proporcionar apoio aos membros do grupo, de clarificar os objetivos do grupos, de ajudar o grupo a desenvolver habilidades indispensáveis de pensamento e assim por diante. Um líder exemplar exercita este tipo de poder – lidera, age, toma iniciativa, com ou sem permissão, e uma vez que sua ação é adequada ao grupo, os demais irão seguir.

10) Poder de Flexibilidade

Grupos que superam o conflito porque lidam bem com ele e usam o conflito para criar melhores entendimentos e decisões, demonstram o poder da flexibilidade. O oposto de flexibilidade é rigidez e rigidez é a raiz de muitos conflitos destrutivos. Grupos não caem em conflitos destrutivos porque discordam ou têm metas e abordagens diferentes. Eles caem porque as pessoas se tornam *rígidas* em suas visões e posições. E se tornam rígidas em virtude de sentirem-se pessoalmente ameaçadas. A rigidez impede a adaptabilidade, abertura, consideração e a habilidade de resolver problemas. Will Schutz (1994) em *The Human Element* escreveu:

> "O sucesso depende da habilidade dos membros da equipe para lidar efetivamente uns com os outros e adaptarem-se as mudanças de condições. Se as pessoas no nosso grupo são compatíveis, nós podemos devotar todas as nossas habilidades para resolver nossos problemas de trabalho. Podemos ser flexíveis o suficiente para adaptar nosso comportamento às mudanças de situações." (Schutz, p. 150).

Quando você se torna rígido? Quando você se prende a sua posição teimosamente e perde a abertura para considerar os outros e seus pontos de vista? Ser rígido tipicamente é um tipo de pensamento branco-ou--preto, descreve também o pensamento tipo sim-não, ao qual Maslow chamou de dicotomização.

Se a rigidez é um grande inimigo do trabalho em grupo, como observa Will Schutz, então é importante reduzir o nosso senso de estar sendo ameaçado. E como a rigidez resulta de medos pessoais de ser ignorado, humilhado ou rejeitado, essas serão experiências que vamos querer reduzir. Podemos fazer um acordo para evitar isso? De não ignorar, humilhar ou rejeitar uns aos outros ou as diferenças/particularidades que trazemos para o grupo?

- Você precisa estar certo e certo o tempo todo?
- Você precisa absolutamente ter que ter as coisas do teu jeito toda vez?

11) Poder de Empoderamento

Coloque todos esses poderes juntos, teremos um grupo que pode empoderar seus membros e o próprio grupo. Juntos, esses poderes de grupo facilitam que o grupo se torne um grupo autogovernado. Ao acessar e exercitar as forças dos membros do grupo, nós facilitamos ao próprio grupo se tornar mais poderoso.

Para mim, isso representa um projeto chefe para qualquer grupo de coaching – ter membros do grupo indo para casa se sentido mais inspirados e mais empoderados para agir efetivamente nas coisas que fazem. Para atingir esta meta como coach de grupo, continue dando oportunidades às pessoas. Mobilize os recursos, mantenha o enquadramento da visão e colaboração frescos na mente.

A Arte do Coaching de Grupo

Como um líder de grupo, a primeira tarefa é fazer do *poder* uma discussão aberta, na qual não haja tabu e sobre a qual se pode abertamente falar. Próximo passo, desmistifique o significado de *poder* e como ele, na verdade, funciona no grupo. Isto também fará do aspecto político da vida em grupo um assunto aberto, o qual está aberto à influência do grupo.

Ao desmistificar o *poder*, os membros do grupo podem ter seus olhos abertos a como podemos tornar o poder em um grupo algo democrático. Nós temos essa possibilidade porque ela advém dos nossos atos e dos modos de nos relacionarmos. Advém de como lidamos um com os outros – como falamos aos demais, tratamo-nos, organizamos a nós mesmos e os recursos, tomamos decisões, lideramos e seguimos etc.

Quais são as fontes de "poder" em um grupo? O que dá a alguém "poder" Que os demais querem ou temem? Atividades de relacionamento são: falar, agir, decidir, trabalhar junto etc. O poder em grupo é, na verdade, uma função da qualidade de nossa comunicação e relacionamento. É uma função da qualidade de se preocupar, escutar, apoiar, validar e todas as demais ações de relacionamento com os outros.

Agora, considere o que isso significa em termos de como você pode construir uma base de relacionamento para si no grupo? É deslumbrante? Construir uma base de poder é simples: *Construa e estenda seus relacionamentos com as pessoas.*

Seu poder em um grupo depende de quem você conhece, como você os conhece, como se relaciona com eles, como se sentem a seu respeito, o grau de sua confiança em você, sua reputação com eles, o grau no qual eles te respeitam, gostam de você e têm você como uma pessoa integra. Isto é política positiva; é relacionar-se com os demais, de modo que a forma como todos fazemos negócios funcione para todos. Isso também envolve todas as coisas que você tem que aumentam o seu status aos olhos dos demais – conhecimento, dinheiro, influência, charme, afetuosidade, tenacidade, beleza etc. Sim, você poderia ir para o lado negro do poder usando de ameaças, insultos, medo, intimidação etc.

Além disso, se o poder for relacional, isto explicaria o motivo pelo qual fazer mudanças em relacionamentos existentes causará alterações no balanço de poder, enquanto a estabilidade o preservará. Isto explica, também, porque os membros do grupo que creem que ganharão poder irão apoiar a iniciativa. Explica o porquê que pessoas em posição de pouco poder irão, na maioria das vezes, resistir ao poder dos outros. E isso será importante para o assunto de *Mudanças* (capítulo 14).

Notas Finais do Capítulo:

1. Uma nominalização soa como um nome e se parece com um nome (substantivo), mas não é um nome. Não é uma pessoa, lugar ou coisa. É uma *ideia* geral sobre alguma ação ou conjunto de ações. "Motivação," uma nominalização que se refere a uma ideia de "motivo" (outra nominalização) que se refere a ideia de "movimento," "ser movido a" (as quais são ações). Nominalizações tornam a linguagem desnecessariamente complexa e pode esconder significados em uma terminologia vaga. Esse é o porquê de a desnominalizarmos!

2. Veja *The Secret of Personal Mastery* (1999) para Zona de Poder; e *para o The Matrix Model* (2003) the Power Matrix.

3. Para mais distinções sobre a *Responsibilidade Por/para com Distinguir,* Veja *Liberte-se! Estratégias para Autorrealização* (2007).

4. Veja *Achieving Peak Performance.*

Capítulo 16

LIDERANÇA:

COMO OS GRUPOS DESENVOLVEM A LIDERANÇA?

*"Se você não está pensando o tempo todo sobre fazer com que cada pessoa fique mais valiosa, você não tem a mínima chance.
Qual é a alternativa? Mentes perdidas? Sem envolvimento?
Uma força de trabalho raivosa ou entediada? Isso não faz sentido."*
Jack Welch, CEO General Electric

"Grupos efetivos não crescem sem direcionamento."
Leland Bradford

Liderança, como já foi mencionado, é um dos processos inatos e um dos poderes de um grupo. Inevitavelmente, líderes e liderança emergem em um grupo, em todos os grupos. E, dependendo da qualidade da liderança, os líderes geralmente são um dos mais ativos de um grupo. Ainda que dependente da qualidade de uma liderança, os líderes podem ser um dos grandes passivos de um grupo. Isso, com certeza, levanta muitas questões:

- Os grupos têm mesmo que ter uma liderança?
- O que é liderança efetiva de grupo?
- O que liderança significa no contexto de grupo?
- O coach do grupo pode ser o líder desse grupo?
- Se, sim, como alguém desempenharia ambos papéis, o de coach e o de líder?

Liderança e Grupos

Assim como com o poder, "liderança" é outro desses termos e ideias que precisam ser desmistificadas antes que possamos falar inteligentemente sobre ele. O problema com a terminologia de liderar, líderes e liderança é que há muitas definições, mitos e entendimentos incorretos sobre liderança.

Antes de mais nada, então, o que é *liderança* e o que isso significa em termos de um grupo e da experiência de um grupo? Em *Unleashing Leadership,* um dos livros da série Meta-Coaching, eu defini as competências centrais da liderança como habilidade "de trazer à tona o melhor nos outros." Isso é o que um líder faz, principalmente. *Um líder traz à tona o melhor nas pessoas.*[1]

Portanto, qualquer um que possa facilitar o crescimento das pessoas, seu desenvolvimento, identificar e liberar seus potenciais, se tornar mais do que alguém pode se ser – essa pessoa tem a habilidade de "liderar" os outros em alguma área ou função. As palavras, "tem a habilidade," não é a mesma coisa que exercitar realmente essa competência. Isso enfatiza o fato de que, para ser líder, faz-se necessário um *relacionamento* com o grupo – um relacionamento de confiança, credibilidade e comunicação.

Liderança e Coaching em um Grupo
1) Necessidade
2) Direção/ Empoderamento
3) Estilo
4) Objetivos
5) Cultura

Há uma razão para isso. *É porque a liderança verdadeira é uma função.* Envolve o que uma pessoa faz. A função da liderança é inerente ao contexto no qual a liderança *lidera* as pessoas em alguma área importante da experiência em grupo, de modo que o grupo pode trabalhar junto mais efetivamente nesta situação (cooperando e colaborando). Essa definição implica e assume que as pessoas do grupo precisam se voltar para certas áreas que ajudam o grupo a ser mais efetivo. Isso significa que liderança não se trata de status, posição ou autoridade. Não se trata de um título externo ou status que é dado a alguém.

Uma faceta central de liderança é a *influência*. Em um grupo, a pessoa ou as pessoas que emergem como líderes são aquelas que mais influentes crenças, estados e atividades de membros do grupo. Estas são as pessoas que têm iniciativa, tomam decisões, oferecem sugestões, estabelecem disputas, delegam posições, dispensam aprovação ou desaprovação, encorajam, inspiram etc. E, no centro de todos estes fenômenos, está a comunicação. Então, outro fator indispensável sobre a liderança está na quantidade de comunicação que uma pessoa proporciona.

> "Geralmente, o membro mais ativo, em termos de comunicação, é também o líder do grupo. No nível mais simples, isso se dá porque a pessoa mais ativa terá maior influência no grupo. . . A ideia básica é que a comunicação é essencial para a liderança e que a pessoa que se comunica mais livremente tende a ser líder. . . Ninguém consegue ser líder a menos que possa comunicar-se com seus seguidores e eles possam comunicar-se de volta. ... ao menos em grupos pequenos, extroversão, eloquência (talvez, até mesmo falar pelos cotovelos), alto nível de atividade e distinção, tendem a caracterizar o líder." (1978, *Social Psychology,* p. 470, 476, 480).

Pessoas assim iniciarão mais interações dentro de tais categorias como demonstrar solidariedade, liberar tensões, facilitar acordos, possibilitar o senso de pertencimento etc. Este faz mais perguntas – procurando informação, opiniões e sugestões e traça *frames* para o grupo se recordar de tudo que é importante.

> "A liderança é compartilhada em uma equipe de alta-performance."
> *The Wisdom of Teams,* p. 80

O que os Grupos Querem em Líderes

O que os membros de um grupo querem de seus líderes? As pesquisas consistentemente mostram que o que os membros de grupos principalmente querem de seus líderes é competência, consistência, direções claras, que se preocupe com eles como pessoas, (ser respeitoso e demonstrar honra), que esteja comprometido e viva com integridade (ser honesto e confiável). Líderes que possam fazer isto irão inevitavelmente ganhar a lealdade das pessoas.

Os grupos *precisam mesmo de líderes*? A resposta é, "Sim, com certeza." Na vida e experiência em qualquer grupo, há sempre necessidade de informação, direcionamento, guia, coordenação de esforços e cooperação entre os membros do grupo e de muitas outras coisas que possibilitam a vida em grupo. Para suprir essas necessidades de grupo, indivíduos necessitam que alguém os lidere (facilite e possibilite) no encarar e na satisfação dessas necessidades. Com esta finalidade, os grupos irão precisar de muitos tipos diferentes de líderes – líder visionário, líder considerativo, líder administrador, líder gerencial etc. Então, a liderança talvez possa ser incorporada em uma pessoa ou distribuída por muitas. Pode ser formal, mas, também, pode ser informal.

Dois dos tipos de líderes que todos os grupos precisam envolvem o papel duplo da implementação das tarefas e do suporte relacional. A segunda função provê a liderança social do grupo. Isso é, a liderança que possibilite o poder socioemocional do grupo e, com isso, o grupo é capacitado a performar sua função principal – executando as metas do grupo e seus objetivos.

Irvin Yalom (1975, p. 477) fala das "quatro funções básicas da liderança" em um grupo:

> 1) *Estimulação emocional:* desafiando, confrontando, agindo; modelagem intrusiva ao assumir risco pessoal e elevada responsabilidade.
>
> 2) *Cuidado e Atenção:* oferecendo apoio, afeição, enaltecendo, protegendo, trazendo calor, aceitação, genuinidade, cuidado.
>
> 3) *Atribuição de significado:* explicando, clarificando, interpretando, provendo um enquadramento cognitivo para mudança, traduzindo sentimentos e experiências para ideias.
>
> 4) *Função executiva:* estabelecendo limites, regras, normas, metas; gerenciamento tempo; acompanhamento, parando, intercedendo, sugerindo procedimentos.

Isto é o que ele diz sobre essas quatro funções:

> "Quanto maior o cuidado e quanto maior a atribuição de significado, mais alto e positivo é o resultado. As outras duas funções, estimulação emocional e função executiva têm uma relação curvilínea de resultado – as regras de ouro significam: demasiado ou pouco demais desse comportamento de líder resulta em diminuição do resultado positivo.
>
> "Por exemplo, muito pouca estimulação emocional resulta em um grupo sem energia e pouco vitalizado; estimulação demais (especialmente com pouca atribuição de significado) resulta em uma carga de clima altamente emocional com o líder pressionando para mais interações do que os membros podem integralizar. Pouca função executiva – um estilo *laissez-faire* – resulta em um grupo confuso e desajeitado; função executiva demais resulta em um grupo altamente estruturado, grupo autoritariamente disrítmico, o qual falhou em desenvolver um senso de autonomia ou um fluxo livre de sequência interacional."

"O líder de maior sucesso, então, seria moderado na intensidade de estímulo e na expressão de sua função executiva, dando alto valor ao cuidado e ao significado.

Ambos atributos, cuidado e significado parecem imprescindíveis, mas nenhum sozinho é suficiente para assegurar o sucesso." (p. 477)

Grupos, antes de tudo, requerem líderes que conseguem ajudar a manter o grupo junto – líderes de relacionamento que sejam líderes exemplares, líderes que nutrem, líderes que auxiliam os membros do grupo a sentirem confiança, inclusão, cuidados, respeito etc. Estes líderes precisam ser calorosos, pessoais, conciliadores, empaticamente devem considerar o bem-estar e os estados emocionais dos membros do grupo etc.

Em segundo lugar, grupos também precisam de líderes que possam ajudar o grupo a funcionar efetivamente para atingir resultados: sobreviver, produzir um produto ou serviço, gerenciar a si etc. Este gerenciadores de tarefa devem ser eficientes, diretos, focados, firmes, definitivos etc.

Dado este cenário, vamos agora fazer a pergunta "O que uma liderança efetiva de grupo cria?" A resposta é que liderança efetiva possibilita ao grupo, como um todo, ser bem sucedido e corresponder às necessidades do grupo e possibilita aos membros crescerem, desenvolverem-se e liberarem seus potenciais como indivíduos. O grupo está se movimentando em direção a se tornar uma equipe e tendo um robusto espírito de equipe? Se, sim, a liderança é efetiva. O grupo está se tornando mais autorrealizável. Então, a liderança é, especialmente, efetiva.

De volta à pergunta de liderança? Poderia um grupo funcionar sem um líder? E, eu acho que é óbvio, agora, que a resposta é um definitivo "Não." Grupos precisam de líderes. Grupos precisam da satisfação de várias funções, as quais requerem alguém que tenha habilidade para exercitar certas competências. Ainda assim, precisa esta liderança ser formal e externa ou poderia surgir do próprio grupo e ser informal? Quando isso ocorre, nós tendemos a chamar de "grupo sem liderança" mesmo que as funções ou liderança possam ser suprida internamente por membros do grupo. Então, o que realmente está ocorrendo é que a liderança é distribuída.

Coaching e Liderança – Estabelecendo Direcionamento e Empoderamento

Dada a nossa definição corrente de liderança, como definimos coaching? Não é "trazer à tona o melhor nas pessoas?" Isso é certamente o que um coach faz. Um coach traz à tona o melhor nas pessoas ao facilitar as conversas de descobrimento, clareza, comprometimento (decisão), planejamento, mudança, experimentando recursos necessários etc.

Como isso se difere de liderar? Um líder traz à tona o melhor nas pessoas ao proporcionar inspiração, direcionamento e organização. Diferente do coach, que exclusivamente usa a metodologia do *processo de facilitação*, um líder talvez faça isso como parte de seu estilo e método, mas também proporciona várias funções executivas como direção, visão e instrução. Então, diferente do coach, o líder de um grupo precisa dar aconselhamento, dar informações acerca do que os membros do grupo não sabem e tomar uma decisão final depois que o grupo teve uma discussão aberta acerca dos prós e contras da decisão.

Eu vejo o quão importante essas funções são, e quão, até mesmo, indispensáveis no meu próprio trabalho de juntar as pessoas para operarem como "Equipe Assistida" para os nossos programas de *Coaching Mastery*. Isso porque cada membro do grupo tem que desempenhar dois papéis no Campo de Treinamento de coaching que conduzimos. Em certos momentos, eles estão no papel de coaches de grupo e, em outros, como líderes de grupo. Enquanto esses papéis se acumulam, de vez em quando eles *não* são o mesmo papel, há momento em que diferem radicalmente. Então, em preparação para isso, a grande questão é *quando* e *como* mudar de um papel ao outro.

"Você tem dois chapéus para usar", é o que digo, à medida que lanço luz neste papel duplo no qual cada coach de grupo terá para navegar no processo.

> "Haverá momentos em que você será o líder e precisará por um chapéu de líder. Nesses momentos, você estará estabelecendo os limites e regras do grupo, você receberá informação e, até mesmo, conselho sobre o que os membros do grupo precisam saber.
>
> "Em outros momentos, você precisará tirar o seu chapéu de líder e colocar o seu chapéu de coach. Quando você fizer isso, você irá pisar em um papel totalmente diverso, seu papel agora é usar o processo de facilitação como seu *modus operandi* com o grupo."

Dados estes dois papéis, quase todo mundo irá perceber que um tem um papel que é mais confortável e familiar do que o outro. Esse será o papel para o qual a pessoa irá fugir quando sob estresse. Mudar de um para outro, entre os papéis, requer que a pessoa saiba *quando* é importante voltar ao outro papel. A pessoa também precisa ter acesso e praticar as competências centrais daquele papel.

Liderando um Grupo como um Coach

Dadas as diferenças entre os dois tipos de liderança entre os dois papéis relacionais de liderança e de coaching, é possível *liderar* como um *coach*? Sou de opinião afirmativa: "Sim, você pode ." No fim das contas, não apenas o coaching é uma forma de liderança, mas uma vasta quantidade de líderes atualmente operam utilizando-se a metodologia do coaching. A diferença reside em usar principalmente a metodologia de coaching para trazer à tona o melhor nas pessoas, as empoderando, de modo que elas possam desenvolver suas próprias habilidades de autoliderança.

Coaches lideram ao usar o estilo facilitativo e líderes fazem coaching para ativar a mobilização de seus seguidores para usá-la em prol do grupo. São estas duas descrições, na verdade, duas visões da mesma coisa?

Liderar um grupo *não* significa assumir todas as tarefas administrativas. Ao invés disso, significa que você faz performance de muitas responsabilidades de liderança, de maneira não autoritária, ao mobilizar os poderes do grupo para dividir estas responsabilidades. Como líder, você se torna um exemplo vivo. Como líder, você inspira e gera motivação e alinhamento. Como líder, você busca meios de incorporar os aprendizados e habilidades do grupo à cultura do grupo. Como líder, você também deve impedir que o desenvolvimento de qualquer dependência não saudável recaia sobre você.

Para assumir o domínio, os membros grupo precisam de toda informação necessária e de entendimentos claros de como eles podem afetar e contribuir para os negócios. E é isso que você, como líder do grupo, facilita. No final das contas, coaching efetivo com um grupo resulta no desenvolvimento do grupo até que se torne uma equipe autogerenciada.

O "Projeto de Encontro de Grupo" (1973) de Lieberman, Yalom, e Miles descobriu que líderes que utilizam um grande número de exercícios aumentariam sua popularidade com o grupo. Membros os consideravam competentes, efetivos e perceptivos. Entretanto, esses grupos também atingiam resultados mais baixos e havia menos mudanças nos membros do grupo (Yalom, 1975, p. 448).

Liderança em um grupo pode ser centrada ou distribuída, com cada membro assumindo a liderança temporariamente em relação a sua percepção das necessidades do grupo pelo que pode oferecer. Quando a liderança é distribuída no grupo, ela se torna responsabilidade de cada membro, bem como responsabilidade especial do líder designado.

> "Liderança que *distribui* a liderança é, no contexto de ética democrática, a mais forte e fértil de todas." (Kemp, 1970, p. 195)

Estilo – Como Você Lidera e Provê Coaching

Qual é o seu estilo de liderança? Qual é o seu estilo de coaching? Seu estilo surge de numerosos fatores. Dentre estes fatores, três são mais influentes: seus estados, crenças, valores, entendimentos conceituais, seu *ser,* bem como os seus fazeres (suas habilidades).

Uma forte influência no seu estilo são os seus estados. Estilo é diretamente uma função de seus estados o que, em retorno, são expressões de suas crenças e valores. Então, olhe para seus estados – em quais estados mental-emocionais você está e opera quando você está fazendo coaching e/ou liderando? Quando você faz uma pausa e considera o efeito geral ou sente seus estados – quais palavras você iria (ou os outros iriam) usar para descrever este efeito? Você gosta disso? É o sentimento ou humor que você quer levar consigo? Se não, então quais são os estados que você gostaria de acessar e usar?

Em adição aos seus estados, seu estilo também deriva de seus mapas-mentais sobre suas visões da natureza humana, liderança, e/ou coaching. Se você tem a visão da Teoria X das pessoas, seu estilo será direcionado pela Teoria X e será Comando-e-Controle. Se a sua visão é formada pela Teoria Y, então, você vai querer ter um estilo mais humanista e autorrealizador.[2]

Finalmente, sua característica como coach vai grandemente influenciar sua efetividade como coach de grupo. Você é atencioso, considerativo e flexível? Você é capaz de estabelecer limites e *frames* de modo firme e com compaixão? Você é capaz tanto de liderar quanto facilitar? De confrontar e de nutrir?

Objetivos e Metas da Liderança/ Coaching de Grupo

Quais objetivos você deve estabelecer como coach de grupo? O que você quer conquistar como coach de grupo? A parte II deste livro já identificou muitas das coisas que você obviamente quer atingir com o coaching e a liderança de grupos. Por exemplo, você vai querer –

- Corresponder às necessidades dos membros do grupo (capítulo 4).
- Corresponder às necessidades do próprio grupo (capítulo 5).
- Facilitar uma formação robusta de grupo (capítulo 6).
- Possibilitar ao grupo pensar sistemicamente (capítulo 7).
- Facilitar grupo se tornar uma equipe plena (capítulo 8).

- Possibilitar ao grupo ficar alerta e evitar disfunções (capítulo 9).
- Desenvolver um espaço conversacional (capítulo 10).
- Usar os dez tipos de conversas para comunicar-se efetivamente (capítulo 11).
- Facilitar uma efetiva inteligência emocional (capítulo 12).
- Possibilitar ao grupo aprendizado conjunto (capítulo 13).
- Facilitar o grupo como espaço de mudança e agente de mudança (capítulo 14).
- Empoderar o grupo para lidar efetivamente com as várias formas de poder (capítulo 15).
- Possibilitar ao grupo desenvolver uma liderança efetiva internamente (capítulo 16).

Se você fez essas coisas, então, você fez o coaching do grupo para experienciar as seguintes qualidades que facilitam o desenvolvimento de uma equipe efetiva: coesão, estilo facilitativo, engajamento total em suas tarefas, saudável em sua autopreservação, divertido e alegre e, é claro, efetivo em atingir suas metas.

Liderando / Fazendo Coaching na Cultura do Grupo

Todo grupo desenvolve uma cultura. Isso porque quando estamos em grupo, a forma que agimos e falamos uns com os outros inevitavelmente *cultiva* nossas mentes, emoções, linguajar e ação o que, em troca, cria o ambiente, contexto ou espaço no qual vivemos. Esse contexto de grupo ou ambiente é a *cultura* do grupo. Nós não podemos não criar uma cultura porque nós inevitavelmente criamos modos de interagir, rituais de congratulações, conversas, tomadas de decisão, condução de negócios etc. E, da forma que construímos "o modo no qual fazemos as coisas por aqui," esta se torna nossa cultura.

Qual é, então, a cultura no grupo? É a coleção de todas as formas que cultivamos nossas mentes, emoções, linguajar, relacionamentos, interações e implementamos nossas crenças e decisões. É o resultado de como o grupo é liderado e gerenciado. É por isso, que, definitivamente, o líder de um grupo ou líderes são responsáveis pela cultura do grupo. E se nós podemos construir inventar uma cultura, nós podemos reconstruir e reinventar uma cultura melhor e mais produtiva para o grupo.

A Arte do Coaching de Grupo

Grupos são, inevitavelmente, liderados e um dos modos mais poderosos de liderar um grupo é por meio do poder do coaching.

Coaching como uma metodologia de liderança e gerenciamento oferece uma abordagem mais gentil, mais sofisticada que toca nos recursos de pessoas e que liberta o potencial latente que pode ser utilizado. Isso possibilita ao grupo ter o domínio e desenvolvimento de sua própria liderança.

Qual o seu estilo de liderança e seus melhores dons de liderança? Do que você precisa para receber coaching para que sua liderança chegue a um próximo nível? Você está disposto a fazer isso? Em que você se foca quando você provê coaching a um líder? Em qual medida você é capaz de modelar a dança entre operar a partir do chapéu do líder e do chapéu de coach?

Notas Finais do Capítulo:

1. Veja *Unleashing Leadership: Self-Actualizing Leaders and Companies* (2011).

2. Teoria X e Teoria Y foram derivadas do trabalho de Douglas McGregor sobre Abraham Maslow, em seu livro de 1960, The *Human Enterprise.* Você pode encontrar isso em *Maslow on Management, The Maslow Business Reader,* também em *Unleashing Leadership.*

Parte IV:

COACHING EM GRUPOS

Capítulo 17

PREPARAÇÃO DO COACH:

COMO SE PREPARAR PARA CONDUZIR COACHING COM UM GRUPO?

"Torne-se mestre na coragem de interrogar a realidade."
Susan Scott

"Trabalhar em equipe não se equipara necessariamente ao trabalho como equipe. Colaboração vem em vários tons de predisposição, comprometimento, eficiência e efetividade."
David Clutterbuck

Fazer coaching com um grupo requer um alto nível de competência. Isso porque coaching – e especialmente coaching de grupo – não é algo que qualquer um consiga fazer. De fora pode parecer fácil, mas por dentro não é. Coaching de grupo, antes de tudo, requer muita inteligência social e emocional, entendimento da dinâmica do grupo e das habilidades maduras de um líder (paciência, persistência, resiliência). Quando você faz coaching de um grupo, você não faz coach de grupo para ser "babá" de um conjunto de pessoas – mantendo-os ocupado, mantendo-os focados em uma meta, ou moderando de modo que as coisas não saiam dos trilhos. Nada disso descreve ou se qualifica como "coaching de grupo."

Coaching de Grupo requer todo um conjunto de outras habilidades – habilidades que possibilitam o seu gerenciamento efetivo das conversas e experiências do grupo.

- Quais são as habilidades que requeridas para se fazer coaching de um grupo?
- Qual é o seu nível de competência com essas habilidades?

Na verdade, como coach de grupo, uma vez que há duas dimensões de uma experiência, dois conjuntos de habilidades são requeridos. O primeiro conjunto de competências centrais é para você mesmo e para a dimensão de sua própria prontidão e competência para entrar nesta aventura. Elas são projetadas de modo que você se mantenha competente e criativo à medida que você facilita o grupo. A segunda dimensão se relaciona ao grupo e envolve o conjunto de competências centrais necessárias ao coaching efetivo do grupo para atingir ambos resultados performacional e relacional. Este capítulo irá cobrir a primeira dimensão e o próximo capítulo a segunda dimensão de habilidades para coaching de grupo (capítulo 18).

Dimensão 1: O Centro das Competências de um Coach de Grupo

Quais são as habilidades que você irá precisar como coach de grupo? Quais são as características essenciais que você irá precisar em si mesmo para *ser* o tipo de pessoa que consegue lidar com os desafios e processos de um coaching em grupo?

1) Um Estado Intencional Alto e Claro

Ser intencional significa operar de modo proposital e focado. Quando o propósito é fazer coaching de um grupo, você irá querer operar no estado de fluxo. Então, o primeiro requerimento para você como coach de grupo é acessar suas intenções mais elevadas, de forma que você possa operar a partir de um robusto estado de intencionalidade. Suas intensões mais elevadas irão simultaneamente tocar em seus valores e significados mais elevados. Isso fará suas intenções claras, à medida que tira seu ego do caminho, de forma que você consiga focar em conseguir algo verdadeiramente importante no que você faz.

Questões que você pode utilizar para explorar sua própria intencionalidade são estas:

- Como coach de grupo, o que você está procurando fazer? Por que estas metas?
- O que você está tentando fazer em favor dos membros do grupo?
- Quão claro está para você os seus objetivos?
- Quando você está com o grupo, quão ciente está você dessas intenções?

- O que você precisa fazer para mantê-los mais em seu foco?
- Qual crença ou decisão você precisa tomar para permanecer com um foco claro em mente?

Padrões que você pode utilizar para facilitar uma maior intencionalidade no seu modo de fazer coaching são:

- *O Padrão de Intencionalidade.* Inicie com uma atividade e explore o valor dela. Isso é valioso para você? Se sim, então, pergunte: *Por quê? Porque isso é valioso para você*? O que você ganha em se engajar nesta atividade? Se a resposta é sim, então, *mantendo este valor em mente*, pergunte a si mesmo, "Por que isso é valioso para mim?" A cada resposta, repita a pergunta e faça isso de cinco a sete vezes para manter a ascensão nos níveis de valor e intencionalidade. Eu recomendaria a você que anote o valor ou valores de cada nível. Quando você chegar ao topo, você provavelmente terá realizado uma lista dos seus valores e intenções mais elevados. Agora, reserve um instante para analisar completamente cada um desses e experimentá-los em seu corpo. Então, quando você estiver completamente conectado com essa intenção maior, pense sobre a atividade inicial e perceba como sua intencionalidade mais elevada transforma como você se engaja nas atividades. Para uma descrição completa deste padrão, veja *The Secret of Personal Mastery* (1997).

- *O Padrão de Gênio Pessoal.* Identifique o estado de engajamento que você quer no qual estará completamente engajado, agora entre nesse estado tanto quanto possível. Então entre e saia desse estado de cinco a dez vezes. Faça isso até que você consiga acessar este estado com um estalar de seus dedos de forma que você possa sair puramente, não levando nada dele com você quando você sair. Uma vez que você tenha feito isso, volte a entrar no estado e trace uma série de limites, definindo questões acerca de quando experimentar aquele estado e quando não, com quem e com quem não, como e como não, por que e porque não, os eventos que são verdadeiras emergências para as quais você quer permitir-se interromper os estados e quais interrupções às quais você não será responsivo. Cheque a ecologia do estado quando terminar e tome uma decisão executiva para fixar isto, de modo que você possa entrar neste estado de "fluxo" por sua própria vontade. Para todo o padrão, veja *Secrets of Personal Mastery* (1997) ou *Liberte-se* (2007).

- ***Padrão de liberação de Julgamento.*** Relembre um tempo quando você acessou em um estado de julgamento e isso trabalhou contra você. Quando você estiver nele completamente, dê um passo atrás apenas para observar e notar como você criou aquele estado de julgamento. Próximo, saia de novo e acesse três estados de recursos: aceitação e apreciação. Acesse cada um separada e completamente o bastante, de forma que tenha rápido acesso a cada estado de não-julgamento como recurso. Próximo passo, acesse um estado de "liberação" – lembre-se de um momento (ou imagine um momento) quando você permitiu algo passar, disse adeus, se livrou de algo, fechou a porta de um capítulo da sua vida etc. Agora, para colocar tudo isso junto, volte ao estado de libertação e quando este estiver robusto e forte faça uma ligação com o estado de julgamento, de modo que a conexão ocorra, livrando-se de seus julgamentos. Faça isso repetidamente até que você obtenha um senso de suspensão de julgamentos. A seguir, à medida que você se livra de fazer julgamento mais uma vez, um por um traga o testemunhar para o que você julgou, então, traga aceitação e apreciação. Repita quantas vezes forem necessárias. O padrão pode ser encontrado em *The Sourcebook of Magic, Volume II*.

2) Recursos Pessoais

Fazer coaching de indivíduos e grupos requer recursos – muitos deles. Afinal, você estará dando ritmo ao grupo todo, calibrando cada uma das pessoas, fazendo monitoramento do progresso do grupo, ficando focado no objetivo de longo prazo do grupo, metas de curto prazo e objetivos na sessão atual e, muito, muito mais. E, tudo isso, requer bastante foco e atenção. Requer um conhecimento básico das dinâmicas do grupo, coaching, equipes, plano de contingência, ensaio, manutenção dos valores e padrões e, muito, muito mais. Não é de se admirar que você precise de muitos recursos e de seus dons pessoais para fazer isso!

Como um coach de grupo efetivo, você precisará ser capaz de acessar e operar de seus melhores estados de recurso, de propósito, e durante a maior parte do tempo. E isso requer um alto nível de inteligência emocional, uma vez que você se expõe diante das pessoas. Este é o cerne da prática da PNL, bem como do treinamento de Metaestados.

3) Congruência Pessoal

Sua congruência de poder pessoal te dá o poder de credibilidade com os outros. Então, como você cria congruência pessoal? Você o faz ao alinhar suas palavras com o seu comportamento, sua voz e seus gestos para combinarem com suas mensagens. Congruência significa que você está vivendo como você mostra e que você está cumprindo suas responsabilidades. Faça isso e você estará mostrando e comunicando um senso de que você é digno de confiança. E isso, em retorno, irá tanto convidar quanto evocar confiança naqueles para os quais você faz coaching.

Como um coach de grupo, mire em congruentemente modelar habilidades de comunicação que você está facilitando. Dê ritmo ao grupo ao acompanhar, conectar-se com cada indivíduo, criar relação de trabalho excelentes, admitir seus erros quando você os cometer, ter tanto tato quanto possível e demonstrar o que resiliência significa ao recuperar-se de erros ou resultados desencorajadores.[1]

4) Abrace Diferenças

Primeiro e principalmente para um coach de grupo vem a habilidade de abraçar as diferenças completamente. Isso significa ser capaz de ver, reconhecer, entreter e trabalhar com diferentes pontos de percepção, valores, vistas, opiniões, estilos etc. Isto requer a habilidade de pegar diferentes pontos de percepção e pontos de vistas, movendo-se entre diferentes perspectivas no grupo, à medida que você facilita a comunicação e o diálogo para gerar entendimento e resoluções para o grupo tomar ações efetivas.

Isso explica a necessidade de liberar o julgamento, de modo que você possa abraçar o julgamento, avaliação e significados dos outros em virtude de entendê-los em seus próprios termos e de ajudar o grupo a se integrar, usando as diferenças. Como atitude, abraçar as diferenças acaba sendo competência principal da criatividade.

5) Preparação Contínua

"Quando você estará totalmente pronto para o coaching de grupo?" A resposta é, Nunca! Então, esteja sempre se preparando. Sempre haverá mais a aprender mais para se tornar, mais para se desenvolver. Então, esteja preparado para estar melhorando continuamente, aprendendo e se desenvolvendo. Refresque e renove seus resultados e visões continuamente e, também, tenha um coach. Desenvolva-se continuamente tanto profissional quanto pessoalmente. De fato, sua atitude e exemplo como uma pessoa comprometida com sua própria melhora contínua será um ótimo exemplo de liderança no grupo.

6) *Gerenciamento de Estado Sob Pressão*

O primeiro passo é para que todos no grupo entendam e abracem o desafio perante o grupo, isso requer aprendizado de como se comunicar efetivamente. Uma vez que o grupo abrace esse entendimento, você pode, então, pedir por um comprometimento – um comprometimento para o grupo aprender a sua arte.

Por quê? Porque haverá falhas, desapontamentos e conflitos ao longo do caminho. Como grupo, não seremos sempre bem-sucedidos. Teremos que nos perceber e dar um passo atrás, encontrar o que deu errado, nos desculpar e renovar nosso comprometimento para aprender a como procurar entender e se comunicar no grupo.

E isso é apenas um tipo de pressão que o grupo vai experimentar, há muitos outros. E, porque todos sofrem uma tentação natural de regressar ao estresse, é especialmente importante como coach de grupo que você desenvolva a habilidade de permanecer frio e calmo, enquanto os demais perdem suas cabeças. Em outras palavras, visando a fazer coaching efetivo de um grupo para diluir estado quente de estresse nos demais, você precisará ser capaz antes de fazer isso consigo.[2]

7) *Flexibilidade em Múltiplos Contextos*

Cada grupo é composto por múltiplos membros, vivendo em múltiplos contextos. Isso porque todos nós somos membros de muitos grupos e todos esses grupos adicionam contextos para o que ocorre dentro de nós e entre nós. Isso é especialmente verdade em grupos de empresas. Uma fonte de complexidade em organizações surge de como elas são estruturalmente de multicamadas.

Então, para efetivamente fazer coaching nesse contexto, você irá precisar manter uma consciência dos múltiplos contextos que os membros do grupo estão vivendo e nos quais estão operando. Se você não sabe, pergunte. Segundo, você também precisa da habilidade de trazer isso para a vanguarda do grupo e inquirir sobre como os contextos múltiplos fazem interface uns com os outros. E, então, quando tudo isso ocorre, como coach de grupo, você precisa de flexibilidade para deslocar-se entre esses múltiplos contextos.

Guiando Uma Sessão de Grupo

Qualquer que seja a sessão com um grupo, trate cada uma como se fosse especial e, principalmente, evite tratá-la como se fosse um "negócio de sempre." Se você fizer isso, você pode desenvolver uma atitude de dormência e de não-especial, isso irá reduzir seu senso de quão especial é a experiência. Gosto do suspense e da antecipação da surpresa em uma linha que Susan Scott (2002) introduziu em seu, *Fierce Conversations:*

> "Nossas próprias vidas são bem-sucedidas ou falham gradualmente, e então abruptamente, *uma conversa por vez.* Igualmente provocativo tem sido a minha percepção de que ainda que nenhuma conversa singular seja garantia de mudança na trajetória de um negócio, de uma carreira, de um casamento ou de uma vida, qualquer conversa singular *consegue ser.*" (p. I)

Há vários passos e, portanto, habilidades para se evocar. Thornton (2009) escreve:

> "Não é o trabalho do coach de grupo fazer o que tem que ser feito pelo grupo; os membros do grupo são responsáveis por isso. A sua responsabilidade é assegurar que as condições sejam tão favoráveis quanto possível para que as coisas funcionem." (p. 234)

1) Introduzindo enquadramentos.

Foque em fazer uma sessão com um começo grandioso. Fica a seu critério o ajuste do tom desse encontro. Então, inicie por estabelecer quaisquer que sejam os *frames* necessários para ter o grupo discutindo com otimismo, inspiração e energia. Isso ajudará a dar à experiência um ótimo começo. Como? Antes de mais nada, sempre comece no horário. Quando você o faz, você não precisa iniciar com a agenda do dia, você pode começar com algo mais, algo que seja especial e importante, algo que os membros do grupo vão adorar e sobre o que falarão depois. Quando as pessoas entrarem no espaço, note-as e dê as boas-vindas a elas no grupo. Faça o mesmo com aqueles que chegam atrasados. À medida que o tempo passa, dê pistas de onde você está.

"Nós estamos agora no meio do caminho e temos ainda 30 minutos." Quais orientações de *frame* você vai fornecer?

- Qual é o *frame* de tempo para o grupo? Quais são os limites de tempo?
- Quais são as tarefas desta sessão?
- Por que nós estamos aqui? O que nós podemos atingir?

2) Articulando a mente do grupo.

Monitore os membros do grupo à medida que expressam seus pensamentos e visões, de modo que você seja capaz de reproduzir a mentalidade do grupo. Isso trará muitas coisas positivas. Isto ajudará o grupo a permanecer focado. Ao expressar as ideias do grupo claramente, os membros se sentirão escutados. De vez em quando, isso pode significar refrasear uma contribuição de um membro que não estava clara, tornando-a clara, de forma que os demais membros a compreendam. Isso irá modelar a maneira de se escutar ativamente e como assegurar o reconhecimento do que alguém disse. Isso permitirá ao grupo saber que você está comprometido a escutá-los. Saberão que a opinião de todos são consideradas.

3) Oriente o grupo ao seu propósito e visão

Ainda que possa parecer "óbvio," oriente o que quer que seja que você está fazendo com o grupo em um dado dia, e regularmente conecte isso com a visão mais abrangente do grupo e com o propósito. Isso irá endossar as atividades com um senso de relevância, pois reestabelece o *frame* intencional do grupo. Um subproduto disso será que enquanto você continua ensaiando e parafraseando a visão do grupo – a visão e a missão se tornam mais e mais fortemente internalizada nos membros do grupo.

4) Monitore e guie a conversa.

Foque em ajudar o grupo a manter a conversa nos trilhos com aquilo que o grupo está tentando alcançar. Facilite o progresso contínuo, ao fazer sumários de onde o grupo está a qualquer tempo e, como necessário, convide o grupo a dar um passo atrás de tempos em tempos para fazer um metamomento de reflexão.

"Como estamos indo com esta conversa?"

5) Regule a qualidade das conversas do grupo.

Foque também em assegurar que haja proporcionalidade de contribuição entre os membros, ao notar quem não está falando, e convide esses indivíduos a contribuírem. Mire em manter a equidade entre o grupo. Torne sua função não permitir que algum membro do grupo se torne invisível na experiência de grupo. Os Apêndices F e G foram incluídos ao final do livro como ferramentas que você pode utilizar como *checklist* das qualidades e/ou disfunções do modo em que as pessoas estejam conversando umas com as outras.

6) Tenha todos os membros do grupo em consideração.

Como uma expressão de graça social, mire em expressar tato e cortesia a cada membro do grupo e de fazer isso regularmente. As pessoas aprendem muito melhor quando estão se sentindo alegres.

7) Traga encerramento para o grupo para que a sessão chegue a um fim definido.

Foque em fechar o encontro do grupo com um sumário das coisas que aprenderam, as descobertas, e/ou decisões que o grupo fez.

Então, termine com alto tom. E, como você sempre começa no horário, termine no horário. Isso construirá confiança. As pessoas confiarão que você será efetivo em manter o tempo, respeitando o seu tempo.

O que você colocará no resumo? Faça um sumário das experiências, dos aprendizados, das decisões. Celebre os sucessos, aprendizados, contribuições de várias pessoas, os esforços para ser bem-sucedido etc. Se você escreve essas coisas, à medida que as conversas do grupo ocorrem você será capaz de explicitar e ser específico. Então, os aprendizados podem ser usados para revisar e celebrar.

- O que nós aprendemos?
- O que decidimos?

A Arte do Coaching de Grupo

Nunca é bom correr para fazer algo tão complexo e sistemicamente intrincado como o coaching de grupo sem preparação. Então, como você irá se preparar?

Como você se coloca no estado certo, de modo que seu melhor entendimento e competências estejam disponíveis? Quais rituais ou com quais gatilhos (âncoras) você tem iniciativa por si mesmo? O que você estabelecerá mais e mais para que o grupo possa liberar seu potencial coletivo das pessoas presentes?

> *"O teste de uma inteligência de primeira ordem é a habilidade de manter duas ideias opostas na mente ao mesmo tempo e, ainda assim, manter a habilidade de pensar."*
> F. Scott Fitzgerald

Notas Finais do Capítulo:

1. Veja *Achieving Peak Performance* (2005), Volume V, na Série Meta-Coaching. Para O padrão Integridade, veja *Inside-Out Wealth* (2010, pp. 145-146).

2. Veja, *Instant Relaxation* (1997).

Capítulo 18

COMPETÊNCIAS DE COACHING:

COMO VOCÊ FAZ COACHING COM UM GRUPO?

"O coach de grupo precisa de competências sofisticadas. Coaching de grupo bem feito é discreto, praticamente invisível."
Christine Thornton (2010, p. 80)

Depois das habilidades pessoais que você irá precisar como coach de grupo para sua própria base e engenhosidade (capítulo 17), há um amplo conjunto de competências de coaching de grupo necessárias para que seja capaz de fazer o coaching com um grupo de tal modo que se facilite o grupo a se tornar uma equipe de alta performance.

A fundação das competências de coaching de grupo residem no cerne das sete habilidades de coaching. Você pode encontrá-las descritas no trabalho anterior da série Meta-Coaching (Volume I: *Coaching Change,* Volume II: *Coaching Conversations*). Esta é o coração do programa de Meta-Coaching para credencial ACMC em nosso Campo de Treinamento de Coaching, que nós chamamos de *Coaching Mastery.*[1] Em adição a essas habilidades centrais estão as seguintes habilidades de coaching que são indispensáveis para o coaching de grupo efetivo.

Dimensão 2: Habilidades de Coaching de Grupo para o Grupo

A segunda dimensão para efetividade como coach de grupo compreende o conjunto de habilidades que você irá precisar quando estiver fazendo o coaching do grupo.

1) Calibre o grupo

Para calibrar os estados de cada pessoa, força interna, presença e participação libere tudo o que há na sua mente e coração, esteja completamente na experiência de grupo aqui-e-agora.

> O que ocorreu? Como cada pessoa está indo? Em qual estados eles estão? Qual é o nível de energia? Qual a habilidade deles para receber feedback? Qual o nível deles de participação no grupo? O que precisa ser colocado sobre a mesa? O que precisa ser espalhado?

Calibre também para o estilo de pensamento e aprendizado diferenciado dentro do grupo. Você achará a calibração mais fácil à medida que você aprende a ouvir com seus olhos, ouvidos e coração. À medida que você o faz, abra seus olhos para ver e reconhecer o espaço social em que está ocorrendo no grupo. Quais membros estão colocando-se no centro do espaço, quais estão na periferia, quais estão entrando e saindo?

Yalom fala sobre as pessoas em grupo "recriando seus mundos interpessoais em microcosmos sociais do grupo" (147). Isto é, quando eles entram no grupo, eles começam a replicar a realidade social que eles vivem for a do grupo. Então, se você olhar, observar e refletir, você deve muito bem começar a notar como eles estão agindo, de maneiras que replicam seus padrões sociais em seus relacionamentos no grupo. Então, se você tiver olhos para olhar, você pode começar a ver o microcosmo social de cada membro em como cada pessoa se relaciona com os demais dentro do grupo. Se é assim, então, qual é o espaço social ou panorama dos vários membros do grupo? Qual é o esquema? Como vários membros trapaceiam por poder ou influência no grupo? Quem está resistindo a ser um membro pleno no grupo? E quando se trata de apoio e mudança, ao invés de, evitar dar uma

Habilidade de Coaching de Grupo
1) Calibre o Grupo
2) Gere *Rapport* no Grupo
3) Enquadre o Grupo Constantemente
4) Modele a Comunicação e Relacionamento no Grupo
5) Construa e Mantenha a Cultura
6) Foque nos Resultados do Grupo
7) Guie para o Aqui-e-Agora
8) Dê um Meta-Passo para Trás
9) Induza Estados no Grupo
10) Facilite a Resolução no Grupo
11) Feche em Alta

volta pelos obstáculos do grupo, foque em passar *através deles.* Yalom diz que "trabalhar *por meio* das resistências para mudar é a chave da mudança produtiva". (p. 140).

Calibre também o nível do grupo (capítulo 8). Uma vez que grupos existem no âmbito da intimidade, observe o nível no qual o grupo se encontra: comitê, grupo coeso de trabalho, equipe.

2) Crie e mantenha o rapport no grupo

O grupo está te acompanhando? Você tem *rapport* com o grupo? No coração do *rapport* está o acompanhamento e espelhamento do comportamento de outputs dos outros. Isso requer habilidades para reconhecer as respostas comportamentais ocorrendo no grupo e o "acompanhar" destas respostas. Acompanhar aqui, contudo, não significa imitar. Ao invés disso, é fazer de si mesmo similar aos outros em sua voz, volume, tom, postura, gestos etc.

Ser condizente como coach de grupo se refere a usar suas calibrações, tornando suas respostas tão similares às dos membros do grupo, de modo respeitoso.

Você fará isso de forma que não chame atenção sobre o que você está fazendo. Se feito efetivamente, sua combinação não será conscientemente reconhecida e, ainda, receberá uma resposta inconscientemente. Isso porque os neurônios espelho dentro do cérebro de cada um dos membros do grupo enxergará e criará um potencial de resposta em si para sintonizar com você.

Ao ser condizente com o grupo, foque na postura geral, na voz (velocidade, volume, tom), na respiração. Perceba, também, quão diferente são os gestos dos membros quando estão conversando acerca de coisas altamente significativas e valiosas e onde/como eles colocam estes itens em seu espaço semântico. Estes são os seus gestos semânticos e dão muitas pistas sobre seus mundos internos de crenças e representações. Tenha o foco na escuta de suas palavras de valores e crenças à medida que você lhes fornece *feedback* do que escutou. Use isso mais tarde para fazer combinação verbal ou linguística. Quando você diz palavras que combinam ou se encaixam com o sistema interno da pessoa, esta estará quase inevitavelmente balançando afirmativamente a cabeça como quem diz "Isso mesmo! Você me entendeu!"

Agora, sua habilidade pessoal de *rapport* deve ser maravilhosa no âmbito individual, mas como está você em auxiliar *todos* os membros do grupo para criar uma experiência proporcionalmente maravilhosa de *rapport*? Esta é a questão.

Rapport requer a criação de uma relação de confiança e segurança *entre* os membros do grupo. À medida que isso convida ao sentimento de ser escutado e valorizado, isso cria uma abertura nos membros do grupo.

A importância do *rapport* é que gera a habilidade de criar influência. Para criar *rapport* como coach de grupo você pode também usar atividades de construção da equipe, compartilhar histórias, questões abertas que comunicam respeito ou opiniões e ideias etc. Se o coaching, e especialmente o coaching de grupo, não diz respeito você, então, mantenha o foco e presença no seu cliente (os membros do grupo), não em si mesmo.

3) *Enquadre o Grupo Constantemente*

Como coach de grupo (ou líder), há três palavras para o seu trabalho: *frame, frame, frame* – enquadre, enquadre, enquadre. Nunca pare de fazer *frame*. Quando você se encontra com seu grupo, à medida que você calibra e reganha *rapport*, você estará fazendo algo mais que é igualmente importante – você estará orientando a experiência do grupo para o porquê de estarmos aqui, o que estamos aqui para fazer e para conquistar.

Sempre há um desafio de comunicação dentro de um grupo e este desafio é tornar todas as informações que o grupo precisa disponíveis de forma clara e aberta.

O que torna isso desafiador é que você deve repetir esta informação uma vez atrás da outra. Você não terá que repetir isso uma ou duas vezes, mas uma dúzia de vezes.

Está certo – *uma dúzia de vezes!* Isso porque toda vez que você diz algo, algumas pessoas estarão preocupadas com seus próprios pensamentos e não escutarão você. Mesmo após repetir isso por quatro vezes, alguém irá perguntar sobre isso. Seja paciente, não leve para o lado pessoal. Não se trata de você.

Pessoas precisam de informação e, como coach de grupo, você irá querer facilitar a discussão de modo que as pessoas possam proporcionar as informações necessárias.

Se você não o fizer, surgirão fofoca, adivinhações, leitura mental, segredos etc. para suprir as brechas. E você não quer isso.

Pense nisso como um enquadramento (*framing*). Como coach de grupo, você precisa fazer *frame* e continuar fazendo *frame* e mais *frame* de forma que o grupo saiba e entenda seu propósito, visão, valores, missão e estrutura. Como coach de grupo, antecipe que para realmente se *estabelecer* um *frame* com o grupo, você terá que mencionar os *frames* de cinco a uma dúzia de vezes. Em grupo, nunca é demais se comunicar.

> Quais são as atividades e a performance esperadas do grupo? Quaisquer que sejam, certifique-se de fazer *frame* delas e de fazer revisão das tarefas com o grupo. "Acredito que toda pessoa seja um gênio esperando para ser descoberto. Em grupos cheios de pessoas raivosas que estão em conflito, eles não são nada além de gênios raivosos."
>
> Cheryl Gilroy, Coach de Grupo
> Camberra Austrália, 2002

Comunique-se para ajudá-los a saber onde eles estão no processo de alcançar seus objetivos. Comunique-se de modo que cada pessoa saiba seu papel com clareza sobre o que fazer e saiba os critérios contra os quais a avaliação será feita. Comunique-se para se manter checando com o grupo regularmente.

> Todos estão cientes de seus papéis? Quais papéis estão desempenhando? Qual papel poderiam estar desempenhando? Como está funcionando o grupo? Como o grupo está se comunicando? O grupo está envolvendo todos, de forma que se sintam incluídos?

M. Scott Peck (1987) descreve um *frame* como um proposta de que os membros do grupo deem um passo para se tornarem membros responsáveis:

> "Mas cada um de nós é responsável pelo sucesso desse grupo. Se você estiver infeliz com o modo que as coisas estão indo – e você vai ficar – é sua responsabilidade dizer e dar voz à sua insatisfação ao invés de, simplesmente, recolher-se e ir embora." (p. 129)

Veja isso também como pré-*frame* ou preparação. Fazer um pré-*enquadramento* é *ajustar um frame de antemão* de forma que, quando as coisas ocorrerem depois, as pessoas saberão como interpretá-las e quais os significados dar a elas. Preparar-se capacita você um estabelecimento do clima e ambiente que você quer. Exemplos

1) "Haverá diferenças em desejos, necessidades, percepções, entendimentos, termos etc. e isso levará ao conflito o qual você provavelmente experimenta como caos e incerteza. São apenas diferenças, e apenas isso."

2) "Quando você estiver em conflito com outra pessoa, vamos assumir que vocês têm intenções positivas em mente e que as suas diferenças não se devem a serem pessoas más ou ruins, de temperamento indesejável, mas porque vocês vêm coisas diferentes e estão tentando realizar algo de valor. E se isso é verdade para você, nós queremos estender este ponto de vista aos outros e assumir que eles estão, também, operando a partir de intenções positivas."

3) "O principal aqui é a nossa visão, a missão como grupo é X."

4) "Nós vamos dar um passo atrás para ter um metamomento, de forma que você consiga refletir acerca de onde nossa conversa está indo, de conversar sobre a nossa conversa. Isso nos permitirá engajar em automonitoramento, de modo que nós poderemos conversar acerca de tudo e verdadeiramente entender um ao outro."

5) "Vamos concordar em assumir uma instância colaborativa, à medida que nós começamos, de maneira que tenhamos responsabilidade por nós mesmos sobre como conversarmos e raciocinarmos juntos, como nós aprendemos juntos, mantendo uns aos outros responsáveis para utilizar nossa melhores habilidades de comunicação, quando estivermos em desacordo."

4) Modelo Comunicacional e se Relacionando ao Grupo

Como coach de grupo, a forma como você se comunica com o grupo e com os membros do grupo e a qualidade de seu relacionar-se irão estabelecer o *frame* e o modelo para como eles irão se comunicar e relacionar. Então, tenha certeza de que você se comunica com o seu melhor. Faça disso uma comunicação e um relacionar-se de classe mundial.

O que quer que você faça a este respeito irá estabelecer o modelo e vai ser replicado e copiado pelos membros do grupo. Você está pronto para isso? Modele também como você irá assumir responsabilidade para suas respostas, como reconhecer erros, como ser falível com dignidade e graça, como ser aberto e sem-julgamentos, como exercitar restrições apropriadas, enquanto é autêntico e honesto, como entregar o que você promete, como ser aberto e disposto. Se o grupo não é bom nessas coisas, você é? Você está demonstrando como ser bom nelas?

Você é estabelecedor de normas no grupo por suas próprias ações e comunicações, o que quer você faça irá se tornar *regra* para o grupo. Suponha que você tenha provido *feedback* para alguém, dessa maneira:

> "Bart, deixe-me convidar você agora a parar de falar por um momento, porque quando olho em volta da sala, para o grupo, minha sensação é de que há algumas respostas importantes sobre você, neste grupo, as quais eu imagino que seria útil se você soubesse. Você está disposto a receber algum *feedback* sobre o que você está fazendo?"

Não para por aqui. Você, então, também vai querer assistir ao grupo falando, fazer fechamento e fornecer respostas de *feedback* para a pessoa de um modo que será tanto apoiador quanto informativo. Então, proporcione um formato linguístico para sua comunicação:

> "Quando você falar com o Bart, se assegure de que começará com essas frases, 'Quando você fala desse modo, eu sinto que'... 'Eu acho'..."

Às vezes a modelagem vai ser na forma de tomar a iniciativa e dar voz a algo, em prol do grupo. Ao articular o que se sente no grupo e não se diz, o coach de grupo tem a iniciativa, vai primeiro modelando como fazer.

> "Brenda, eu ouço você começando a falar, mas, então, você é interrompida ou falam por cima de você, então eu vejo você se sentando e, depois disso, você não fala mais. Isso é o que ocorreu agora e mais de uma dúzia de vezes. Ainda hoje, algo diferente aconteceu. Hoje você não permitiu que isso te parasse. De algum modo, Thomas parece ter ajudado você a se abrir e a falar de um modo que eu nunca vi antes, o que Thomas fez para facilitar isso? E, o que foi que John disse hoje que parece ter fechado você, ao invés de ajudar você a se abrir? "

5) Construa e Mantenha a Cultura

Como coach de grupo e/ou líder, um dos seus trabalhos principais e, portanto, uma de suas habilidades principais é a de construir a cultura do grupo. Você estará normatizando uma habilidade importante para capacitar uma agremiação de pessoas a se tornar um grupo totalmente funcional. E, de lá, o grupo pode se tornar o agente de mudança. Então, de que modo você cria um sistema social? Isso começa com os seus *fra-*

mes e a facilitação do grupo, de forma a cria um conjunto de normas que irão começar a descrever "a forma como as coisas são feitas por aqui." À medida que você identifica as normas não ditas, questione-as em termos de utilidade e qualidade, você pode – com o grupo – começar a criar e elaborar as normas desejadas.

Um grupo se torna um grupo à medida que as normas identificam o que é o grupo e como ele opera, e o que não é e como não opera. Isto é, onde os limites das normas estão. A cultura de um grupo é criada e protegida ao identificar o funcionamento dessas coisas. E, se um membro de um grupo a violar, então convide o grupo a notar e responder. E se alguém engajar em socos abaixo da cintura ou jogo sujo, então responda imediatamente e faça cessar. Fazer isso vai capacitar o grupo a se tornar tão responsivo e amarrado quanto se manterá aberto.

Identifique e mantenha os limites para proteger os membros do grupo que vivem com estes parâmetros. Quais são esses limites? São os limites que se relacionam ao tempo, foco e confidencialidade (privacidade). Manter o espaço vai requerer confrontar (sem julgamento) violação de limites. E como manter o espaço e confrontar os limites sem julgamento? Faça perguntas de teste acerca da relevância de uma conversa ou desafie as interrupções que ocorrerem.

Tudo isso permite ao grupo aprender como trabalhar junto mais efetivamente. Reforce todo e qualquer comportamento para facilitar o aprendizado do grupo. Confronte quando houver comportamento de grupo destrutivo ou que mine o funcionamento do grupo.

Mantenha o espaço para que haja um diálogo verdadeiro e então o grupo vai experimentar muitas interações.

Comunicação efetiva de grupo envolve diálogo, o que significa uma exploração que permite que as ideias e significados fluam através do grupo. Quando isso ocorre, não há postura defensiva, briga por posicionamento, descarte do ponto de vista de outra pessoa etc. Diálogo aberto descreve um pensamento do grupo e o aprendizado conjunto.

Ao manter o espaço, certifique-se de que o espaço tem uma dose saudável de humor e alegria neste de modo que o que o grupo experimente seja altamente agradável. Como você faz isso? Como coach de grupo, dê um tempo para o grupo celebrar o sucesso e honrar àqueles que contribuíram para ele.

Em Meta-Coaching nós usamos três Expressões verbais como meio de diversão durante o processo de aprendizagem.

Nós fazemos isso para criar uma cultura de alegria e distração, à medida que aprendemos. Quando alguém tiver um insight ou *Aha!,* nós os encorajamos a levantar as duas mãos

Respostas de Grupo usadas em Meta-Coaching
Insight ou *Aha!* – *Que Fantástico!*
Alguém com
Insight – *Meta "Toca Aqui!"*
Descubra um erro – *Que Fantástico!*

sobre sua cabeça e dizer, com entusiasmo, "Que Fantástico!" Então, os demais de nós, no grupo, irão responder com um "Meta Toca Aqui!" à medida que nós levantamos nossa mão para bater na outra! Quando uma pessoa de repente percebe que ele ou ela cometeu um engano ou percebe que eles têm operado com um pressuposição falsa, eles levantam ambas mãos sobre suas cabeças e dizem com tom de entusiasmo, "Que Fascinante"! O intuito disso é fazer da descoberta do erro um momento *Aha!* de diversão e entusiasmo, à medida que celebram um novo aprendizado. Agora, ao invés de se sentirem mal, eles podem se sentir fascinados com a descoberta de algo novo, o que irá fazer uma diferença positiva.

6) *Foque o Grupo nos Resultados*

O objetivo, resultado e meta de um grupo dá ao grupo seu direcionamento, sua missão e sua visão. Algumas vezes, a visão e a missão de um grupo são recebidas pelos que estão acima (em uma organização, pelo CEO ou pelos gerentes sênior) ou pelos de fora e, algumas vezes, é gerado pelo próprio grupo. Em outros casos, você aprenderá sobre qual é o resultado que foi estabelecido pela organização que juntou o grupo.

Se o objetivo foi dado ou imposto, então como coach de grupo você vai querer identificá-lo, tenha certeza de que foi anunciado e entendido precisa e claramente, e, então, utilizado. Amarre estes resultados a essas metas dos indivíduos do grupo. Se a visão e a missão do grupo vieram do grupo, então assim como no coaching um-a-um, esta será a primeira tarefa em mãos. Por que nós estamos aqui? O que estamos aqui para fazer?

Como um coach de grupo, você irá muitas vezes começar a elicitar do grupo e cocriar, com eles, seus resultados.

Como um coach de grupo, promova coaching para estabelecer e conquistar resultados bem-formulados. Isso irá proporcionar a estrutura necessária, a qual aumentará a probabilidade de que os objetivos do grupo sejam conquistados.

Uma vez que o resultado tenha sido estabelecido, então, como o coach do grupo, acompanhe e monitore o progresso para se certificar de o grupo que permaneça nos trilhos. Quando um resultado muda ao longo do processo, como coach do grupo você talvez precise negociar com o grupo o novo resultado ou abrir a comunicação com quem quer que seja responsável pelos resultados do grupo.

Qual é o propósito do grupo e objetivo? Quais serão os indicadores de que o grupo alcançou com sucesso as suas metas? Sugira um processo direto que empodere e mobilize o indivíduo a terminar de fazer as coisas. Encoraje o indivíduo a avaliar seu próprio progresso ou desenvolvimento.

7) *Direcione o Grupo para Aqui-e-Agora*

O poder de um grupo reside em ele estar no aqui-e-agora. Ainda assim, isso é tão desafiante para experimentar quanto é para entender. Nós, seres humanos, somos viajantes inveterados – visitando lugares no passado e no futuro tanto que estamos constantemente perdendo o agora. Para curar essa doença no nosso grupo, regularmente convide alguns Metamomentos.

O que é um metamomento? É um momento no qual você convida seu cliente a fazer uma pausa e a se tornar ciente de seus *frames*, para identificar esses *frames*, para ver como eles criam categorias de experiência, como eles apoiam suas melhores habilidades etc.

Como um coach de grupo, convide a uma meta-reflexão acerca do que está ocorrendo, como quer que as pessoas estejam se relacionando, discutindo e convergindo. À medida que você nota padrões de como as pessoas se movimentam em um ambiente social de grupo, convide o grupo a dar um passo atrás para perceber também. Karen Horney descreve quatro padrões de *interações* básicas de pessoas. Ela falou sobre pessoas se movendo em quatro direções:

- Na direção: algumas pessoas se movem *em direção aos* outros, ela descreveu isso como busca por amor.
- Contra: algumas pessoas se movem *contra* os outros, isto pode ser visto como uma busca por maestria ou superioridade.
- Para Longe de: algumas pessoas se movem *para longe* dos outros, o que pode ser uma busca por liberdade ou reconhecimento.

- Com: algumas pessoas se movem *com* os outros, buscam por cooperação e colaboração.

Você pode conquistar um grande número de coisas ao convidar a um metamomento com o grupo e possibilitando o grupo a dar um passo atrás para se tornar ciente do que o grupo está fazendo aqui-e-agora. Você pode fazer as seguintes coisas:

- Faça um resumo das colocações dos membros, aprendizagens, decisões etc.
- Integre a experiência e aprendizados.
- Foque na tarefa principal do grupo – mantendo-se relevante para os resultados do grupo.
- Chame a atenção do grupo para suas tarefas secundárias de ser um grupo bem-funcional e um grupo totalmente funcional.
- Mantenha o rastreamento das pontas soltas que aparecem nas conversas e ajude o grupo a fazer conexões.
- Conecte os padrões do grupo ao longo do tempo, dessa forma sirva na função de ponte temporal no grupo.

Seja no coaching um-a-um ou como coach de grupo, você vai querer ter desenvolvido suas habilidades de elicitar e convidar a um Metamomento, de forma que o grupo possa dar um passo atrás e, de um modo, autorreflexivo, examine a qualidade de suas conversas e experiência. Desenvolva a habilidade de *dar um passo atrás* para rastrear o grupo, reconhecer questões relevantes e irrelevantes, histórias, experiências. O desafio é evitar ser pego no *conteúdo*.

Convide a dar um passo atrás, "Vamos fazer um metamomento." Então, use este para capacitar o grupo a parar, a dar um passo para trás, a se levantar para um nível mais elevado de consciência e para começar uma meta-descoberta da experiência. Ao usar sua habilidade de rastreamento, em conjunto com sua precisão de escuta, proporcione uma reflexão para o grupo que irá expandir a consciência do mesmo:

> "Vamos fazer um metamomento agora mesmo. Então, na sua mente, apenas dê um passo atrás, e do que você está ciente em consideração à direção e foco dessa conversa? ... Como grupo vocês começaram conversando sobre o desenvolvimento da suas marcas como empresa, e que Rob e Sue levantaram a questão do dinheiro no custo de mudança de marca. Então, nos últimos dez minutos a conversa mudou de questões e dúvidas

> sobre se vocês estão prontos para se envolver no desenvolvimento da marca. Isso tem sido produtivo para o grupo? (Cabeças sacudindo de um lado para o outro). Não? Quantos de vocês se sentem assim? Deixe-me perguntar, 'Esta forma de conversar e mudar de assunto sem fazer fechamento é um padrão comum neste grupo? Vocês já fizeram isso antes?'"

Você pode até querer fazer o *frame* disso no início de seu coaching.

> "De tempos em tempos, eu vou convidar vocês a fazer um metamomento, para dar um passo atrás da conversa que vocês estão tendo. Nesses momentos, nós podemos examinar a qualidade e utilidade da conversa. Ou nós podemos usá-las para ver se há um padrão que não serve ao grupo. Ou nós podemos usá-las para examinar as pressuposições não-verbalizadas que estão influenciando a conversa. Então, nós podemos expor os *frames* motivadores e torná-los conscientes. Vocês estão prontos para isso?"

9) *Induzindo Estados de Agrupamento*

Em um grupo, a cultura são os "estados" que os membros do grupo regular e repetidamente experimentam. É aqui que os estados emocionais e humores que o líder do grupo elicita e facilita entram.

Quando os grupos se juntam, você pode, quase sempre, esperar que alguns membros *não* estarão em seus melhores estados de recursos, os quais são requeridos ou desejados de forma que o grupo possa ser produtivo e efetivo. Como você faz isso? Você poderia elicitar as intenções mais elevadas para manter os membros focados para negociar conflitos sobre as diferenças etc.

As pessoas têm vasta quantidade de talentos não tocados. É seu trabalho fazer coaching para ajudar cada pessoa a reconhecer seus talentos e usá-los a serviço de sua visão e objetivos do grupo. Quais estados são necessários, para que os membros do grupo se tornem um grupo?

Os membros se veem e valorizam o grupo em si? Isto é importante. Para aumentar a *moral*, motivação e energia no grupo, aumente o entendimento do grupo e aprecie os valores e benefícios que o grupo provê. Yalom escreve:

> "Quanto mais importante os membros considerarem o grupo, mais efetivo o grupo se torna... O grupo aumenta em importância quando os membros vêm a percebê-lo como um reservatório enriquecido de informações e apoio." (pp. 119-120)

O grupo é autogerenciável? Quais estados os membros do grupo precisam acessar e desenvolver de modo que o grupo possa assumir responsabilidade pelo seu próprio funcionamento? Se os membros do grupo estão em estado passivo ou dependente, dependendo do líder ou outros para direção e movimento, não será autogerenciável. Os membros vêm ao grupo a cada semana ou a cada sessão, mais para ver o que está ocorrendo e checar se há algo que lhes interessa? Não é bom. Sua tarefa no grupo é ajudar os membros a entenderem que eles são o filme! *Eles são os atores.* Se eles não desempenharem a performance, a tela do cinema está branca e não há performance.

10) Feche em Alta

Grupos são notórios por fecharem pobremente. E coaches de grupo são apenas tão notórios quanto por deixarem as sessões de grupo terminarem com uma nota negativa ou se prolongarem a ponto de um a um os membros se levantarem e dizer, "desculpe, mas eu tenho que ir embora agora."

Tenha como foco terminar as sessões em uma nota alta e definitiva. Para trazer o fechamento para uma sessão, você pode treinar o grupo para responder a perguntas ou questões como as que se seguem:

- O que eu levarei da nossa experiência em grupo hoje é . . .
- O que eu descobri hoje sobre mim é . . .
- A questão que levarei e usarei para guiar meus pensamentos nesta semana é . . .
- A melhor coisa que eu acho que ocorreu hoje foi . . .

A Arte do Coaching de Grupo

Se você será o coach de um grupo, você é a pessoa responsável por manter um clima ameno para a experiência. Procure criar uma espaço conversacional no qual a participação, a escuta, a compreensão, o questionamento, o aprendizado, a reflexão, os desafios, a criação, a diversão etc. sejam fáceis e naturais.

Também é seu papel dar limites ao grupo, traçar *frames*, proporcionar inspiração para o grupo. É bastante coisa! Você está pronto para este desafio? O que você fará esta semana para se preparar com antecedência?

Como você sabe, há um monte de habilidades requeridas para ser coach de grupo. Use a seguinte lista para avaliar (de 0 a 10) seu nível corrente.

__ Escuta
__ Questionamento
__ Meta-Perguntas
__ Apoio
__ Receber feedback
__ Fornecer feedback
__ Indução de estado
__ Manter o espaço

__ Confortável com o silêncio
__ Dar voz ao grupo

__ Descartar agendas escondidas
__ Facilitar aprendizado

__ Conter emoções fortes
__ Enquadrar para ajustar direcionamento e manter limites
__ Criar aliança com o líder da equipe

__ Encorajar a escuta ativa
__ Encorajar a exploração
__ Enquadrar orientações e premissas
__ Empoderar a capacidade do grupo
__ Facilitar a definição de metas
__ Confrontar diferenças
__ Confrontar congruências
__ Desafiar a um desempenho mais elevado

__ Promover igualdade no grupo
__ Descartar enquadramentos de pressuposição

__ Facilitar a mudança
__ Desestabilizar um enquadramento ou sistema

__ Identificação de pontos cegos

Habilidades de Negócios:

__ Contrato com uma organização

__ Entrevistando clientes e patrocinadores

__ Balancear necessidades/metas de vários acionistas e patrocinadores

__ Negociação em entrevistas de 3 vias para coaching

Notas Finais do Capítulo:

1. Para o programa *Coaching Mastery*, Module III do sistema de Meta-Coaching, veja www.meta-coaching.org.

2. Veja o capítulo "Fazendo coaching para *Frames* Escondidos: Facilitando mudança transformativa em ambientes complexos" de L. Michael Hall, Michelle Duval, e Omar Salom. Em *The Routledge Companion to International Business Coaching.* (2009, Moral e Abbot, Editores).

Capítulo 19

COMPLEXIDADE DO COACHING:

COMO VOCÊ TRABALHA SISTEMICAMENTE COM UM GRUPO?

"A busca pela ferramenta perfeita é frequentemente mais um sinal de ansiedade do coach do que qualquer outra coisa."
Christine Thornton, *Group and Team Coaching* (p. 125)

Nós temos um modelo sistêmico em Neurossemântica o qual nós utilizamos no sistema de Meta-Coaching – *O Modelo Matriz.* Como um modelo sistêmico, *A Matriz* proporciona uma forma de lidar com a complexidade sistêmica que ocorre com indivíduos e grupos. À medida que você soluciona as variáveis, você pode identificar a estrutura e, então, "seguir a energia através do sistema."

O Que É o Modelo Matriz?

Como o termo "matriz" significa "útero," ele identifica um lugar onde algo nasce. Em consideração a esse conceito ou entendimento, nós geralmente usamos dois eixos (ou três) e, portanto, criamos um espaço no qual nós podemos conceber algo (um espaço de concepção). Essa concepção dá à luz a um conceito, ideia, princípio ou forma de pensamento acerca de algo. Em neurossemântica, o Modelo Matriz surge Os Eixos do Modelo Matriz de um eixo de processo e conteúdo, somado ao Eixo de significado, performance e *self.* O *Processo-Conteúdo* dá à luz a ideia de dois fatores chave que descrevem o funcionamento humano.

E o Eixo de *Significado-Performance-Self* dá à luz a ideia de autorrealização, realizando os seus potenciais como pessoa, o que você considera significativo (valioso, significante, importante) e as habilidades que você precisa desenvolver como competências para tornar verdadeiros (realização) aqueles significados que definem o seu senso de *self*, como pessoa.

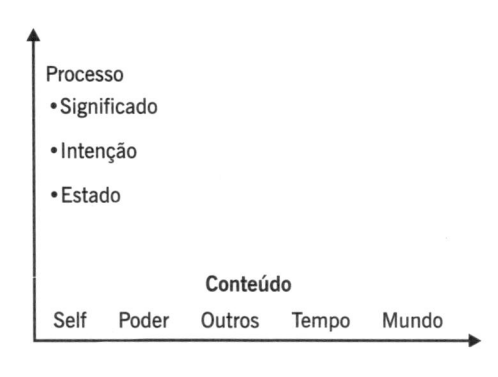

Processo
• Significado
• Intenção
• Estado

Conteúdo
Self   Poder   Outros   Tempo   Mundo

Nós pensamos sobre "a Matriz" em Neurossemântica como um conjunto de *frames mentais e emocionais que constroem o senso de realidade.* Como um todo, ele é feito de todos os *frames* múltiplos os quais definem e governam seus mapas sobre as coisas. Isso é importante, uma vez que nós vivemos dentro de conjunto imbuídos de *frames* referenciais e de significados a partir dos quais nós definimos e descrevemos os significados da nossa vida.

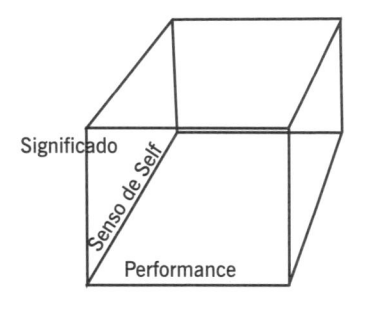

Dimensões do Modelo Matrix

Significado
Senso de Self
Performance

Como um modelo sistêmico, o Modelo Matriz funciona como *uma estrutura de trabalho predominante* para trabalhar com todas as várias facetas do grupo. Você pode, portanto, usar este modelo para trabalhar sistematicamente com o coaching de grupo. Isso possibilitará a você saber *o que fazer, quando, com quem* e *por quê*. Isso te proporcionará uma abordagem multinível e multidimensional para descobrir como os membros e o grupo estão funcionando. Você, então, será capaz de identificar a dinâmica do sistema e processar (ciclos de *feedback* e feedforward.) e os *frames* de meta-nível auto-organizadores de uma pessoa ou de um grupo.

As Dinâmicas e Ativação da Matriz

Ainda que eu tenha diagramado *a Matriz* de um modo que faz com que esta pareça estática, ela é tudo, menos isso. A Matriz na qual nós vivemos é dinâmica, sempre em fluxo e continuamente desenvolvendo-se para estabelecer *frames*. Com todas as experiências e cada aprendizado, a Matriz está sendo sustentada, bem como, alterada. Isso significa que tudo pode e ativa a Matriz. Está sendo constantemente ativada pelo externo. Porque o modelo de Matriz de cada pessoa opera como um todo em seu "modelo de mundo," cada Matriz cresce de onde nós tiramos as experiências de vida e mapeamos nossos entendimentos (crenças, decisões etc.) acerca daquelas experiências. Cada um de nós mapeia nossas ideias e conceitos acima de nós, de nossos recursos, dosoutros, do tempo e do mundo. Agora, a matriz mais importante (ou submatriz) na Matriz é a matriz de significado. É bastante crucial porque a habilidade de produção de significado cada pessoa (i.e., classificação, framing/ enquadramento, rotulação, associação, metáforas, avaliações etc.) criam o resto da Matriz. Uma vez que o significado da matriz motiva e organiza o resto, esta é a matriz central e na qual se deve principalmente focar.

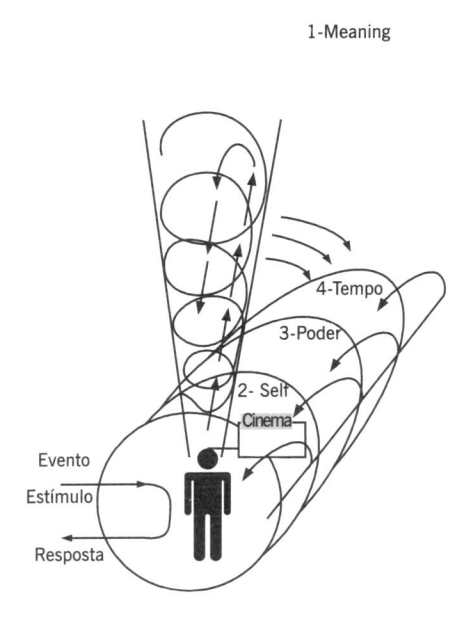

A Composição da Matriz

O Modelo Matriz é composto de oito partes ou submatrizes. Usando o Processo de Eixos, nós temos três processos indispensáveis a partir dos quais nós criamos nosso senso de realidade – as matrizes de processo. A partir disso surgem as cinco matrizes do nosso "senso de *self*"– as matrizes de conteúdo. Juntas, as matrizes de processo e conteúdo formam um modelo geral ao qual chamamos de "A Matriz."

1) *As Matrizes de Processos:*
- Significado – O que algo é, seu significado, como funciona.
- Intenção – o propósito ou valor de algo.
- Estado – sentimento, expressão e comportamento.

2) *As Matrizes de Conteúdos construídos em torno de vários conceitos de Self:*
- *Self* – seu senso de valor, mérito, identidade, autoestima.
- Poder – suas habilidades, recursos, autoconfiança.
- Outros – seu *self* social, relacionamentos.
- Tempo – seu *self* temporal, o *self* no tempo e através do tempo.
- Mundo – seu *self* em vários domínios de significado.

A Matriz como um Modelo para Grupos

É bem verdade que o Modelo Matriz foi originalmente desenhado para funcionar sistemicamente com indivíduos. Mas ele pode ser tão facilmente aplicado em grupos, equipes, companhias, organizações e associações.[1]

1) A Matriz de Significado

A Matriz como um todo é criada e ativada pelo significado. Enquanto a Matriz e as submatrizes são *influenciadas* pelos eventos e circunstâncias externas, elas não são criadas por forças externas. O que ocorre conosco (o evento ou circunstância) precisa ser entendido, processado e interpretado por nós para nos afetar. Então, um evento ocorre (real ou imaginário) e nós o trazemos para nós ao *interpretá-lo*. Nós damos significado para o que experienciamos através de nossas representações, crenças, entendimentos etc.

A criação de significado ocorre por meio da seleção do que se focar em, o que é e como representar isso, como fazer seu *frame* etc. É dessa forma que nós criamos um mapa mental (ou modelo) de mundo. Mais ainda, "o mapa não é o território." O que mapeamos mentalmente acerca do mundo é apenas isso – nosso mapa. Isso pode, ou não, acertada e utilmente representar o território externo.

Capítulo 19 – Como você trabalha sistemicamente com um grupo?

Se o faz, nós somos capazes de tomar ação efetiva no mundo. Se não, nós somos bloqueados e naturalmente nos sentimos frustrados com não enfrentar efetivo do mundo. Isso é igualmente verdadeiro em relação ao mapa mental do grupo. Em ambos, indivíduos e grupos, nós representamos e ligamos nossos pensamentos e ideias, quando cada camada desses estados cria nossa estrutura mental, a qual nós "mantemos em mente" como nossos significados mapeados. Isso organiza nosso mundo interno.

A boa notícia é que, como somos os criadores dos nossos significados, se nossos mapas não nos possibilitam ser bem-sucedidos em alcançar nossas metas, nós podemos mudar os significados daqueles mapas.

- O que você entende como grupo e no que acredita?
- Quão acurado, verdadeiro e real são seus entendimentos?
- Nossos mapas mentais sobre as coisas funcionam para nós?
- Eles nos possibilitam alcançar nossas metas de grupo?

A construção de significados ocorre reflexivamente. Depois que nós construímos um significado (um entendimento, crença, decisão, significado etc.) nós, então, assumimos um outro nível de significado *acerca* do primeiro nível de significado. Nós pensamos sobre nossa mentalidade, nós sentimos nossas crenças, então, sobrepomos camadas de nível sobre nível, crenças sobre crenças, para criar um sistema inteiro de crenças. Também fazemos isso como grupo. A partir de nossas conversas, nós chegamos a um entendimento e decisão, e então, à medida que se ajusta, cada pessoa no grupo tem pensamentos adicionais. O que você pensa da nossa decisão? Você a aprecia? Como se sente a seu respeito? Você se arrepende de tê-la tomado?

- O que você pensa e como você se sente sobre os processos do grupo que usamos para chegar a um consenso?

O sistema humano individual (o sistema mente-corpo-emoção) e o sistema humano de grupo (como *nós* pensamos juntos, aprendemos e decidimos) contém uma operação interna reflexiva. Nós não conseguimos apenas pensar. Inevitavelmente, pensamos sobre nosso pensamento. E à medida que refletimos acerca de nossas ideias prévias, nós criamos camadas sobre camadas de enquadramentos de significados. Essas camadas fazem da Matriz do nosso grupo, algo mais rico e mais complexo.

Então, o coaching efetivo inevitavelmente explora o conjunto que criamos de *frames* inseridos, os quais se consistem nos *frames* de significados em que vivemos.

Isso identifica o porquê de o sistema central da Matriz ser o *processo construidor de significados*. Nós criamos significados *classificando* coisas – dando nomes, rotulando, categorizando, ao *associar* pensamentos e sentimentos com a experiência, ao trazer um estado diferente para a situação, ao *analisar* etc. E então os enquadramentos se tornam atrativos auto-organizadores governando como a Matriz do grupo funciona como sistema.

O *significado* que criamos em nossa mente individual e na nossa consciência de grupo se refere às ideias que nós "mantemos" em mente.[2] Então, no coaching de grupo, nós focamos em identificar todos esses significados. Esse significados que explicam por que e como um grupo funciona e o que fazer para tornar as coisas melhores.

Os significados que criamos, também determinam como nós experimentamos os significados que damos às nossas necessidades. E, é por isso que, definitivamente, as necessidades biológicas nos direcionam. Sem o *conteúdo* dos instintos que os animais têm, nós humanos temos que criar nossos "instintos" o que fazemos pelo *significado que damos aos instintos que vivemos.*[3]

2) A Matriz da Intenção

Em se tratando de indivíduo ou grupo, toda Matriz é motivada e procura realizar metas. Isso uma que parte do "significado" é intenção. Frequentemente nós utilizamos a palavra "significado" para intenção, como se diz, "O que você quer dizer ao fazer isso?" Estamos, na verdade, perguntando sobre os propósitos ou objetivos da pessoa. "O que você está tentando fazer?" Então, como coach de grupo, pergunte:

- O que nós, como grupo, estamos tentando alcançar?
- Quais são nossos objetivos como equipe?

O objetivo é a intenção. Quanto maior for a diferença entre onde um grupo está agora e onde quer estar, mais diferença ou mudança será requerida. A meta se trata de manter estabilidade, ir além da estabilidade para crescimento, para fazer a diferença?

Em termos de "necessidades," um sistema de Matriz precisa de ambos, balanço e direção. O corpo humano, como um sistema precisa de numerosas coisas para viver e sobreviver – água para hidratação, comida para o metabolismo, um certa variação de temperatura corporal, sono, e assim por diante. Grupos também têm necessidades – necessidades que são requeridas para sobrevivência, para funcionar bem e para liberar seus potenciais mais elevados (Isso foi o assunto dos capítulos 4 e 5).

As buscas de meta reforçam os ciclos, estas buscam mais e mais do mesmo. Ainda, os ciclos fazem espiral para cima ou para baixo e, à medida que amadurecem, atingem o limite de crescimento para, então, experimentar uma restrição do crescimento. Ciclos de balanceamento são, também, buscadores de metas, eles procuram a homeostase do sistema. O termostato de uma casa ativa o aquecedor, o acende atingindo uma temperatura definida e, então, desliga. Sistemas, contudo, podem se tornar oscilatórios à medida que oscilam para frente e para trás entre duas escolhas ou critérios.

Como um coach de grupo, você vai facilitar ao grupo o estabelecimento de metas por si mesmo, metas que sejam ecológicas, inspiradoras e desafiantes. Parte do coaching de grupo envolve a manutenção do grupo mirando seus resultados. O mais fantástico é que, sem metas, o grupo não saberá realmente quem é ou do que ele trata.

- Qual é o nosso objetivo? Quão inspiradora é essa meta?
- Quando atingirmos este resultado, o que nós obteremos?

3) A Matriz de Estado

Estado, como um processo da matriz, descreve como uma Matriz é *fundamentada.* Para o indivíduo, isso se baseia no corpo da pessoa e em todos os sentimentos, emoções, neurologia, fisiologia, expressões, ações e comportamentos da pessoa. Para o grupo, a Matriz se *baseia* no clima do grupo e em sua cultura–incluindo atmosfera, humor, atitude etc. do grupo. Está baseado no *espaço* ou atmosfera que emerge quando os membros se juntam para operar como grupo (capítulo 10 sobre *Clima*).

Toda Matriz precisa de fundamentação. Se não tem fundamentação, então, tanto a Matriz individual quanto a de grupo, irá entrar em espiral para fora da realidade externa e terá pouco ou nenhuma conexão com mundo real. Essa é a estrutura de desilusão. Os mapas mentais e intenções que nós criamos descrevem como nós lidamos com o território externo. É claro que nós não lidamos com o mundo real diretamente, mas por intermédio de nossos mapas. O teste para nossos mapas é o que eles nos capacitam a *fazer* e aonde eles nos possibilitam, na verdade, *ir*. Nós temos um mapa para lidar e experienciar o que nós queremos viver?

O termo *estado* é por si só um termo sistêmico. Para o indivíduo, refere-se a todos os fatores variáveis e fatores que estão mais imediatamente presentes em um corpo físico. Eis o porquê de usarmos a terminologia –"um estado de mente, um estado de emoção, um estado de corpo." Para o grupo, *o estado do grupo* refere-se aos modos que o grupo expressa a si mesmo – sua linguagem, espaço físico, o "sentir" que alguém tem quando está no grupo. É formal ou informal? É agressivo ou bem-humorado, humano ou impessoal? Estas são as facetas do estado de um grupo.

Estado é a primeira coisa temos consciência a partir dos nossos significados, tanto se falamos de um indivíduo quanto de um grupo.

Estado é aterra a Matriz e se manifesta na intencionalidade ou criação de significado da pessoa ou grupo. O estado traz para a realidade todos os significados da pessoa ou grupo, o senso de "self," o senso de poder, o senso de relacionamento etc.

Estado, então, é a corporificação da Matriz. Para o indivíduo, e para um grupo, isso ocorre na cultura do grupo. Para o indivíduo ocorre na neurologia do indivíduo, e para o grupo, ocorre na cultura do grupo. Então, tanto para a neurologia (para indivíduos) ou cultura (para grupos), vêm as nossas respostas. Como você, como um indivíduo, responde, a qualquer tempo, ou como o grupo responde, revelam os significados criados ou herdados. Isso, então, expressa o estilo interpretativo do indivíduo ou grupo.

O estilo é otimista ou pessimista? O estilo é opcional ou procedimental?

Sintomas também revelam estados. Sintomas oferecem insights valiosos e comunicação sobre a Matriz. Sintomas são sinais de que há algo errado. Sintomas são sequências cristalizadas de comportamentos que repetidamente se tornam hábitos de uma solução tentada que, apenas em parte, funcionou, ou não funcionou de modo algum. Um problema chave de sintomas é que estes podem bloquear os recursos. Quando isso ocorre, indica onde uma Matriz, como um sistema de crenças, se rompe.

As Matrizes de Conteúdo

O terceiro Eixo do Modelo Matriz é sobre o senso *de self ou identidade* de um indivíduo ou grupo. Essas matrizes integram todo o conteúdo de informação a respeito da identidade de alguém, em termos de desenvolvimento. Para resolver isso, nós temos cinco distinções. Primeira, desenvolvimento da identidade de mérito, valor e dignidade, como ser humano (*Self*); então, de nossas habilidades, competências, ativos, passivos

(Poder), o *self* social ou interações relacionais com os outros (Outros), a identidade temporal como senso de tempo, e.g., onde você esteve, onde você está e para onde você está indo (Tempo) e os múltiplos universos de significado com os quais você opera (Mundo). Juntas, essas facetas do *self*, criam um apanhado da identidade ou senso de *self* para ambos, indivíduos e grupos.

4) *Self*

Self, para o indivíduo, refere-se a você como ser humano, seu valor e mérito como pessoa. E a questão chave é: "A sua autoestima é condicional ou incondicional?" Se condicional, então quais são as condições que você usa para medir, classificar ou julgar seu valor? Você usa inteligência, beleza, força, trabalho, status, dinheiro, posses etc.? O problema com qualquer uma dessas coisas, é que são condicionais e isso significa que você pode perdê-las. E, se você pode perdê-las, então o

The Self Constructs	
Self:	Valor, Mérito Autoestima
Poder:	Habilidades, ativos, Autoconfiança
Outros:	Relacionamentos, Social, Seu Ser Social
Tempo:	Senso de duração de eventos Seu Ser Temporal
Mundo:	Domínios de experiência Autoeficiência em dadas áreas

seu valor, mérito, dignidade, ou autoestima está em risco. E, se está em risco, então você será para sempre inseguro. Nada bom!

O melhor mapeamento é criar o seu conceito de mérito do *self* como *incondicional*. Para fazer isso, se requer uma afirmação e declaração de que como *ser* humano, você é valioso, você é alguém e, você *não* tem que provar nada para ser valioso como ser humano. Isso serve para dizer que não há valor em classificar ou julgar você mesmo, uma vez que você é uma *pessoa,* fazer isso é um exercício de futilidade que acaba sendo disfuncional. Isso significa que o valor condicional não tem lugar para um ser? Não. Mas nós fazemos isso abaixo da submatriz de Poder, o qual lida com o que nós *fazemos* – nossos ativos, forças, passivos, fraquezas etc.

Para um grupo, o lugar de início é a declaração de que cada pessoa no grupo tem um valor *in*condicional. Ser humano, e, portanto, um Alguém, é seu direito de nascença. Não há condições para isso além de ter nascido humano. Como isso faz com que o valor da pessoa seja incondicional, isso que cria uma atmosfera e espaço para as pessoas engajarem nas conversas necessárias, para ser produtivo e efetivo. Isso cria um contexto de segurança, o qual, em retorno, elimina a necessidade de proteção e/ou defesa. Agora pessoas podem ser abertas, vulneráveis e falíveis, sem perda de valor. Agora não poderá haver "humilhação."[4]

Quanto mais os membros do grupo valorizam o grupo, estimam os benefícios de estar em grupo, veem o grupo como importante e atraente para eles e quanto mais cada membro se identifica com o grupo, mais poderosa será a influência do grupo sobre eles.

5) A Matriz de Poder

Em termos de desenvolvimento, quando nós crescemos, nosso primeiro mapa mental lida com nossa identidade como pessoa. As primeiras palavras que nós aprendemos são o nosso nome e os nomes das pessoas que cuidam da gente. Depois disso, nós começamos a desenvolver o poder do pensamento, representação, fala, movimento, e com estes poderes (habilidades), nós começamos a nos lançar na descoberta do nosso mundo.

Poder diz respeito ao que nós somos "capazes de fazer." Diz respeito às *respostas* que nós somos capazes de produzir, as quais, para o indivíduo são quatro: mental, emocional, verbal e comportamental. Essas quatro respostas fundamentais definem e descrevem os poderes centrais que nós temos para influenciar o mundo.

Em um grupo, cada indivíduo tem poder-de-resposta. Isso possibilita cada um a se tornar um membro responsável do grupo, com o qual se pode, então, contar (manter-se responsável) com o que se diz e faz à medida que interage com o grupo. Estes são os poderes públicos (fala e ação) com os quais influenciamos uns aos outros.

A matriz de poder fala sobre nossas forças e fraquezas, nossos ativos e passivos. Esses são condicionais. Diferentemente do status incondicional de ser um *ser humano*, sua habilidade de ser efetivo em qualquer área depende de seus talentos, habilidades e competências.

Capítulo 19 – Como você trabalha sistemicamente com um grupo?

Você condicionou e desenvolveu suas capacidades de modo a ser efetivo em um resultado importante? Você transformou seus talentos em reais habilidades? Você os refinou em expertise? Você tem as competências centrais para realmente funcionar em um dado domínio?

Seu "valor" em finanças, em esportes, em negócios, ou em qualquer outro domínio depende e é *condicionado* sobre você conhecer a área, sua experiência nela, seu aprendizado e treinamento etc. Se você é habilidoso, então você pode confiar em si mesmo nisso, tomar atitude, e, então, você estará *autoconfiante*. Este estado difere-se de autoestima por ser condicional. Você precisa provar que é bom. Você consegue fazer isso ou não? Se, sim, em qual grau? Com qual qualidade?

O mesmo ocorre com grupos. Quando nós falamos sobre as habilidades que residem em um grupo, nós estamos falando sobre as capacidades do grupo. Um grupo tanto é habilidoso e competente em produzir um produto ou experiência particular quanto não o é. Se é, ele tem a capacidade de funcionar efetivamente naquela arena. Se não, então o grupo precisa desenvolver suas capacidades e habilidades, de forma que possa operar produtiva e efetivamente. Alguns grupos são muito poderosos. Eles têm recursos, ativos, e a habilidade de implementar esses recursos. E, como coach de grupo, você irá querer ajudar ao grupo para desenvolver suas capacidades.

6) A Matriz dos Outros

Esta parte da matriz descreve um self *social* ou *relacional* do indivíduo. Quem é você em relação aos outros? Quais entendimentos e habilidades você tem acerca de como se relacionar efetivamente? Para lidar com habilidades sociais? Para induzir as emoções sociais e possibilitar aos outros sentirem-se confortáveis com você? Como um ser social, nós definimos nós mesmos, em grande medida, pelos relacionamentos que temos com os demais. E, a qualidade de nossos relacionamentos, em grande medida, determina a qualidade de nossa vida e do nosso "senso de self."

Da mesma forma com grupos. Grupos têm uma multiplicidade de relacionamentos com outros. Antes de tudo, a maioria dos grupos são grupos com um contexto maior–uma empresa, organização, associação etc. Adiante, cada grupo tem relações com clientes e fregueses, com fornecedores, com outros grupos, com competidores etc.

Todo grupo também, como uma entidade social, vai ter uma reputação com outros grupos e com o público. A reputação de um grupo será a sua marca. Será reconhecido como competitivo agressivo, passivo, quieto, não-importuno, eficiente ou ineficiente, produtivo ou improdutivo etc. Todo grupo tem muitos relacionamentos.

> Há colegas, competidores, clientes, fornecedores, empregados, gerentes, líderes seniores e assim por diante. Como você se relaciona com essas várias pessoas e grupos? Quais habilidades sociais você tem e em quais você é excelente? Quais habilidades faltam para você, em quais você precisa melhorar?

7) A Matriz de Tempo

A matriz de tempo relaciona-se com o conceito de "tempo" e nosso senso de *self* como seres temporais. Individualmente nós temos um senso de início, de existência e de que, em algum tempo, cessaremos de existir. Nós também nos relacionamos ao "tempo" no senso de quanto, muito ou pouco, tentamos fazer em um dado dia, semana ou mês. Mais ainda, "tempo" não existe como uma coisa ou objeto. É um conceito, uma representação mental acerca de como nós representamos e sentimos a respeito de eventos, quanto tempo um evento dura e como relacionamos um evento ao outro. Pessoas que sentem que elas "não têm tempo algum" fazem isso por abarrotarem com mais atividades um período de tempo do que podem realizar naquele *frame* de tempo.

Tempo é uma experiência psicológica que se refere a como nos relacionamos e comparamos atividades. Atividades requerem tempo e, com isso, leva-se muito tempo para fazer algo. Também demora para um grupo funcionar em sua comunicação para o pensar juntos, aprendizado, decisão, planejamento, ter uma iniciativa etc.

Além disso, enquanto estamos fazendo qualquer uma das coisas, criando significado, estabelecendo uma intenção, sentindo uma emoção, todas essas coisas estão ocorrendo na Matriz *Simultaneamente*. Elas são simultaneamente operacionais, ocorrendo ao mesmo tempo. Se algo ocorrer, todo o sistema é potencialmente ativado, mas apenas algumas poucas matrizes serão ligadas e, quando ativadas, o resto estará também operando, talvez com um nível mais baixo de energia ou fora da consciência.

Grupos têm histórias e futuros. Como indivíduos, eles têm um início, crescem, se mantêm, declinam e morrem. A forma como um grupo se inicia geralmente tem muita influência em suas experiências vindouras. Grupos podem começar caracterizados por como experimentam o tempo. O grupo é orientado pelo passado, pelo presente (muito contemporâneo), ou é orientado pelo futuro?[5]

8) A Matriz do Mundo

A matriz de "mundo" é uma categoria de sumário para tudo o mais. Em termos de nosso senso de self, os mundos que conhecemos, visitamos, experimentamos, desenvolvemos habilidades em algo ou, até mesmo, temos expertise nesse algo, nos define. Se você tem experiência no mundo ou universo de significado chamado negócios, ou banco, ou T.I., ou esportes, ou matemática, ou lecionar, ou coaching(e assim por diante), então estas experiências neste universo de significado influencia o quanto você sabe sobre si mesmo. "Eu sou um homem de negócios," "Eu sou um empreendedor." "Eu sou um médico." "Eu sou esquiador."

Algo similar ocorre com grupos. Grupos também desenvolvem conhecimento, entendimento e expertise em várias áreas e domínios. Eles desenvolvem uma identidade, dados os produtos e serviços que eles sabem como criar e entregar em sua indústria. E cada grupo também se relaciona com outros mundos e indústrias.

Como Você Sabe que Entrou na Matriz?

Se esta é a Matriz, como você, como coach de grupo, entra nela? Inicie com uma apreciação da Matriz ou sistema do grupo e a Matriz de cada membro individual. Ao respeitar a matriz de *frames* que governam a vida de um indivíduo ou de um grupo, você honra este sistema como um sistema autocontido. Evite todo desrespeito e julgamento. Se você luta contra uma Matriz, você demonstra ao sistema deste indivíduo ou grupo que você não entende a pessoa ou o grupo. Fazendo isso, elicita a defensividade de modo que o sistema também não irá mostrar a si mesmo. Ao invés disso, ele irá se defender. Ele irá se cobrir e proteger-se contra você. Como resultado, você estará cego ao sistema interno do grupo.

Escute profundamente e continue refletindo de volta o que você recebe do grupo, de forma que você possa continuar checando para ver se você está no caminho certo. Quando você fizer isso, você então será capaz de combinar ou entrar no ritmo da realidade de seu cliente e a validará de modo que a pessoa ou grupo sinta-se ouvida e entendida. Então, o senso de segurança irá permitir a você uma entrada para a matriz.

À medida que você entra na Matriz por meio da aceitação e apreciação, ao respeitosamente dar boas-vindas aos *frames* como *frames, busque primeiro entender*. Veja e escute esta realidade pelo que ela é. Reconheça que cada Matriz é especial e única. O grupo vive no mesmo mundo de *frames*, bem como outros grupos. O paradoxo é que ao abraçar o mistério da Matriz do grupo, você está recebendo implicitamente permissão para transformá-la.

Como Você Acompanha a Energia Pela Matriz?

"Acompanhar a energia da Matriz" significa seguir a *informação* à medida que esta flui através do sistema e ativa o sistema. Dê prosseguimento ao fazer um monitoramento de onde a energia de input-output vai, como se move, passo-a-passo, através do sistema. Rastrear significa fazer modelagem representacional e os *frame* do que estão aparecendo. Quando você fizer isso, você verá as matrizes se acionando e desligando à medida que as informações viajam através desse processo. Com isso, o que é invisível se torna visível à nossa percepção.

Como uma classe de vida simbólica, *ideias* (ou significado) nos move, então, escute essas ideias governantes. Isso te levará ao coração da Matriz – ao que a pessoa mais se importa, quer e intenciona.

Com os ciclos de *feedback* e fomento de informação e energia, há dois ciclos.

>Primeiro estímulo –>ciclo de resposta de fora para dentro e de volta de novo, o ciclo visível.

>Segundo, o ciclo invisível que envolve proporcionar o *feedback* interno para um nível mais elevado de nossas mentes em meta-construção-de-significado, o qual, então, informa cada uma das matrizes.

Uma vez que tanto indivíduos como grupos são sistemas autorreflexivos, eles não respondem apenas de forma linear. Eis por que um simples modelo de estímulo – resposta não é adequado se você quiser seguir o input pelo sistema e segui-lo através do processamento até o output. Ao fazer isso, você será capaz de encontrar as coisas "no filme interno" da pessoa ou grupo. Com isso, você será capaz de descobrir o "jogo interior" o que governa os jogos exteriores.

A expectativa é de que a Matriz seja invisível até que seja ativada. Então, ela se torna viva. Para ativá-la, você pode usar a informação e/ou atividade. Quanto mais longe você vai na Matriz, mais informação você recebe e mais fora dos *frames* você é ativado. Então, você será capaz de ver o mundo interno – o universo de significados que criam as pessoas ou grupos na vida real.

Há muitas pistas da Matriz que possibilitam que você reconheça sua presença. Para reconhecer a Matriz, use qualquer uma das oito submatrizes. Preste atenção aos marcadores linguísticos de meta-programas, crenças e valores etc., à medida que reconhece cada submatriz, você pode seguir a energia de uma pessoa ou grupo através da Matriz e entender o que está fazendo e como está funcionando.

A Arte do Coaching de Grupo
Use o Modelo Matriz para Coaching

1) Encontre e acompanhe o estilo de Matriz dos membros e do grupo.

Comece acompanhando(validando) esse estilo para entrar nessa Matriz para entender o que esta pessoa ou grupo está experimentando, querendo, valorizando etc. Tente compreender o estilo de cada pessoa e seu modus operandi. Qual é o estilo do grupo e o seu modus operandi?

2) Determine o estado da Matriz.

Em qual estado você se encontra? Em qual estado estamos, como grupo? Quais são os *frames* (crenças, valores, entendimentos etc.) os quais estão criando e direcionando nossa experiência atual? Quão profundamente esses *frames* estão incorporados a vocês como grupo?

3) Siga a informação dos ciclos através da Matriz.

Siga as informações ao fazer perguntas de exploração para descobrir o que está ocorrendo no primeiro ciclo horizontal e no meta (vertical) ciclo de reflexividade. Os ciclos são abertos ou fechados com uma dada pessoa ou grupo? Quão aberto e/ou quão fechados são os ciclos? Faça isso até que você consiga mapear os significados do grupo.

> Sobre X (algum evento ou situação) o que você está pensando? No que você acredita acerca de X? Digamos que seja verdade, o que isso significa para nós? Como cada um de vocês interpretaria isso? À medida que você faz perguntas, procure interpretar o sistema de interação do grupo e criar padrões para o grupo.

4) Transforme o sistema via reorganização.

Siga as informação até o topo dos *frames* de significado, então, convide o grupo a dar um passo atrás, tirar um metamomento, ter uma metaconversa sobre sua experiência.

As perguntas seguintes sobre controle de qualidade capacitam o grupo para tomar uma decisão sobre mudanças possíveis de serem feitas.

> É isso que queremos? Isso está funcionando para nós? Isso aprimora nossa experiência como grupo? Isso nos capacita a ser mais efetivos e alcançar nossos objetivos?

Ao trazer à tona as mudanças desejadas com e para grupo, foque não em eliminar as partes, mas em *reorganizar* partes. Foque primeiramente em elucidar, expandir, desenvolver e aplicar recursos que já são inerentes às pessoas ou ao grupo, mas fora da consciência. Há tempos para descomissionar uma forma de pensamento, uma velha crença tóxica etc. Na maior parte do tempo, mudança significa *reorganização,* à medida que a pessoa ou grupo se re-mapeam.

5) Identifique as soluções dentro da Matriz.

Procure e utilize as soluções que são inerentes à matriz de problema. Pegue o sintoma ou desafio e faça uma ressignificação como solução ou como um dos estágios a caminho de uma solução. Sintomas são tipicamente forças desgastadas pelo uso que não foram contextualizadas.

QUESTÕES E DISTINÇÕES DA MATRIZ
Matrizes Processos:

1) Matriz de Significado: O que isso quer dizer?

Qual é o significado disso?
No que você acredita sobre X?
No que você acredita sobre esta crença?

2) Matriz de Intenção: O que você quer?

O que é importante para você?
O que é seu resultado ideal? Por que buscar isso?
Quando você conseguir isto, o que isso trará a você?
O que inspira você e te faz sentir mais vivo?

3) Matriz de Estado: Em qual estado você está?

Como você chama este estado?
Como você está se sentindo?
Quão intenso é o estado?
O que desencadeia este estado?
Como você acessa este estado?
Quais são os seus melhores estados?
Quais novos estados você quer desenvolver?

Matrizes de Conteúdo:

3) Self e Identidade: Quem é você? Com o que você se parece?

Como você se define?
Quem você quer se tornar?
O seu valor como pessoa é incondicional?
Se não, sob o quê você o condiciona?

4) Matriz de Poder Quais outros poderes e capacidades você tem?

Você consegue fazer? O que mais?
O que você sonha em fazer?
Qual é o seu nível atual de habilidade?
De quais recursos você precisa?

5) Matriz de Relacionamentos com os Outros	O que você pensa sobre outras pessoas? Como elas são?
	Elas são amigáveis ou agressivas?
	No que você acredita sobre a natureza humana?
	Quais habilidades sociais você tem?
	Quais faltam a você?
6) Matriz Tempo:	O que você pensa sobre "tempo?"
	O tempo é seu amigo ou inimigo?
	Quanto do seu tempo mental-emocional você gasta no passado, presente ou futuro?
	Você vive no passado ou no futuro?
	Você experiencia o tempo como um eterno agora?
	Você experiencia o tempo sequencialmente?
	Você consegue optar por se perder no tempo?
7) Matriz de Mundo:	Que mundos de significado existem para você?
	Quais universos você gostaria de visitar?
	Quão bem você se adapta à realidade externa?
	Com quais habilidades você precisa lidar e em que mundo quer ter domnio, pelo qual você queira navegar?

Notas Finais do Capítulo:

1. *O Modelo Matriz* (2003). Veja também *Systemic Coaching* (2012).

2. *Significado quer dizer* "manter na mente." As *ideais* que você mantém na mente e constrói ideias são seus significados.

3. *O significado que você dá é o instinto que você vive.* Para uma descrição mais abrangente disso, veja *Self-Actualization Psychology* (2009).

4. Para mais sobre autoestima, veja *Liberte-se! Estratégias para Autorrealização* (2007) capítulo 14 "Questões de Ego" e *The Crucible* (2010) capítulo 7 "Unconditional Positive Regard."

5. Para mais sobre tempo, veja *Adventures in Time* (1997), *Time-Line Therapy* (1988) de Woodsmall e James.

A Matriz como um Sistema

As Variáveis

Significado: Todas as formas de "significado."

Consciência: seleção, foco.

Representações: códigos.

Palavras: Linguagem, crenças.

Neurologia: fisiologia: estado.

Intenção: propósito.

Reflexividade.

"Programas" ou hábitos.

Os Processos

1) Reflexividade: as camadas de níveis de pensamentos-e-emoções.

2) Processando as informações por seleção, representação, para estabelecer *frames*.

3) Incorporando: coalisão.

4) Fornecendo *feedback* e fomentando.

As Diretrizes

Entre com compaixão e respeito.

Encontre o mapa e detecte sua estrutura.

A estrutura ou processo explica a matriz.

Informação entra – energia sai.

Níveis se fundem, de modo que o significado se torne incorporado.

Capítulo 20

PREPARANDO-SE PARA LIDAR COM CONFLITOS DE GRUPO

COMO VOCÊ SE PREPARA PARA LIDAR COM CONFLITOS DE GRUPO?

By Colin Cox[1]

Os conflitos no contexto profissional ocorrem. Seria anormal se não ocorressem regularmente no trabalho, embora eu tenha encontrado muitas pessoas que consideram o conflito como sendo "algo ruim." Descobri que se houver respostas efetivas, os conflitos podem aproximar as pessoas e criar uma equipe que é mais firme e com mais resiliência, como resultado direto de um conflito que foi resolvido de maneira bem-sucedida.

Há conflitos de certa natureza que ocorrem tanto em âmbito pessoal quanto profissional e nas equipes de trabalho. *Conflito,* da forma que estou abordando, envolve uma ou mais pessoas em desacordo. É quando, por qualquer que seja a razão, as pessoas envolvidas não concordam umas com as outras e a intensidade de seu desacordo as separa permanente ou temporariamente. Conflito não se trata apenas do assunto em desacordo, mas, também, da intensidade desse desacordo e como se escolhe lidar com ele, no trabalho.

Tenho experienciado um vasto rol de comportamentos que são desencadeadores de conflito em equipe ou indivíduos.

Esses problemas podem ser tanto sutil e furtivo ou óbvio, claro, insidioso. Alguns exemplos que denotam uma equipe em conflito:

- Atitude entre a equipe de "eu" e, não, "nós".
- Tratar membros da equipe como se eles não existissem – ignorando-os.
- Quadro de pessoal evitando comparecer a reuniões da equipe.
- Histórico de mau comportamento um ou mais membros da equipe.
- Regras, papéis e responsabilidades são ignoradas ou interpretadas divergentemente.
- Indisposição para contribuir na resolução de problemas da equipe.
- Minando todas as tentativas de melhorar a performance.
- Tentativas falhas para a situação correta.
- Gerentes indispostos a confrontar a situação.
- Comportamento argumentativo, rude e inaceitável de um contra outro.
- Formação de silos isolados ou subgrupos dentro da equipe.
- Polarização de membros da equipe de um para o outro.
- Aumento de dias de atestado médico ou necessidade de licença por estresse.
- Índice de atritos entre o pessoal acima do normal.
- Manutenção de mágoas e ressentimentos de um para com o outro sobre desentendimentos passados.
- Nenhuma das partes está disposta a resolver um conflito longo e persistente.
- Bullying, intimidação e ameaças do pessoal.

Esta breve lista descreve os comportamentos que eu tenho testemunhado quando sou requisitado a trazer resolução para um indivíduo ou equipe em conflito por meio do Meta-Coaching ou Treinamento Desenvolvimental.

Pre-estágio para Fazer *Frame* para Si Mesmo

Antes que você comece, prepare-se para traçar os seguintes *frames* para si mesmo.

Estes *frames* irão possibilitar a você estar mais preparado, à medida que passa pelos seguintes estágios.

#1. Sempre há Restrições.

O sucesso do coaching quando há conflito está fortemente relacionado a alguns fatores imprescindíveis. Desse modo, esteja atento quanto ao que poderia frustrar suas tentativas de resolver problemas dentro do grupo. Estabeleça uma estratégia de mitigação – isso irá aumentar consideravelmente a probabilidade de sucesso. Isso não necessariamente te assegura o sucesso – mas continua sendo um aspecto importante do trabalho com equipes.

#2: Há Provavelmente Política Interna em Recursos Humanos e na Gestão Organizacional.

Iniciei por aqui porque você terá que se conectar com o departamento de RH, direta ou indiretamente. O grau no qual você estará envolvido com um analista de RH vai depender do tamanho da organização que requisitou você para fazer o coaching do grupo. Enquanto RH pode ser maravilhoso, ajudar com apoio e adicionar força à sua intervenção de coaching, eles também podem minar seu trabalho. Mire em conseguir total apoio do RH e em criar papéis bem definidos no processo. Saiba sobre o passado do grupo e o que eles querem que você conquiste com o grupo, isso é crucial.

> **Estágios de Preparação para Lidar com Conflito de Grupo**
>
> Faça o pré-*Frame* de si no Processo
> I: Faça um Escopo da Situação.
> II: Selecione as partes para entrevistar.
> III: Colha informação.
>   Entrevistas e gravações
>   Agende entrevistas
> IV: Interprete a Informação.
> V: Identifique o Grau de Conflito do Grupo.
> VI: Forneça *Feedback* de suas Descobertas.

No passado, tive bastante sorte por ter trabalhado com alguns Gerentes Gerais de RH e Conselheiros excepcionais assim como fui fadado ao fracasso em outras situações por sua abordagem de oposição e falta de apoio. Tê-los do teu lado é crucial e sempre que possível envolva-os, em parte ou no todo, à medida que você trabalha com a equipe.

É melhor se você sabe de antemão se o RH quer corrigir a situação, ao encontrar uma forma sustentável ou se você é parte de sua estratégia de saída para remover o indivíduo ou reengenharia do negócio por diminuição ou deslocamento da equipe. Mesmo que você tenha a melhor intenção de fazer com que isso funcione para todas as partes, assegurando retorno de todos para uma equipe de funcionamento saudável, este pode não ser o resultado que o RH ou Gerente quer.

#3: Cuidado com Pessoas Querendo um Resultado Rápido.

A necessidade de dar uma solução rápida para uma situação de equipe tipicamente gera muitos problemas.

Isso requer que você procure pelo *frame* mais óbvio do problema e chegue a uma solução simples. Isso implica em certa limitação de tempo, então, você escolherá uma abordagem generalista para o trabalho a ser feito. Enquanto uma fixada rápida te dará um resultado quase instantâneo, ela também causará um erro de percurso, cegando você para os fatores escondidos na recorrência da situação.

A situação com a qual você está lidando tem um *frame* específico de tempo – um *frame* de tempo que fez ser o que é e um *frame* específico de tempo para resolvê-la. Em poucas palavras, vai levar algum tempo para se criar uma conclusão viável. Quando o tempo é restrito e a velocidade é uma necessidade, contribuem, na verdade, com a possibilidade de falhar. Ser realista com aqueles que te pediram para intervir é uma prioridade. Apenas assim, você pode evitar as armadilhas de proporcionar uma solução rápida. Então, dadas estas realidades organizacionais e restrições, como você se prepara quando convidado a trabalhar com um grupo lidando com conflito?

Estágio I: Faça um escopo da situação.

A primeira coisa que precisa ser feita antes de decidir acerca das estratégias de coaching para resolver a situação é começar cuidadosamente uma "investigação de escopo" rigorosa do que está ocorrendo e o que se deve tentar alcançar, para definir o problema.

Fazer escopo requer que você seja completamente informado sobre o conflito antes que você faça qualquer coisa. Você provavelmente será informado pelo analista de Recursos Humanos da Equipe, pelo gerente da equipe ou, até mesmo, pelo CEO (Chief Executive Officer). A pessoa que te pede para intervir terá uma ideia de qual é o problema e qual seu *frame* mental – o que a pessoa acredita ser o problema e a solução imaginada e desejada.

Quando estou sendo informado, sempre permaneço atento à neutralidade sobre como eu interpreto a descrição da situação e o que eles acreditam ser os problemas e as soluções. O perigo de aderir à descrição provida é que você não será capaz de acessar a situação com uma mente livre de julgamentos, corroborando o preconceito da pessoa que está te informando. Se isso ocorrer, você não será efetivo para definir a situação ou para atingir uma mudança sustentável.

Estágio II: Seleção: Selecione as Partes para Entrevistar

Uma vez você estando informado, converse com cada uma das partes envolvidas. Sua decisão de quem deve conversar com quem é importante. Eu nunca encontrei uma dificuldade de equipe que aparece sozinha ou com uma pessoa isolada. Necessariamente envolve um vírus permeável e evasivo com consequências difíceis de serem alcançadas por todos que estão envolvidos. Sabendo disso, eu vou conversar com as partes imediatamente envolvidas, de modo que possa decidir se preciso falar diretamente sobre o que foi reportado ou se devo falar com aqueles envolvidos nos relatos. Desenhe um diagrama de quem interage com quem, o que conecta uma organização é cada indivíduo em relação aos demais, sendo esta uma ferramenta útil para ganhar uma perspectiva maior e mais sistemática da situação.

Um princípio importante para se recordar é que *problemas de equipe são problemas sistêmicos*. Esta é a importância de você sempre ter abordagens sistêmicas e criativas. Use uma abordagem linear e sequencial ao fazer o escopo do problema, implementando a resolução. Quanto mais difícil for o problema da equipe, maior a probabilidade de falhar em usar uma abordagem linear na busca de encontrar uma resolução para a equipe.

Estágio III: Entrevistando: Agendando, Entrevistando, Gravando

Ao fazer o escopo, você irá precisar gravar suas descobertas, há muitas opções que eu uso. Minha preferência é uma combinação de anotações manuais e gravações eletrônicas, utilizando um gravador e o apoio da minha parceira Lena. Ela se senta junto a mim nas entrevistas e faz registros. Quando o grupo é grande e o nosso tempo é limitado, fazemos entrevistas separadas com o pessoal, para levá-los adiante dessa fase de tempo delimitado.

Há, definitivamente, vantagem em ter duas pessoas para fazer as entrevistas de escopo, juntos vocês podem, depois, discutir o que foi dito, qual a impressão de cada um ao longo da discussão. Com dois na entrevista, um pode fazer as perguntas e gravar as respostas, enquanto o outro pode observar os membros da equipe e gravar suas observações. Eu descobri que quando eu faço as entrevistas sozinho, posso perder importantes pistas verbais e não-verbais sobre as quais precisarei posteriormente fazer perguntas. Isso é menos provável de ocorrer quando você tem um parceiro e os papéis são definidos para cada um nas entrevistas.

A outra opção é gravar a entrevista usando uma vídeo câmera. Isso pode ser intimidador para a pessoa que você está entrevistando e causar uma distração desnecessária. Quando utilizar algum aparelho para gravar, assegure-se de que você tenha confirmado com a pessoa que está tudo bem (use um formulário de veiculação) e, também, o mais rápido possível, salve a informação em um diretório de back-up. Tenha certeza de que as baterias estão carregadas e que você as testou e tudo está funcionando. Mesmo que estas colocações pareçam senso comum, eu por engano não fiz isso, tendo me arrependido.

Outra ferramenta útil é fazer um mapa visual da situação. Isso requer que você use fotos, símbolos, figuras, diagramas, esboços para visualmente fazer um retrato da situação e do quão onerosa ela é.

Organize o Tempo Requerido

A fase de escopo pode demorar algum tempo. Cada entrevista pode durar de 60-90 minutos ou mais, se você tiver 20-30 pessoas para entrevistar, poderia demorar mais de uma semana para completar as entrevistas. Pode, também, ser necessário voltar e checar com alguns daqueles com os quais você conversou, em um momento posterior, para fazer mais perguntas, a fim de esclarecer os detalhes com eles.

Sabendo que você terá apenas feito escopo da situação e do tempo que pode levar, nessa primeira fase, deve estar claro que este processo consome tempo. Isso requer um sincero desejo da organização para resolver o conflito. Notifique a pessoa que comissionou você para interferir, informando que depois da Fase Um, quando você terá adquirido clareza da situação, nada terá mudado ainda neste estágio.

É importante que entendam isso, porque muito comumente um negócio requer rápida solução, a qual eles podem ter *erroneamente* identificado com uma pessoa ou equipe.

Eles querem uma resposta rápida para, então, voltarem ao que lhes é importante – aumento de produtividade e performance. Ainda assim, uma resposta rápida para o problema errado não proporcionará uma mudança sustentável. Irá perder fundos, diminuir sua credibilidade e fazer com que se torne mais difícil tentar, uma segunda vez, reparar a situação quando esta reaparecer (o que provavelmente ocorrerá).

Esteja atento, pois ao longo da definição do escopo, você estará fazendo o escopo de *qual é a situação* e, *não,* de qual é o problema.

Definir o problema, sendo uma meta de longo prazo, não é o propósito do escopo. Fazer o escopo é descobrir o que está havendo e quem e como cada pessoa está conectada. É dar a você um amplo entendimento da situação e quais são as opções existentes para trazer uma pequena ou grande melhoria, sem piorar a situação.

Estágio IV: Interpretação: Interpretando a Informação

Depois que você completa o escopo, você terá que interpretar a informação. Como você interpreta a situação vai determinar sua abordagem e se você é capaz de resolver a situação ou conversacionalmente – torná-la pior.

Há um *continuum* escorregadio que eu mantenho em mente quando decidindo como interpretar a situação e o que será requerido para trazer a resolução para equipe. Em uma ponta do *continuum* é um simples problema de equipe e na ponta oposta, há um problema muito complexo ao qual chamo de "complicação."

Figura 20:1

	Simples	Complexo
"Complicação"	Problema	Problema

Tirar uma conclusão rapidamente acerca do que seja o problema vai levar a dificuldades. Quanto mais difícil e complexa a situação – vá mais devagar para decidir sobre qual conclusão e estratégia usar. Isto é particularmente verdade quando você tem um grupo complicado, ao invés de um problema simples e direto no grupo.

Um simples problema de grupo será aquele o qual tem uma solução óbvia e afeta uma ou duas pessoas, no máximo, e todas as partes são capazes de chegar a um acordo sobre os problemas e suas soluções. A abordagem de um problema simples será linear e uma solução sustentável é altamente provável de ser atingida em um período relativamente curto de tempo.

Esta forma de endereçar os problemas simples *não* é a maneira de resolver uma situação *complexa que seja uma complicação*. Mais comumente do que não, a causa da falha em resolver o problema do conflito ou de performance é tratar o grupo que é complicado, como uma equipe com um problema simples, quando não é. Administrar com sucesso uma complicação requer uma abordagem diferente e ajuste de mentalidade.

Estágio V: Identifique o Grau de Conflito no Grupo.

Aqui há uma análise geral para quando você estiver enfrentando uma complicação. Quando você está em face de *uma complicação*, você achará difícil ou impossível definir o problema ou solução porque haverá níveis múltiplos conectados. Será pouco provável que você seja capaz de oferecer uma garantia de uma resolução sustentável. Fique satisfeito se você conseguir gerar pequenas mudanças positivas para minimizar os danos colaterais. Uma complicação irá envolver uma certa quantidade de acionistas e possivelmente está sendo percebida há meses, anos ou, até mesmo, décadas com muitas tentativas fracassadas de endireitar a situação. Todas as tentativas foram fracassos completos e, na melhor das hipóteses, um fracasso temporário.

Quando definir um problema, primeiro defina se você está lidando com um simples problema de grupo ou uma complicação. Meu conselho é: reserve um tempo para decidir.

Você fará *frame* do problema. Para mim, mais de 80% da situação passa pela eclosão da bagunça ou graus de bagunça.

Neste estágio, eu regularmente convido aos indivíduos a dar uma pontuação para duas coisas:

> Primeiro, em qual grau você está disposto a contribuir para resolver a situação? (1 para baixo e 10 para alto.)

> Segundo, quão ruim é a situação para você? (De 1 a 10.)

Suas pontuações subjetivas indicam o quão disposto eles estão para contribuir e o quanto consideram a situação como um problema. Isso também prové um oportunidade de explorar ambas pontuações em maior detalhe. Se marcam de (7-10) em se magoar, ainda assim, alto também em estar disposto (6 ou mais), isso indica uma alta probabilidade de que haverá uma base sólida para construir e resolver o conflito situacional.

Estágio VI: Forneça *Feedback* de Suas Descobertas.

O próximo estágio é proporcionar *feedback* de suas descobertas. A gerência precisará saber o que você descobriu. A gerência precisará saber das suas descobertas e como você interpretou o escopo do pessoal e porque você escolheu determinadas estratégias para seguir adiante. Precisarão estar cientes de que se estão lidando com uma

"bagunça", que o sucesso não é garantido e o processo de resolução demandará tempo e poderá ter uma abordagem multiafiada para que se torne melhor. Então, desenvolva a qualidade de relacionamentos e mantenha-os informados acerca de todo o processo.

A Arte do Coaching de Grupo

Quando uma organização convida você para trabalhar com um grupo em conflito, tenha certeza de já estar com tudo preparado para lidar com isso e para agir "com diligência" antes que se proponha o programa de coaching. Na verdade para o coach profissional, antes que o coaching possa começar há, na verdade, bastante trabalho que precisa ser feito.

Agora que você leu sobre os estágios de preparação para fazer o escopo da situação do grupo em conflito, neste capítulo, qual é o seu plano de ação para quando receber o chamado? Quais são as suas forças nisso? Onde você se sentirá desafiado e precisará se esforçar?

Notas Finais do Capítulo:

1. O autor Colin Cox é um Master Trainer em Neurossemântica e tem credenciais de PCMC, Professional Certified Meta-Coach com a Meta-Coach Foundation (MCF). Colin vive em Auckland, na Nova Zelândia. www.ignition.org.nz.

Capítulo 21

RESOLUÇÃO DE CONFLITO:

COMO FAZER COACH DE GRUPO PARA O CONFLITO CONSTRUTIVO?

*"Nas equipes efetivas há um substancial nível de debate.
As pessoas precisam medir antes de aderir a uma ideia."*
Patrick Lencioni

*"Uma equipe sênior pode ter muito conflito para ser efetiva,
mas também pode ter bem pouco."*
Peter Hawkins (2011)

*"Só porque [um grupo] é um lugar seguro
não significa que a comunidade seja um lugar sem conflitos.
É, contudo, um lugar no qual o conflito pode ser resolvido sem derramamento
de sangue físico ou emocional com sabedoria bem como com graça.
Uma comunidade é um grupo que consegue lutar graciosamente."*
M. Scott Peck, *The Different Drum* (p. 71)

Continuando com o tema de como se tornar um coach de grupo (capítulo 19), adécima primeira habilidade de coaching de grupo é facilitar ao grupo que este seja capaz de experimentar o conflito construtivo de diferenças ideológicas. Enquanto grupos precisam se tornar coesos e unificados, a meta não é similaridade e conformidade absolutas.

Na verdade, se houver isso, se coloca o grupo em perigo, pois convida ao pensamento de grupo. O que se quer é a habilidade de mobilizar para uma visão, missão, valores etc., ao passar pelo conflito e não *evitá-lo*.

Dado o último capítulo, você já sabe como agir com diligência quando for convidado por uma organização a ser "coach de um grupo em conflito." Como Colin Cox detalhou no capítulo 20, antes que você assuma que há conflito, faça um escopo do problema real, as partes envolvidas, os contextos nos quais o problema ocorre e, ajuste as estruturas com as quais você possa fazer coaching para a resolução do conflito com todas as partes.

11) Facilitação de Habilidades de Grupo na Resolução de Conflitos

O maior desafio a respeito de conflito é que sem habilidades efetivas para lidar com ele, vai tender a se elevar, escalar e polarizar. Se, e quando, isso ocorre, você terá um problema do tamanho de um monstro em suas mãos. Uma vez que tenham escalado e se tornado um grande conflito, isso o torna difícil de controlar.

Inversamente, o que nós queremos no grupo é *conflito construtivo e produtivo* e, é claro, isso requer um nível mais elevado de conflito. Peter Senge escreve sobre o que tipicamente ocorre e o efeito disso no funcionamento de grupos efetivos em *The Fifth Discipline* (1990):

> "Se há desacordo, geralmente, é expresso de um modo que indica culpa e opinião polarizada, falhando em revelar as diferenças sublinhadas em pressuposições e experiências, de modo que a equipe, como um todo, possa aprender. " (p. 24)

Outro grande problema é que a maioria das equipes se rompem sob pressão. A quebra aqui é que a equipe, em não mais sendo *uma equipe*, regride para um grupo, no qual a performance individual e o evitar manter-se responsável tomam conta, o que explica por que começam a buscar culpados, apontando dedos aos outros. Acusam ao invés de, manterem-se responsáveis mutuamente para explorar as questões abertamente sem uma postura defensiva.

Há rompimento da equipe, à medida que os membros do grupo em estado de estresse fazem os demais membros regressarem às respostas fuga ou briga: ressentimentos, animosidade paralisante, desentendimentos, desapontamentos, culpa, acusação, exageros, evasão, fingimento, explosão etc. Na falta de habilidade requerida para lidar com a pressão e com o conflito, o grupo se volta contra si mesmo e/ou seus membros. Então, a exposição de seus sentimentos, a vulnerabilidade e o estar sob ataque, leva-os a regredir para um posicionamento defensivo e disfuncional. Então, quais são as habilidades para o *conflito construtivo e produtivo?*

Estranhamente, para se tornar uma equipe efetiva, é necessário conflito. Para forjar habilidade, potenciais, visões, sonhos, expectativas etc. requerem uma experiência de cadinho. Isto porque as habilidades de resolução de conflitos não é projetada apenas se tolera e aguenta passar pelo conflito. Não. Ao invés disso, pode-se projetar para positivamente ser algo construtivo – insights, aprendizados, novos paradigmas etc. a partir do conflito.

Habilidades de Conflito Produtivo

1) Estabeleça Enquadramentos para Normalizar Conflitos.

Para ajustar o tom para o grupo, *frames* precisam ser estabelecidas para o grupo de modo a, mudar a concepção sobre o conflito. É preciso normalizar o conflito, de modo que, mesmo nos sentindo desconfortáveis com ele e mesmo ansiosos a seu respeito, o abracemos, como sendo apenas diferenças acerca de estilos e ideias. Então, não iremos evitá-lo, correr dele ou usá-lo para perseguir os demais e chantageá-los com ameaças de um escalonamento do conflito.

Crie um clima ótimo para lidar com o conflito. Um grupo que desenvolve suas habilidade em lidar com conflito, problemas, adversidade, obstáculos etc. é um grupo

que é resiliente e efetivo no longo prazo. Isso irá criar um senso de confiança e segurança em seus líderes de que dentro do

grupo somos capazes de lidar com a adversidade. Foque na lealdade e no grupo acima de posicionamentos particulares.

A meta não é permanentemente abolir o conflito. A razão para isso é que não seria possível, realista, desejável. A meta deve ser, além disso, capacitar as pessoas para o conflito respeitoso, de modo que ventilem suas ideias e refresquem suas emoções quando o conflito aparecer. O que nós queremos é *conflito construtivo* e confrontação.

> "O conflito não pode ser eliminado dos grupos humanos, não importando se o estamos nos referindo a duplas, grupos pequenos, macrogrupos, ou até mesmo, megagrupos como nações. Se o conflito é negado ou suprimido, invariavelmente irá se manifestar de modo obscuro, corrosivo e, muitas vezes, feio." (Yalom, 1975, p. 351)

Se o conflito é inevitável e inescapável, então, quais são os valores construtivos que podemos aprender a cultivar a partir dele? Principalmente – entendimento profundo do outro nos membros do grupo, uma compreensão mais abrangente sobre "o problema, " paciência e aceitação das diferenças, eliminação do pensamento de grupo, maturidade da liderança e conversas fascinantes, de forma que a confiança no trabalho do grupo desenvolva um robusto senso de confiança para trabalhar por meio do conflito.

Isso constrói confiança no grupo, no processo de resolução do conflito e na flexibilidade de disposição de aprender um com o outro.

Figura 21:1
Continuum do Conflito

Destrutivo	Construtivo	Destrutivo
Briga Escondida	Mantendo o Espaço	Briga Aberta
Evitar		Agressivo
Passivo	Regras de Participação	Personalizado
Encontros são Tediosos		Encontros parecem Ameaçadores

2) *Estabeleça Regras de Participação para Conflitar Efetivamente.*

Quais são as regras que o grupo quer usar para gerenciar o conflito de ideias? Faça o *frame* de que somos todos somos humanos e, portanto, falíveis. Então, cometemos erros. Deixe que as ideias e emoções sejam ventiladas. Algumas regras básicas de "jogo limpo" inclui o seguinte.[1] Há um primeiro conjunto de coisas que impedem a resolução do conflito, agravando as sensações negativas em relação aos outros. Perde-se tempo no contra-ataque, o que impossibilita a conversa que cria uma definição precisa e clara do problema e uma possíveis soluções.

Regras para o que não fazer:

- Sem comprometimento físico: bater, estapear etc.
- Sem ataque verbal, cortes, zombaria ou modos que humilham para provocar emoções negativas nos demais.
- Sem linguagem sarcástica, sem linguagem que desconsidere o outro ou uma linguagem que diminua alguém.
- Sem monólogos – não mais do que quatro ou seis sentenças sem convidar alguém a responder.

Regras para o que fazer:

- Dialogue com o propósito do entendimento de cada um, de forma que possamos, então, trabalhar o conflito a partir de uma posição de empatia.
- Repita as colocações de cada para a sua satisfação, demonstrando entendimento.
- Dê pausas regularmente (a cada 30 minutos, no máximo).
- Aceite responsabilidade total pelo que diz e faz (sem culpar os demais).
- Lide diretamente com a pessoa e o problema.
- Sentindo raiva, medo, chateação etc., fale a respeito e gerencie o estado e, até mesmo, considere se faz uma pausa ou continua.
- Peça a alguém para mediar o processo se as pessoas não estiverem seguindo as regras.

3) Crie uma Cultura de Responsabilidade.

Como um coach de grupo, facilite em cada membro e no grupo, um forte senso de responsabilidade pessoal. Possibilite as pessoas a terem essa postura:

> "Eu sou responsável por minha vida e situação. Se algo sai errado, sinto-me honrado por me responsabilizar pelo que fiz e pelo que deixei de fazer. Responsabilidade significa que tenho poder em minhas mãos para fazer algo a esse respeito!"

> "Se estamos nos distanciando de atingir nossa meta, no grupo, eu rapidamente coloco minhas cartas na mesa – viradas para cima. Nada se ganha em ficar na defensiva ou em se culpar os outros. Sou parte de qualquer coisa que ocorra em um sistema."

4) Foque no Problema, não nas Pessoas.

Empatia introduz e facilita a humanização da luta, à medida que nos capacita a abordar o outro com respeito mútuo, calorosamente. Articule, frequentemente, a distinção entre a pessoa e o comportamento que não são a mesma

> "Todos os grandes relacionamentos requerem conflito produtivo para que cresçam."
>
> Patrick Lencioni

coisa, mas são diversos. Separe o problema, ao engajar-se em definir o problema precisa e especificamente para criar uma questão bem formulada. (Para as questões que você pode usar para cocriar um problema bem-formulado, Veja o Apêndice B.)

Foque no problema, ao invés da pessoa, mantendo a premissa, "Por trás de todo conflito há preocupações legítimas." Esta versão do pressuposto da PNL, "Por trás de todo comportamento há intenções positivas." Thomas F. Crum, em *The Magic of Conflict,* oferece um pensamento similar:

> "Resolver um conflito raramente se trata de quem está certo. Se trata do reconhecimento e da apreciação das diferenças."

5) Construa em Áreas de Acordo.

Sempre comece e repita, se necessário, o acordo dos *frames* que unem o grupo. Oposto ao conflito são as coisas que se tem em comum, as áreas de acordo que nos aproximam, antes de mais nada e a visão que todos queremos alcançar. Essas são as coisas que precisam ser reafirmadas em tempos de conflito, de modo que todos irão manter isso é o *frame* mais elevado – o que nós buscamos atingir juntos.

6) Dessensibilize para Disparos de Declarações Sobre os Outros.

Reajuste o *frame* quantas vezes for preciso, de modo que "O mapa não seja o território," que palavras são apenas símbolos e não a realidade. Isso ajudará a tirar a carga emocional das palavras. Isso irá tirar o peso semântico das palavras, descarregando de significado. Então, cada pessoa poderá desenvolver um senso interno de autoconfiança: "Consigo conviver com ataque verbal de palavras sem me despedaçar."

Estabeleça a regra do jogo limpo no grupo: "Sem apelidos ou rótulos."

Quando pôr nomes ocorrer, aponte de modo sútil, a propósito, e peça para que a pessoa reformule o comentário.[2] A pessoa que é demasiado sensível às palavras tem um certo grau *fobia-de-palavras.* Agem como se estivessem com medo de uma palavra ou frase e respondem à palavra gatilho como o faria em relação a uma ameaça física. A verdade é que se trata *apenas de uma palavra, um símbolo, apenas o mapa linguístico de alguém* sobre algo.

7) Ocupe o Grupo na Solução do Problema,

Conflito é um problema para todos no grupo. Enquanto Bob e Brenda talvez possam estar em curso de colisão e, enquanto é sempre tentador se por de fora, todos no grupo estão à bordo no mesmo veículo social e, todos farão sua

> "Equipes efetivas têm um Nível substancial de debate."
>
> Patrick Lencioni (2002)

parte por todo o grupo. Uma vez que Bob e Brenda talvez possam estar a caminho de colisão e, enquanto tudo faz querer ficar fora desse caminho, todos no grupo estão à bordo do mesmo veículo social e serão parte dos destroços se houver e serão parte dos destroços se houver acidente e fogo e serão parte dos destroços se Isso é. O seu problema é nosso problema. Criar uma cultura para o grupo, na qual cada conflito é *um problema para todos nós..* Então, uma vez que o grupo todo assume o domínio do conflito, isso nos a todos a tomar iniciativa para fazer parte da solução. Como coach de grupo, torne isso, um dos seus objetivos – permitir ao grupo que ajudem uns aos outros no conflito construtivo. A navegação é sempre mais desafiante e difícil na tempestade. Do que se precisa nesses momentos? Um senso de direção ao autogerenciamento, a habilidade de se expressar sobre as coisas e de fazer controle de qualidade de nossas escolhas.

8) Identifique Padrões de Escalonamento dos Conflitos.

Identifique os padrões de interação do grupo, então, desafie e confronte os membros se forem destrutivos. Quais são as pistas de que armadilhas estão surgindo? O que faz os indivíduos retraírem, de forma que bombardeiam a coalisão?

Por outro lado, se o grupo está evitando o conflito ou tentando enterrá-lo, então, gentilmente, acenda a chama para nutrir o conflito. Neste ponto, você irá desejar tornar elevada a ansiedade do grupo acerca dos assuntos, ao invés de desenfatizá-la.

9) Use a Tensão Reduza Técnicas.

Calibre para o nível emocional de estresse no grupo e use a ventilação, empatia no ritmo, relaxamento, pausas etc. para reduzir o estresse e a tensão no grupo.

"Qual o nível de tensão no grupo? Como devemos reduzi-los de modo que possamos estar em um melhor estado? Quão irritáveis, frustrados ou raivosos você se sentem?"

Permita que membros que estejam estressados falam acerca do estresse. Normalize o conflito ao fazer o *frame* de que conflito é normal, de se esperar e quando as pessoas se importam muito com algo, irão se tornar emocionais, aumentarão a voz etc. Convide a aceitação da falibilidade, ao encorajar o entendimento:

"Eu posso estar errado. Estou disposto a explorar outro ponto de vista."

Des-escalone o conflito. Faça o *frame*, de modo que se possa distinguir o problema e o conflito do grupo, o propósito do grupo e de membros individuais. Repetidamente, faça o *frame*, "Pessoas não são o problema, *frames* são os problemas." Então, passe para o significado do *frame* que está guiando o problema.

"Vamos dar um passo atrás para explorar a pressuposição que cada um de nós trouxemos até agora para este projeto e sobre as quais estamos atualmente operando. Vamos começar com o Carlos e faremos uma volta pelo grupo."

Quando uma equipe está em conflito e não fazendo processos, convide o grupo para fazer um metamomento de silêncio. O silêncio será tão desafiante quanto uma mudança poderosa de estado-mental do grupo.

"Vamos dar um passo atrás de onde estamos ao dar um minuto de silêncio."

10) Qualifique ou Texturize o Conflito.

Para cada estado principal de conflito, seja de estresse, frustração, medo, raiva, chateação, nervosismo etc. há um meta-estado como respeito, cuidado, calma, direcionamento, justiça, pensamento ganha/ganha etc. Como você faz isso em grupo? Da mesma maneira que ocorre com um indivíduo – *acesse* e *aplique*. A diferença é que aqui o principal é fazer de forma conversacional, ao invés de, usar o padrão experimental.[3]

"A agenda para os próximos vinte minutos é lidar com o conflito que nós estamos experienciando como grupo acerca de prós ou projeto. Nós temos duas escolhas diante de nós e, antes que façamos isso, deixe-me lembrá-los que somos uma equipe e, com o mesmo cuidado e respeito que você trata um bebe recém nascido, embalando o pequenino ser que é tão precioso a você, vamos tratar um ao outro com respeito e apreço, de forma que, quando você se sentar ao jantar com sua família esta noite e o seu filho ou filha perguntar como foi o dia, você poderá falar com orgulho sobra a qualidade de nossa resolução de conflito deste encontro."

Solucionador de Comportamentos Problemáticos

Além do conflito, numerosas outras coisas podem minar um grupo efetivo. Eis aqui uma lista:

1) A conversa incessante de alguém que monopoliza o grupo ou tenta fazê-lo.
2) O atraso persistente de alguns membros do grupo.
3) A falta de manter-se responsável no grupo ou recusa a deter alguma responsabilidade.
4) O supercontrole do grupo com regras demais, sendo burocrático na aplicação das regras.
5) O "sim, mas..." padrão de um ou mais membros.
6) Os encontros do grupo são chatos, faltando espontaneidade, parecendo superficial.
7) Membros do grupo focando no eu, perguntando o que há ali para eles, ou assumindo para si todo o crédito ou mudando a conversa para seus projetos próprios.

A Arte do Coaching de Grupo

Provavelmente, o aspecto mais desafiante do coaching de grupo envolve aprender como lidar com as coisas que criam tensão e conflito no grupo. Depois, vem a facilitação de conflito, quando permitindo ao grupo, o cultivo do conflito útil no grupo e, então, conflito para aprendizado. É muito fácil assumir que nós não queremos o conflito no grupo e, então, consistentemente puxamos a atenção o grupo para fora do conflito. Ainda, assim, é o conflito que chama o grupo à realidade, a se tornar intimista e pessoal.

Se você tem tendência de evitar o conflito ou imediatamente tentar suavizar as coisas, comentários e atividades, então, não há as mudanças crenças, entendimentos, identidade, decisões etc. que você fazer de modo que você possa tratar o "conflito" como fonte de valor, ao invés de, algo a se evitar?

Todas as habilidades de coaching de grupo se juntam na tarefa de lidar com os conflitos e possibilitar ao grupo que se torne competente em confiar em você e, então, nos demais no processo de conflitar acerca de ideias.

Notas Finais do Capítulo:

1. Veja *Games Great Lovers Play* (2004, 2010), Capítulo 12: The Dance of Healthy Fighting, Fighting *for* the Relationship, e capítulo 13: Rules of the Fighting Game for Effective Conflicting.

2. Para "Unplug your Buttons" veja os padrões pelos quais se guiar no Apêndice C.

3. Para o processo de indução de metaestados, veja *Meta-States* (2007) ou *Secrets of Personal Mastery* (1997).

Capítulo 22

COACHING DE AUTORREALIZAÇÃO:

COMO OS GRUPOS SE AUTORREALIZAM?

"A autorrealização demanda não apenas a cognição-B, mas também a cognição- D como aspecto necessário por si mesmo. Isso significa que o conflito, o direcionamento a prática e escolhas se envolvem necessariamente o conceito de autorrealização. Isso significa que autorrealização envolve ambos: **contemplação** *e* **ação** *necessariamente."*
(Maslow, *Toward a Psychology of Being*, p. 117)

"Uma equipe não é um problema que precisa ser resolvido, mas um potencial a ser revelado."
D. Meier (2005)

Um grupo pode se autorrealizar? Um grupo, o qual se desenvolveu e se tornou uma equipe, pode agora *realizar-se* (tornar real) em valores, visão e significados mais elevados, com vistas a produção das melhores performances, como uma equipe de alta performance? Quando os indivíduos se autorrealizam, há certas características que descrevem e definem a experiência da realização dos significados, visão e valores mais elevados, sendo integradas à sua melhor performance. E os grupos? Como fica um grupo quando este se autorrealiza? Quais são as características de um grupo autorrealizado?

Autorrealização Individual

Depois de muitos anos modelando "os melhores espécimes" de humanos, começando com Ruth Benedict e Max Wertheimer (primeiros mentores de Maslow),

Abraham Maslow chegou a uma lista de características de pessoas autorrealizadas.[1]

- A capacidade de tolerar incerteza.
- Aceitação do self e de outros
- Espontaneidade e criatividade
- Necessidade de privado e solidão, afastamento
- Capacidade de intensos e significativos relacionamentos
- Cuidado e amor verdadeiros
- Altruísta
- Autotranscedência
- Senso de humor e leveza
- Direcionamento interno e ausência de dicotomias artificiais (amor/ódio; fraqueza/força; trabalho/diversão etc.)
- Percepção mais eficiente da realidade
- Simplicidade, naturalidade
- Autonomia: independência de cultura e necessidade de conformidade
- Experiências místicas ou de elevação
- Mais democracia em atitudes e ao lidar com outros
- A habilidade de discriminar entre meios e fins
- Uma atitude mais filosófica sobre as coisas
- Um senso maior de benção na vida
- Uma jovialidade perene de apreciação

Após identificar essas 19 características, Maslow em companhia de Evert Shostrum criou um instrumento para mediar a autorrealização. O *Inventário de Orientação Pessoal* (IOP) tem duas medidas principais para descrever o estilo de vida autorrealizado: direcionamento no outro versus direcionamento interno e competência temporal. A partir disso, ele chegou a dez escalas subsidiárias.[2]

Agora para um pensamento experimental de autorrealização. Suponha que você é coach de um grupo inteiro de pessoas que estão levando uma vida autorrealizada. Apenas imagine isso! Se você pudesse proporcionar coaching a um grupo de pessoas, que estão todos buscando viver uma vida autorrealizada, como seria esse grupo? Que caracterizaria a atmosfera e clima desse grupo?

As Funções Neurossemânticas da Autorrealização

Os comentários de Maslow na introdução desse capítulo identificam duas dimensões aparentemente diferentes que precisam ser integradas. Ele disse "autorrealização envolve *ambos:* contemplação e ação *necessariamente.*"

Contemplação aqui refere-se ao pensamento, cognição, reflexão e *ação* Refere-se ao comportamento, performance, habilidade e competência. Na Neurossemântica, nós descrevemos contemplação – ação usando a terminologia de Significado – performance o qual nós incorporamos ao Eixo de Significado e Performance para representar essas duas variáveis de autorrealização.

- *Significado* é requisito se nós queremos realizar os potenciais de um indivíduo no nível do grupo, nós precisamos encontrar algo *significativo* – significante, valioso e importante. Tem que ser algo inspirador e pleno de significado para nós. Dessa maneira, no eixo do significado de contemplação e reflexão, será onde nós sonhamos, imaginamos, antecipamos e usamos nossas mente para investir valor e cuidado na vida e na contribuição. No eixo de produção de significado, também, nós precisamos ficar atentos às distorções cognitivas, mitos, ilusões e entendimentos errôneos – essas são coisas que minam o processo de autorrealização.

- *Performance* é também requisito se quisermos fazer as coisas acontecerem em nossas vidas. Isso se dá porque a ação realiza os significados para torná-los reais. Isso é verdade em ambos os níveis – individual e de grupo. Com o objetivo de tornar reais nossas visões e valores mais elevados, nós precisamos traduzi-los por comportamentos, de forma que possamos produzir nossas inspirações significativas, *nosso estilo de existir no mundo.*

No Eixo do Significado, nós podemos galgar ou fazer benchmark de três facetas diferentes de significado. Significado é aquele rico e multidimensional. Primeiro, há *a qualidade* do significado (de fútil, trivial, convencional, único e legado ou sagrado). Segundo, há *os números* de significados (de um, dois, muitos, a infinita quantia de valores semânticos). Terceiro, há muitos diferentes *tipos* de significados (representação, linguístico, editorial, valorativo, metafórico, intencional etc.).[3]

No Eixo da Performance, nós podemos galgar, ou fazer benchmark, de treze tipos diferentes de ações, que nos permitem transferir o que nós pensamos, para o que fazemos.[4]

1) Verbalmente expressivo e preciso – articula o que vamos fazer.

2) Planejando – escrever um plano, agendamento para o que fazer, criar estratégia.

3) Social, interpessoal – relacionar-se bem com outros, oferecer-se para ajudar.

4) Lidar – lidar com necessidades básicas (baixas necessidades ou deficiências).

5) Esforço, disciplina – propor esforços.

6) Prática – repetindo ações, transformar em hábito.

7) Procedimentos – seguir passo-a-passo as atividades.

8) Persistência – ficar no caminho, não desistir, além de obstáculos e período estagnado.

9) Refinando – aprendizado contínuo, aprendizado conjunto.

10) Resiliência – voltando aos trilhos depois de um contratempo ou decepção.

11) *Feedback* – procurar por, pedir por, receber, e fazer uso de feedback.

12) Gerenciar riscos – criar plano B e plano C como contingências.

13) Identificar competências centrais: ser específico, trabalhar um por um.

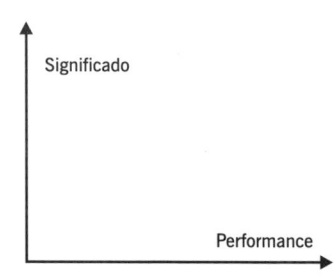

A partir desses dois eixos nós podemos gerar quatro quadrantes que distinguem baixo para alto significado e baixa para alta performance. Isso nos proporciona a Autorrealização dos Quadrantes que postulam realização de sinergia de Significado e Performance e que Nos possibilita *viver no Quadrante IV*. A jornada para se tornar uma pessoa autorrealizada ou para fazer o coaching de uma equipe para tornar-se uma equipe autorrealizada é uma jornada em direção ao Quadrante IV. Lá a pessoa ou grupo sintetiza seus significados mais elevados em comportamentos e ações efetivas. Isso expressa sinergia, reflexão e ação ótimas, o grande quadro e detalhes, jogos interno e externo.[1]

Os Quadrantes de Autorrealização

Os quadrantes nos possibilitam ver os efeitos que baixo significado e baixa performance têm na realização dos potenciais, bem como ter *apenas* significado elevado e *apenas* performance elevada. Somente quando combinamos significado e performance que a sinergia de ambos nos possibilita adentrar o domínio da autorrealização.

Quadrante I: Subdesenvolvido. Individualmente todos começamos no Quadrante I como recém-nascidos–subdesenvolvidos. Nós não sabemos o que as coisas *significam* e nós somos incapazes de *fazer* qualquer coisa. Nós começamos completamente *ignorantes* e *incompetentes*.

Grupos podem começar aqui movendo-se para uma área bastante nova e/ou se Os membros do grupo está apenas começando suas carreiras.

	III. Alto Significado Baixa Performance	IV. Alto Significado Alta Performance
Significado	I. Baixo Significado Baixa Performance	II. Baixo Significado Alta Performance
	Performance	Eixo X

(Eixo Y)

Quadrante II: Performers. Se um grupo é altamente competente em uma área, então o grupo deve ser capaz de, com facilidade, realizar performance com habilidade e competência. Problemas podem surgir se o grupo tiver muitas histórias e experiências que podem resultar em perda de entusiasmo. Resultados podem não mais significar muito para o grupo, especialmente, se o grupo consegue facilmente alcançar as coisas. Para qualquer atividade, se a performance é muito fácil e se as recompensas por isso são muitas e altamente desejáveis (como reconhecimento, lucro etc.), você pode continuar repetindo isso e desenvolvendo ainda mais habilidade. A desvantagem é que o grupo pode não apreciar completamente o valor e o significado do negócio ou performance e, então, o grupo pode se entediar e se cansar, tratando isso como algo insignificante.

Grupos, como pessoas, que são orientadas externamente, irão constantemente encontrar-se fazendo o que precisa ser feito, o que funciona, o que o público quer e colher recompensas por isso. Se a habilidade é desafiante para outros, podem ser abundantemente recompensados, então, eles, encontrar-se-ão constantemente seduzidos a Quadrante 2 mesmo que eles possam não mais considerá-los importantes. Grupos nesse quadrante focam no *jogo de fora*, ao invés de, no jogo interno. Permita que isso se prolongue tempo o suficiente e a pessoa pode vir a se tornar workaholic–viciada no *fazer* em profusão, enquanto vazia por dentro.

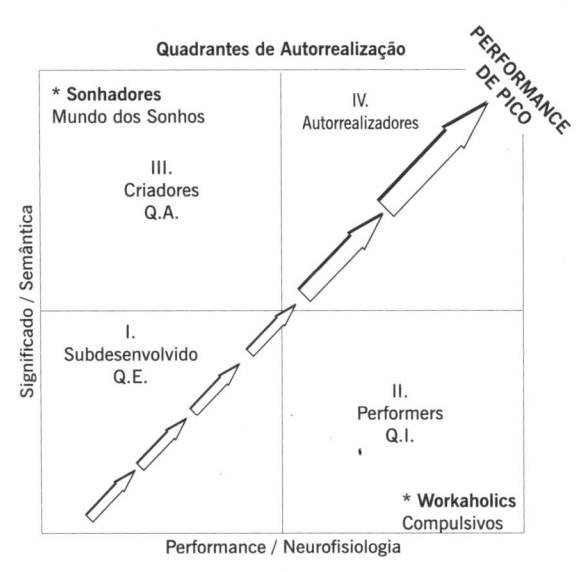

Quadrantes de Autorrealização

- **Sonhadores** Mundo dos Sonhos
- IV. Autorrealizadores
- III. Criadores Q.A.
- I. Subdesenvolvido Q.E.
- II. Performers Q.I.
- **Workaholics** Compulsivos

Significado / Semântica

Performance / Neurofisiologia

PERFORMANCE DE PICO

Quadrante III: Criadores. Neste Quadrante o grupo demonstra a capacidade para sonhar, imaginar, decolando em voos de fantasia, nos quais o grupo pode inventar e criar um zilhão de ideias! Este é o Quadrante para refletir que alcança os potenciais criativos. Grupos que vivem aqui focam no jogo interno, ao invés do jogo externo. Pode ser brilhante em pensar sobre ideias e esquemas, mas não tão brilhante em transformá-los em ação. Aqui pode ter muita inspiração, mas pouco para mostrar disso. Permita que isso continue por tempo suficiente e um profunda desilusão pode tomar corpo. "É apenas um sonho. Sim, é uma grande ideia, mas não fará a menor diferença." "Nada do que sonhamos ocorre."

Capítulo 22 – Como os grupos se autorrealizam?

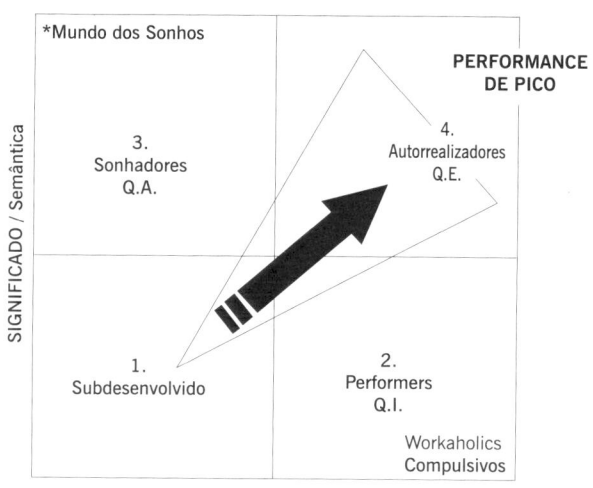

```
                              PERFORMANCE
*Mundo dos Sonhos             DE PICO

           3.              4.
        Sonhadores      Autorrealizadores
SIGNIFICADO / Semântica    Q.A.                Q.E.


           1.              2.
      Subdesenvolvido    Performers
                           Q.I.
                         Workaholics
                         Compulsivos

              PERFORMANCE / Neurofisiologia
```

Quadrante IV: Autorealizadores. Este é o Quadrante desejado porque aqui significado e performance são *sintetizados* de modo que a criatividade de sonhar e imaginar combina com o estilo pragmático de ação em fazer as coisas acontecerem via teste e experimentação. Aqui um grupo cria sinergia inspiracional, sonhos para produzir habilidades realizadoras e criar produtos e serviços de grande valor. Aqui visões e valores mais elevados são integrados em melhores performances. E, quando uma equipe faz isso, a equipe está *realizando a si mesma e os seus potenciais*.

Fazendo o perfil de Grupo com os Quadrantes de Autorrealização

Se nós olharmos para um grupo usando esses eixos e quadrantes, nós podemos traçar o perfil de poderes de autorrealização do grupo usando os poderes-gêmeos de *produtor de significado* e *performance*.

- Onde nós, como um grupo, falhamos? Nós falhamos nos eixos de significado ou no eixo de performance?

- O nosso grupo é melhor em produzir significado, sonhando, criando ideias ou é melhor em tomar atitude, responder aos desafios e desenvolver competências?
- Quanto do nosso tempo, como um grupo, nós passamos falando, fazendo tempestade mental e pensando em opções etc.?
- Em qual medida nós somos, como um grupo, orientados para a ação e em terminar o trabalho?
- Somos melhores em organizar os horários, produção e completar nosso tempo com atividades e o fazemos às custas da proximidade do nosso grupo, identidade e experiência?

Uma Perspectiva de Grupo dos Quadrantes de Autorrealização

Quais são as qualidades ou ações de uma equipe autorrealizada em cada eixo? Quando aplicado a uma equipe, nós podemos examinar o *eixo de significado* em termos de *relacionamentos* que os membros da equipe criam e experimentam um com o outro.

> A equipe mesma é significante e significativa para cada um dos membros da equipe? Em que medida? De que forma? Quais os significados que atribuímos às nossas experiências de sermos uma equipe? Quão significativa é a equipe para nós?

Nós também podemos perguntar a respeito do senso de significado do grupo e de significância. Quão inspirado é o senso de missão do grupo? Quais são os significados ricos que são construídos nos produtos e serviços que produzimos?

Quando aplicado a uma equipe, nós podemos examinar o *eixo de performance* em termos de *tarefas e atividades* que o time fixa para atingir, em um alto nível de performance. Quão efetivos nós somos em alcançar os objetivos do grupo?

Qual é o nível de eficiência e efetividade de nossas performances como uma equipe? Podemos colaborar totalmente um com o outro? Estamos produzindo performances de alta classe?

Quadrante I: Grupo de Trabalho

Um grupo de trabalho pode funcionar bastante efetivamente, à medida que os indivíduos expõem primeiro seus talentos e habilidades e, depois, suas ideias, com o fito de alcançar uma tarefa importante. Enquanto há um grupo, existe menos o senso de ser *um grupo,* e há mais fortemente um senso de cada pessoa como um indivíduo. Em um grupo de trabalho, o foco e a força do grupo está nas atividades, tarefas e no trabalho. O aspecto pessoal é tipicamente bastante fraco para um grupo vivendo no Quadrante I.

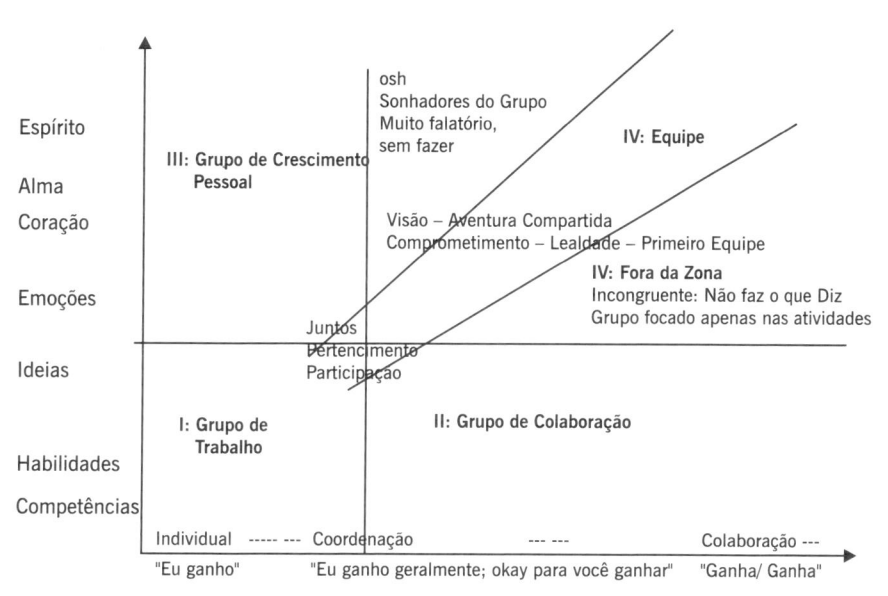

Relacionamento – Eixos de Tarefas
Tipos e Qualidades dos Grupos e Times

```
                            osh
                            Sonhadores do Grupo
Espírito                    Muito falatório,
                            sem fazer                IV: Equipe
            III: Grupo de Crescimento
Alma                Pessoal
Coração
                            Visão – Aventura Compartilhada
                            Comprometimento – Lealdade – Primeiro Equipe
                                                     IV: Fora da Zona
Emoções                                              Incongruente: Não faz o que Diz
                            Juntos                   Grupo focado apenas nas atividades
                            Pertencimento
Ideias                      Participação

                 I: Grupo de           II: Grupo de Colaboração
                  Trabalho
Habilidades
Competências
            Individual  ----- ---  Coordenação     --- ---        Colaboração ---
            "Eu ganho"     "Eu ganho geralmente; okay para você ganhar"  "Ganha/ Ganha"
```

Quadrante II: Grupo Colaborativo

À medida que um grupo de trabalho aprende como coordenar seus esforços e eliminar a competição, ele começa a cooperar. Essa é a base para que eventualmente ocorra a colaboração ganha/ ganha. Quando isso ocorre o grupo se torna um Grupo Colaborativo e enquanto o grupo trabalhar bem junto, à sua vida interior falta vitalidade.

Quadrante III: Grupo de Crescimento Pessoal

À medida que um grupo aprende a revelar mais e mais sobre si mesmo Um grupo pode funcionar bastante efetivamente à medida que os indivíduos usam primeiro suas emoções, depois seus corações com todos os seus sonhos e visões e, finalmente, para expor seu comprometimento etc., o nível de exposição sobe na escala e o grupo se torna muito mais pessoal. Quando o lado pessoal é sobre-enfatizado, as pessoas no grupo talvez se tornem incapazes de desafiar umas às outras, tenham receio de conflitos e, portanto, não deem atenção aos resultados. Quando sobrecarregado, o próprio grupo pode vir a ser idealizado como "um bem indispensável" e torna-se um fim em si mesmo. O objetivo é se tornar uma equipe – o objetivo é nos sentirmos bem como uma equipe. Essa idealização de cuidados com o grupo, é claro, distorce a realidade e causa inaptidão nos membros do grupo para ver e aceitar qualquer fraqueza ou falibilidade no grupo.

IV: Equipe

Com a sinergia tanto da dimensão pessoal (significado), quanto da dimensão da tarefa (desempenho), o grupo se direciona para funcionar completamente como uma equipe.

Isso é feito por meio de: participação, envolvimento, pertencimento, desenvolvimento de visão, comprometimento e responsabilidades assumidas etc.

O Exercício – Eixo de Desempenho

O projeto de uma equipe de alto desempenho serve para criar e facilitar a equipe de maneira que cada membro é empoderado para ser seu melhor na equipe, ao ser um parceiro reflexivo, ao dar apoio um ao outro, e ao assumir responsabilidade etc.

1) Prática: O grupo empodera cada membro para ser tão talentoso, competente, empoderado quanto possível. O grupo foca em liberar todo capital criativo e intelectual em cada membro do grupo. Nessa cultura, membros da equipe assumem responsabilidade e posse do dizem e fazem e a recompensa da equipe é um desempenho excepcional.

2) Iniciativa. Pessoas no grupo que tomam iniciativa e são proativas em perceber as coisas que precisam ser feitas e atuam para atingir estas necessidades. O fundamento baseia-se na responsabilidade e cresce até que haja responsabilidade mútua na equipe. Uma responsabilidade mútua manifesta-se como responsabilidade de pares.

3) Comunicação Aberta. O grupo abertamente comunica-se, dividindo informações e continuamente informa as pessoas de suas decisões. Há comunicação contínua do significado do propósito e missão do grupo. Membros da equipe colocam todas as suas cartas

na mesa, de maneira que informações não sejam guardadas ou mantidas em segredo contra os demais na equipe. Há também um comprometimento da equipe para angariar novas informações de modo que a equipe esteja sempre bem informada.

4) *Participação.* Há uma cultura de participação ativa que é demonstrada pelos membros ao serem proativos, de modo que há uma atitude natural de tomar iniciativa. A equipe se afasta de corroborar com a passividade de membros que esperam acontecer, esperando ser instruídos sobre o que fazer.

5) *Envolvimento Intenso.* Há um intenso envolvimento com os membros da equipe e dos membros da equipe. Há um pressuposto de responsabilidade e predisposição para se comprometer passionalmente com energia e entusiasmo.

6) *Visão Compartilhada.* Membros da equipe continuamente dividem a inspirada visão da equipe e alinham-se a esta visão e sua missão.

7) *Criatividade.* Há uma cultura de criatividade e inovação à medida que novas ideias são bem-vindas e abraçadas.

8) *Organização.* Membros da equipe implementam a visão por meio do planejamento, organização, quadro de pessoal, monitoramento etc. Isso gerencia o caos da criatividade e dá ordenamento sobre o que fazer, quando fazer e como as diferentes atividades dos membros da equipe combinam, para criar força unificada e focada.

9) *Fornecendo feedback.* Membros da equipe não apenas desejam *feedback* sobre como cada pessoa está indo, mas pedem por isso, convidam a isso e recebem isso para sua aprendizagem e reflexão. Isso mede o grau em que a equipe se tornou "uma organização de aprendizagem" e o grau em que eles confiam um no outro, para proporcionar *feedback* claro, a serviço do desenvolvimento.

10) *Aprendizado.* Membros da equipe enfatizam fortemente o aprendizado, crescimento, mudança e adaptação. Eles experimentaram a doçura do aprendizado coletivo e agora eles querem mais.

Quadrantes de Resolução Conflito
As Pessoas ou Resultados de Eixo ou Foco

Pessoas

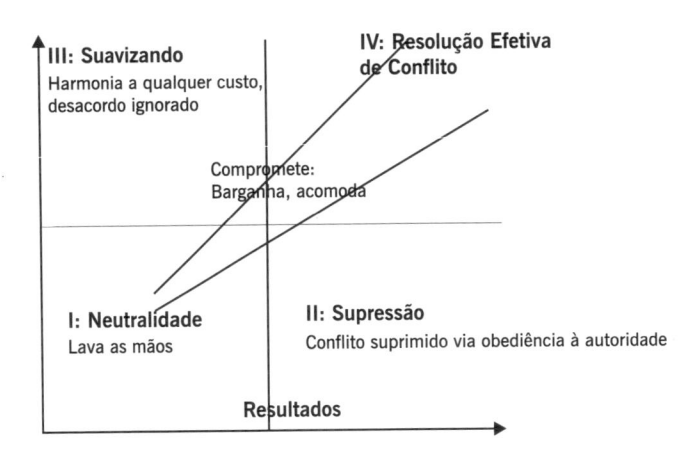

III: Suavizando
Harmonia a qualquer custo, desacordo ignorado

IV: Resolução Efetiva de Conflito

Compromete: Barganha, acomoda

I: Neutralidade
Lava as mãos

II: Supressão
Conflito suprimido via obediência à autoridade

Resultados

A Arte do Coaching de Grupo

Depois de você ter provido coaching a um grupo que se tornou uma equipe, o próximo passo é proporcionar coaching para que a equipe se torne uma equipe autorrealizada. Este é coaching definitivo. Em seu coração, é facilitar que a equipe identifique, desenvolva e traga à tona os melhores potenciais em cada membro. Isso facilita que o autogerenciamento da equipe prospere na performance do aprendizado coletivo.

Neste estágio final do coaching de grupo e equipe, o propósito definitivamente se afasta de todo e qualquer tipo de dependência do coach do grupo. Isso permite ao grupo, como uma equipe, ser autogerenciado e autoliderado.

Notas Finais do Capítulo:

1. Para esta lista de características de autorrealização, veja Liberte-se (2007), e *Self-Actualization Psychology* (2010).

2. As dez escalas subsidiárias do Inventário de Orientação Pessoal (IOP) são: existencialidade, sentindo reação, espontaneidade, autoestima, autoaceitação, natureza humana– sinergia construtiva, aceitação de agressão e capacidade para contato íntimo.

3. Veja *Neuro-Semantics: Actualizing Meaning and Performance* (2011).

4. Veja *Achieving Peak Performance* (2005).

Apêndice A

PRINCÍPIOS DO COACHING DE GRUPO

Princípios governam todo campo, à medida que anunciam as ideias e conceitos gerais que fazem *frame* desse campo. Dado isso, quais são, portanto, os princípios centrais de um grupo e equipe de coaching? A seguir alguns dos princípios mais fundamentais.

1) *Segurança*. Coaching de grupo efetivo requer a criação de um ambiente seguro para seus membros, de modo que sintam-se livres de ameaças quando falam, dividem e não concordam.

2) *Respeitosamente honesto*. Coaching de grupo efetivo requer facilitar a conversa que seja respeitosa e honesta, de forma que as pessoas possam ser reais falar candidamente a verdade umas com as outras.

3) *Estágios*. O coaching de grupo efetivo possibilita que o grupo cresça e se desenvolva por meio dos estágios de desenvolvimento do grupo (e.g., formação, normatização, tempestade e performance). Isso envolve capacitar o grupo a se mover acima nos níveis de qualidade do grupo (do comitê ao trabalho coeso do grupo como uma equipe).

4) *Funções Gêmeas*. O coaching de grupo efetivo integra as funções gêmeas do grupo, as funções relacional e de tarefa. A função principal é realizar performance da meta ou desafio, a secundária é a meta social e a relacional de pertencimento.

5) *Dinâmicas do Grupo:* O coaching de grupo efetivo requer entendimento e aplicação das dinâmicas do grupo para lidar com relações complexas e comunicações que surgem quando muitas pessoas se juntam em um grupo.

6) *Competência de Resolução de Resolução de Conflitos:* O coaching de grupo efetivo requer ao grupo que calmamente e respeitosamente dê boas-vindas, aceite, explore e trabalhe através (e com o grupo) os conflitos que naturalmente surgem, devido às diferenças em estilo, valores, crenças etc.

7) *Sinergia:* O coaching de grupo efetivo toca na sinergia que surge de ser capaz de possibilitar o pensamento, a razão, o aprendizado, a criação e inovação conjuntos do grupo.

2) *Tomada de Decisão:* O coaching de grupo efetivo permite que o grupo escute a voz de todos e negocie uma tomada de decisão inteligente, como grupo.

9) *Foco:* O coaching de grupo efetivo permite que o grupo permaneça focado e na trilha em direção aos seus resultados escolhidos. O coaching mantém a visão do grupo e sua missão em foco.

10) *Resultados do Grupo:* O coaching de grupo efetivo facilita que o grupo fixe seus objetivos de performance, os quais são claros e precisos (em linguagem de base sensorial), que é dominado e de comum acordo, operacional e mensurável.

11) *Liderança do Grupo:* Coaching de grupo efetivo permite que o grupo desenvolva uma liderança que se ajusta primeiro à natureza e propósito do grupo e, idealmente, para criar uma liderança radial no grupo, então os futuros líderes surgem internamente.

12) *Necessidades do Grupo:* O coaching de grupo efetivo reconhece as necessidades psicossociais dos membros do grupo e permitem que o grupo gratifique efetivamente aquelas necessidades para um trabalho interessante, reconhecimento, honra, suporte, espírito de equipe, fazer parte de uma equipe vencedora etc.

13) *Solução de Problemas do Grupo:* O coaching de grupo efetivo facilita que os membros do grupo abracem os problemas à medida que desenvolvem uma efetiva habilidade de solução de problema, então o grupo se sente confiante sobre sua habilidade de resolver problema.

14) *Papéis do Grupo:* O coaching de grupo efetivo requer clareza sobre papéis, bem como provê treinamento e coaching para estes papéis. Os papéis do grupo são identificados em termos de quem quer, quando, onde, de acordo com quais padrões, de quais responsabilidades.

15) *Contexto do Grupo:* O coaching de grupo efetivo nota e endereça o contexto do ambiente do grupo (e.g., ambiente, rituais, políticas, procedimentos, sistemas, clientes internos e externos etc.).

16) *Limites do Grupo:* O coaching de grupo efetivo estabelece claramente os primeiros limites do grupo; quem e o que está dentro e fora.

Apêndice B

COCRIAÇÃO DE UM PROBLEMA BEM-FORMULADO

Esse padrão foi originalmente desenvolvido por Martin Roberts, Ph.D. e publicado em *Change Management Excellence* (1999). Desenvolvi o padrão mais completamente em *Unleashing Creativity and Innovation*, o manual do treinamento para o terceiro módulo de Treinamento de Autorrealização.

1) *O QUE: Especificidade: Precisão e Descrição*

Há um problema ou desafio? Por que é importante resolver isso?
Se é isso, como você sabe? Qual é a sua evidência?
Como isso é um problema? De que forma? Em que área? Para quem?
Quão ruim é o problema? Em qual porcentagem? Em qual nível de 0 a 10?

2) *ONDE: Escopo do problema: Limites: Onde, Contexto?*

Onde o problema ocorre? Onde não ocorre?
Onde começa, onde termina etc.?
Quem é afetado por esse problema? Quem mais é afetado por isso?
Onde o problema começa? Onde termina?

3) *QUANDO: Elemento Tempo. Quando?*

Há quanto tempo você tem esse problema?
Quando começou? O que originalmente deu início a ele?
Qual é o seu enquadramento temporal para resolvê-lo?

4) *QUEM: Pertencimento do problema:*

Quem é responsável por resolver isso? De quem é o problema?
O problema é seu? Quem pode resolvê-lo?
Em que grau você pode resolver isso?
Quem mais está envolvido na solução? Em qual extensão?

QUEM MAIS? *Enquadramentos de políticas e dimensões*

Quem mais quer resolver isto?

Quem não quer isto resolvido?

Existe alguma regra ou política a este respeito?

Quais expectativas, demandas e permissões afetam este problema?

5) CAUSAS: *Causas Específicas e Influências Contributivas.*

O que causou ou contribuiu para isso?

O que desencadeia o problema? O que mais contribuiu para isso?

Quantos fatores influenciam esse problema?

O que o torna pior? O que o torna melhor?

Como você mensura isso? Qual é a fonte?

6) SINTOMAS: Quais são os sintomas do problema?

Quais são os sintomas desse problema?

Como os sintomas dominam o foco e a atenção?

7) MOLDURAS: *Significados e pressupostos*

Como você interpreta esse problema?

O que isso significa para você? O que mais?

Quais pressupostos você está assumindo em relação a este problema?

Isso é um paradoxo? É uma dicotomia?

Quais pressupostos são precisos para definir o problema dessa forma?

8) ENTÃO O QUÊ? Consequências claramente especificadas: Consequências?

O que acontecerá se o problema persistir?

A quem isso irá afetar? Como você sabe?

9) O QUE FOI TENTADO: *Soluções tentadas e exploradas*

Como você tentou resolver este problema?

O que você aprendeu coma tentativa?

Como você ajustou sua responsividade quando não funcionou?

O que mais você tentou? O que você não tentou?

10) POR QUÊ? Intenções

Por que isso é importante? Por que é um problema?

Quais são as possibilidades: Quais soluções você poderia ter planejado?

11) ECOLOGIA:

O problema pode ser resolvido?

Se fosse possível, com o que a solução seria parecida?

Você tem o tempo necessário para resolver isto? O dinheiro? O pessoal?

É uma expectativa irreal?

12) Evidência:

Como você saberá que tem um problema bem formulado?

Como você saberá que tem um problema solucionável?

Apêndice C

DESATIVANDO SUAS TECLAS PADRÕES

Projeto: Este padrão é projetado para possibilitar a si mesmo o alívio de reagir semanticamente, permitindo que suspenda o significado em que você esteja sobrecarregado e haja algo para seu próprio detrimento. A habilidade que você irá desenvolver aqui é a de suspensão, neutralização e alívio de antigos significados.

Questões de Elucidação: Há qualquer coisa à qual você tenha dado muito significado, carregando com significado demais, então, agora, está interferindo na sua liberação? O que é?

O padrão:

1) Identifique algo que desencadeie o seu sentimento semanticamente reativo.

O que pressiona os seus botões?

O que te provoca raiva e te deixa em um estado chateado? Você tem um botão real? Um botão com o qual você se torna semanticamente reativo? O que cria uma interferência e sabotagem para você? Como isso ocorre?

Descreva o "botão" em termos de base sensorial.

2) Identifique a estrutura do Significado.

O que isso significa? O que mais isso significa?

No que você acredita a esse respeito?

Use meta questões para explorar isso e subir ao menos 4 ou 5 níveis.

3) Neutralize os Significados.

Você sabe que os velhos significados são *apenas* significados?

Quão bem você sabe isso? Agora, sabendo disso, oque você percebe?

[Neutralize por meio de testemunho, decisão de não se recusar, ressignificação, tornando irrelevante, rebobinando o antigo filme ou revelando-o.]

4) Expansão dos Significados.

O que mais isso poderia significar?

O que os outros pensam que isso significa?

Qual significado as pessoas de mais alto padrão que você conhece dão a isso?

Suspendendo e "Se você sabe quem você é, para onde está indo e o que quer, então, não é difícil lidar com pequenos detalhes burocráticos, trivialidades e restrições. Você pode simplesmente de*sarmá-los* e fazê-los *desaparecer* com um leve *dar de ombros.* Eu sei que tendo a me tornar impaciente com pessoas jovens, as quais, hoje em dia, atribuem demasiado poder a pressões e forças sociais. Digo que tudo o que precisamos fazer é não *dar* àquelas influências *nenhuma atenção* e, então, deixá-las desaparecer ..."

Abraham Maslow, *Future Visions*, Unpublished Papers, p. 177

Apêndice D

DINÂMICAS DO GRUPO

Kurt Lewin inventou e usou o termo "dinâmicas do grupo" em referência a grupos e contrastando com a "dinâmica individual." Então, o que são as *dinâmicas* inerentes aos grupos as quais contribuem com a experiência que as pessoas têm em grupos? Quais são as dinâmicas que o coach de grupo precisa para saber para efetivamente facilitar um grupo?

Dinâmicas internas dos Grupos	Capítulos
Visão	2
Nutrição: respeito, aprovação, validação	4, 5
Inclusão	4, 15
Alegria, Diversão	4
Honra, Respeito, Status	4, 5, 10
Estabilização: o equilíbrio de um grupo, normalizando, organização equilibrium of a group, norming, organizing	5, 6, 8, 15
Coesão	5, 8
Suprindo necessidades dos membros do grupo	4
Diferenças	5
Conflito, tempestade, resolução	5, 20, 21
Confiança e transparência	5, 10, 11, 13
Paciência, tolerância, aceitação	5
Flexibilidade	5, 15
Responsabilidade	5
Limites: liberdade, espontaneidade, controle, proteção	5, 15
Confiança	5, 8, 10
Intenção, Direção, Missão	5, 8
Identidade	5, 8, 15
Performance	6
Sistêmico	7, 19
Significância	7
Atitude	8
Atividade: cooperação, colaboração	8

Comunicação: Clima	7, 8, 10, 11, 13, 15
Emoções: emoção social	12
Aprendizado, Mudança	13, 14
Poder: responsabilidade, controle	4, 15
Decisão	15
Liderança	10, 15, 16
Implementação	15
Autorrealização -	4, 22

Dinâmicas Destrutivas

Rejeição, ridículo, desaprovação, críticas, desrespeito, descartar

Controle, imposição, comando-e-controle

Ameaças, gritaria, insultos

Acusando, recusando-se a ter responsabilidade

Ambiguidade, confusão, leitura-mental

Frieza impessoal

Desconfiar, confiar erroneamente

Competição, liderança de um homem só, fazendo politicagem marcando posicionamentos

Subagrupando, conversas atravessadas

Fofoca, falso testemunho, falar mal

Classificação individual

Indiscutíveis, Proibindo conversas acerca de certos assuntos

Defensivo, rotinas defensivas (inibindo ameaça ou embaraço)

Apêndice E

CHECKLIST DE UM ESPAÇO CONVERSACIONAL EFETIVO

O que caracteriza a comunicação dentro de um grupo?

Disfuncional	Alta Qualidade
Anúncios: Conselho	Questionamento, informação
Julgamentos de pessoas	Descrições: linguagem de base sensorial
Avaliação de pessoas	Honrando pessoas quando em desacordo
Liderança de um só	Apoio de um ao outro
Mantendo as cartas debaixo da mesa	Autofechamento de falibilidade
Manobras de superioridade	Celebrando o sucesso dos outros
Debatendo posições	Advogando sem dogmatismo
Baixa tolerância dos demais	Encorajadores, validando pessoas
Resolução prematura de problemas	
Cortando: Marcação	Respeitosamente dominando o desacordo
Exagerando	Oferecendo coisas tentativamente
Pulando para conclusões	Testando, Checando
Tornando horripilante	Checagem de Clareza
Rígido e dogmático nas posições	Ambos/E, pensando ao invés de
Também/	
Fazendo Partidarismo	Ou pensando
Sarcasmo	Respeito, até mesmo, discordando
Personalizando	Resiliência, distinguir pessoa/ ação
Fazendo-se de vítima (dependência)	Compartilhando poder, empoderando
Hostilidade Mútua	
Opiniões Dogmáticas	
Fazendo o Drama de triângulo: Perseguidor, Vítima ou Salvador	

Apêndice F

COMPETÊNCIAS PARA COACHING DE GRUPOS

A lista a seguir oferece uma relação de habilidades básicas requeridas para o coaching efetivo. Habilidades de Coaching de Grupo:

__ Escutar
__ Questionamento
__ Meta-Questionamento
__ Apoio
__ Receber *feedback*
__ Fornecer *feedback*
__ Induzir estados
__ Manter o espaço
__ Confortável com o silêncio
__ Dar voz ao grupo
__ Criando aliança com o líder da equipe
__ Facilitar a mudança
__ Desestabilizando o *frame* ou sistema
__ Estabelecer *frame* de linhas de raciocínio e manter limites
__ Monitorar as conversas

__ Encorajar a escuta ativa
__ Encorajar a exploração
__ Estabelecer *frames* de orientação, premissas
__ Empoderar a capacidade do grupo
__ Facilitar a definição de meta
__ Confrontar as diferenças
__ Confrontar congruências
__ Desafiar à performance mais elevada
__ Promover igualdade no grupo
__ Descartar *frames* de leitura mental
__ Descartar agendas escondidas
__ Facilitar aprendizado
__ Identificar pontos cegos
__ Convidar um Metamomento para dar um passo atrás

Habilidades de Negócio:

__ Contratar com uma organização

__ Entrevistar clientes e patrocinadores

__ Balancear necessidades/metas de vários acionistas (stakeholders)

__ Negociar em três vias entrevista para coaching

Social / Habilidades Relacionais

- __ Afirmar
- __ Celebrar
- __ Cooperar
- __ Conectar
- __ Desculpar-se
- __ Engajar
- __ Empatia
- __ Honrar
- __ Fornecer *Feedback*
- __ Inspirar
- __ Motivar
- __ Formar Parceria
- __ Reforçar
- __ Dividir crédito
- __ Estabelecer limites
- __ Validar

- __ Alinhar
- __ Desafiar
- __ Colaborar
- __ Delegar
- __ Capacitando
- __ Identificar necessidades
- __ Superar
- __ Modelar
- __ Receber *Feedback*
- __ Espelhar *Feedback*
- __ Estar aberto
- __ Questionar
- __ Requisitar
- __ Apoiar
- __ Assegurar
- __ Ser vulnerável

- __ Reconhecer
- – Cuidar
- __ Corrigir
- __ Fundir
- __ Empoderar
- __ Explorar
- __ Perdoar
- __ Escutar
- __ Ser mentor
- __ Prometer
- __ Respeitar
- __ Contar histórias
- __ Manter-se responsável
- __ Confiando
- __ Validada

Apêndice G

RELATÓRIO DE OBSERVAÇÃO DO GRUPO

Use este formulário para fazer observações da sua equipe de trabalho. Você pode pedir um dos membros para ser observador por toda a sessão ou por um bloco de cinco minutos. Então, depois dos cinco minutos, ou ao final da sessão, você pode gastar alguns minutos ou de 10 a 15 minutos para discutir as observações do grupo: as habilidades que o grupo demonstra, à medida que os membros trabalham juntos. Quando você for o observador, você *não* deve participar das discussões de grupo. Como observador, simplesmente faça observações dos processos do grupo para, posteriormente, proporcionar um relatório do que você viu e viu. Quão bem o grupo está usando os potencialidades de seus membros para contribuir com a realização de suas metas?

1) Conversa – Em que tipo de conversa o grupo se engajou?

__ Esclarecimento __ Confrontação __ Aprendizado Coletivo

__ Decisão/ Negociação __ Mediação __ Recurso

__ Planejamento / Estratégia Desenvolvimento __ Meta-Conversa

__ Rodadas

__ Mudança / Transformação __ Resolução de Problema

2) Comunicação Disfuncional de Grupo::

__ Grito __ Xingamentos __ Falar por cima __ Julgamentos

__ Culpando __ Leitura-Mental __ Ameaças __ Personalizando

__ Fugindo do assunto __ Rolando olhos __ Tons sarcásticos __ Fazer-se de vítima

__ Colidindo __ Zombando __ Debatendo posições __ Subagrupamento

3) Atmosfera – O Clima of the Group (coloque uma marca/ ao longo do continuum)

Inclusivo _____Exclusivo

Respeitoso _____Desrespeitoso

Democrático _____Autocrático ou *Laissez-faire*

Alegre, agradável _____ Entediante, Chato
Alto interesse _____ Baixo interesse
Permissivo_____ Inibido (tabus)
Cooperativo _____ Competitivo (rivalidades)
Amigável _____Hostil
Coeso _____ Falta de coesão
Confiando _____ Desconfiando

3) Direção e Orientação

Focado no objetivo_____ vago (não claro, ambíguo)
Mais progresso _____ Pouco ou nenhum progresso
Aqui-e-Agora_____ Lá-e-Depois

4) Liderança no Grupo:

__ Mencionar as regras básicas
__ Sessão pronta & enquadrada _____ Pouco ou nenhum framing
__ Problemas confrontados _____

5) Contribuições ao Grupo por Membros do Grupo

Participação de: __ Poucos __ Alguns __ Maioria __ Todos
Foco: For a do alvo _____ Na tangente
Escuta: Escutado-errado _____ Cuidadoso
Fazendo Reflexões: ____Muito ___ Algum _____ Pouco ou nenhum
Fornecendo *Feedback*:   ___ Muito ___ Algum _____ Pouco ou nenhum

6) Papéis de Grupo Exercitados

Iniciador-contribuição

Tomador de informação

Tomador de opinião

Informante

Formador de opinião

Elaborador

Coordenador

Orientador

Avaliador - Crítico

Energizador

Técnico procedimental
Gravador
Harmonizador
Guardião
Comunicador
Estabelecedor de Padrão
Observador do grupo

Se como X (membro do grupo) interage é um microcosmo desse mundo –

__ Guardando para si __ Livrando-se de si mesmo
__ Mantendo segredos   __ Abertura
__ Necessidade de controle   __ Liberando e dividindo o controle
__ Dependência   __ independência __ interdependência
__ Autorreferente __ Referente no outro
__ Atenção em si   __ Atenção também em outros

Apêndice H

CHECKLIST PARA SATISFAZER AS NECESSIDADES DO GRUPO

Para de talhes sobre esta *checklist*, consulte o Capítulo 4.

1) Sobrevivência (Verdade)

__ Posso dizer a verdade no grupo.

__ A verdade é valorizada e se procura por ela.

2) Segurança para Abertura

__ Eu me sinto aberto ao grupo e autoconsciente como membro do grupo.

__ Eu me sinto seguro no grupo para compartilhar de mim mesmo.

__ Conheço os demais do grupo pelas suas autodefinições.

__ A informação apresentada e as decisões tomadas em conjunto no grupo são abertas.

__ Neste grupo, não sinto a necessidade de estar certo. Se eu cometo um erro, digo algo errado, sinto-me seguro e aceito.

3) Segurança para o Senso de Poder, Influência e Controle

__ Em grupo me sinto em controle de mim mesmo.

__ Sinto que tenho influência com os demais no grupo, em determinar as regras dos nossos problemas e procedimentos

__ Eu tomo e expresso responsabilidade no grupo.

__ Sinto que me mantenho responsável e mantenho os outros responsáveis no grupo.

__ Sinto que contribuo com as tomadas de decisão do grupo.

__ Sinto que há uma boa distribuição de poder e controle.

__ Sou capaz de lidar com as conversas e discussões do grupo.

__ Eu me sinto forte o suficiente para lidar com uma fraqueza do grupo.

__ Eu me sinto competente para assumir riscos e estar aberto.

Apêndice H – CHECKLIST para satisfazer as necessidades do grupo

4) *Inclusão Social:*
__ Sinto-me incluído como parte do grupo.
__ Há um papel para mim, a fim de poder atuar e contribuir.
__ Percebo os demais no grupo se esforçando para me incluir..

5) *Emocional Social: (Diversão, Alegria, Apreciável)*
__ Sinto que os demais no grupo gostam de mim.
__ Gosto de mim mesmo em grupo.
__ Gosto dos demais no grupo.
__ Estar no grupo é muito divertido; nós rimos muito.
__ Eu me sinto estimulado no grupo.

6) *Colaboração Social: (Conquista, trabalho de equipe, sucesso)*
__ Nós trabalhamos bem uns com os outros.
__ Nós conseguimos fazer as coisas efetivamente e eficientemente.
__ Nós nos comunicamos bem para coordenar atividades.
__ Nós nos comunicamos com clareza e precisão.
__ Nós respeitosa e calmamente trabalhamos por meio do conflito.

7) *Self: Significado, Respeito e Honra:*
__ Sinto que tenho significância, respeito e honra no grupo.
__ Sinto que sou visto e apreciado por mim mesmo.

8) *Autorrealização: (Alta Performance)*
__ Nós somos criativos juntos, como um grupo..
__ O grupo me puxa, então eu descubro novos potenciais em mim.
__ Nós somos mais criativos e inteligentes juntos do que sozinhos.
__ Nós produzimos performances de alto nível.

BIBLIOGRAFIA

ARGYRIS, Chris. (19 93). *Knowledge for action: A guide to overcoming barriers to organizational change.* San Francisco: CA: Jossey-Bass Publishers.

BAKER, Wayne. (2000). *Achieving success through social capital: Tapping the hidden resources in your personal and business networks.* San Francisco: Jossey-Bass.

BATESON, Gregory. (1972). *Steps to an ecology of mind.* New York: Ballantine Books.

BENNIS, Warren. (1997). *Organizing genius: The secrets of creative collaboration.* New York: Basic Books.

BLOCK, Peter. (1987). *The empowered manager: Positive political skills at work.* San Francisco: Jossey-Bass Publishers.

BRATTON, William; Tumin, Zachary. (2012). *Collaborate or perish: Reaching across boundaries in a networked world.* New York: Random House, Crown Business.

BUGENTAL, James F.T. (1967). *Challenges of humanistic psychology.* New York: McGraw-Hill Company.

CHEAL, Joe. (2012). *Solving impossible problems: Working through tensions and paradox in business.* England, UK: Gwiz Publishing.

CLUTTERBUCK, David. (2007). *Coaching the team at work.* London: Nicholas Brealey International.

COCKERHAM, Ginger. (2011). *Group coaching: A comprehensive blueprint.* Bloomington: IN: iUniverse.

CSIKSZENTMIHALYI, Mihaly. (1990). *Flow: The psychology of optimal experience.* NY: HarperCollins.

DILTS, Robert; Grinder, John; Bandler, Richard; DeLozier, Judith. (1980). *Neuro-linguistic programming, Volume I: The study of the structure of subjective experience.* Cupertino. CA.: Meta Publications.

DOWNEY, Myles. (2003). *Effective coaching: Lessons from the coach's coach.* New York: Thomson.

FREEDMAN, Jonathan; SEARS, David; CARLSMITH, J. Merrill. (1978). *Social Psychology.* New Jersey, Englewood Cliffs: Prentice-Hall, Inc.

FRONTIERA, Joe; LEIDL, Daniel. (2011). *Team turnarounds: A playbook for transforming underperforming teams.* San Francisco: Jossey-Bass.

GOLEMAN, Daniel. (2006). *Social intelligence. Science of human relationships.* New York: Bantam Books.

HANSEN, Morten. T. (2009). *Collaboration: How leaders avoid the traps, create unity, and reap big results.* Boston, MA: Harvard Business Press.

Harvard Business Review, (2011), *Collaborating effectively.* Boston, MA: Harvard Business Review Press.

HAWKINS, Peter. (2011). *Leadership team coaching: Developing collective transformational leadership.* London: KoganPage.

HERSEY, Paul. Blanchard, Kenneth H. (1988 5th ed.). *Management of organizational behavior: Utilizing human resources.* Englewood Cliffs, NJ: Prentice Hall.

HOLMAN, Peggy; Devane, Tom. (1999, editors). *The change handbook: Group methods for changing the future.* San Francisco: Berrett-Koehler Publishes, Inc.

KATZENBACK, Jon R.; SMITH, Douglas K. (1999). *The wisdom of teams: Creating the high-performance organization.* New York: HarperBusiness Book.

KATZENBACK, Jon R. (1998). *Teams at the top: Unleashing the potential of* both *teams and individual leaders.* Boston, MA: Harvard Business School Press.

KEMP, C. Gratton. (1964, 1970). *Perspectives on the group process: A foundation for counseling with groups.* New York: Houghton Mifflin Company.

KORZYBSKI, Alfred (1933/1994). *Science and sanity: An introduction to Non-Aristotelian systems and General Semantics.* Lakeville, Conn: Institute of General Semantics.

LENCIONI, Patrick. (2002). *The five dysfunctions of a team: A leadership fable.* San Francisco: CA: Jossey-Bass.

LENCIONI, Patrick. (2005). *Overcoming the five dysfunctions of a team: A field guide.* San Francisco: CA: Jossey-Bass.

LEVINE, Steward. (1998). *Getting to resolution: Turning conflict into collaboration.* San Francisco, CA: Berrett-Koehler Publications.

LIEBERMAN, M; Yalom, I; Miles, M. (1973). *Encounter groups: First facts.* New York: Basic Books.

MARSHALL, Lisa; Freedman, Lucy. (1995). *Smart work: The syntax guide for mutual understanding in the workplace.* Dubuque: IA: Kendall/Hunt Publishing Co.

MASLOW, Abraham. (1968). *Toward a psychology of being.* NY: Van Nostrand Co.

MASLOW, Abraham. (1965). *Eupschican management.* IL: Homewood: Richard Irwin and Dorsey Press.

MCGREGOR, Douglas (1960/ 2006). *The human side of enterprise: Annotated edition.* By Joel Cutcher-Gershenfeld. New York: McGraw-Hill.

MCLEOD, Angus. (2009). *Me, myself, my team: How to become and effective team player using NLP.* Wales, UK: Crown House Publications.

MORAL, Michel; ABBOTT, Geoffrey (Editors). (2009). *The Routledge Companion to International Business Coaching.* London: Routledge.

OTTO, Herbert A. (1973). *Group methods to actualize human potential: A handbook.* Beverly Hills, CA: The Holistic Press.

PECK, M. Scott. (1987). *The different drum: Community-making and peace.* New York: Touchstone Book, Simon & Schuster, Inc.

PUTZ, Gregory Bryan. (2002). *Facilitation skills: Helping groups make decisions.* Bountiful UT: Deep Space Technology Co.

RICCI, Ron; WIESE, Carl. *The collaborative imperative: Executive strategies for unlocking your organization's true potential.* San Jose: CA: Cisco Systems.

ROBERTS, Martin. (1999). *Change management excellence: Putting NLP to work in the 21st Century*

SCHUTZ, Will (1994). *The human element: Productivity, self-esteem, and the bottom line.* San Francisco, CA: Jossey-Bass Company.

SAWYER, Keith. (2007). *Group Genius: The creative power of collaboration.* New York: Basic Books.

SCOTT, Susan. (2002). *Fierce Conversations: Achieving success at work and in life, one conversation at a time.* New York: Viking.

SENGE, Peter M. (1990). *The fifth discipline: The art and practice of the learning organization.* NY: Doubleday Currency.

SIMMONS, Annette. (1999). *A safe place for dangerous truths: Using dialogue to overcome fear and distrust at work.* New York: AMACOM: American Management Association.

SMITH, Douglas K. (1999). *Make success measurable!* New York: John Wiley & Sons, Inc.

WINER, Michael; RAY, Karen. (2003). *Collaboration handbook: Creating, sustaining, and enjoying the journey.* Saint Paul, MN: Wamherst Wilder Foundation.

TUBBS, Stewart L. (1984). *A systems approach to small group interaction.* New York: Random House.

YALOM, Irvin D. (1969, 1975 Second Ed). *The theory and practice of group psychotherapy.* New York: Basic Books, Inc. Publishers.

Autor:

L. Michael Hall, Ph.D.

L. Michael Hall é um líder visionário no campo de PNL e Neurossemântica, um modelador da excelência humana. Ao pesquisar áreas de excelências humanas, ele modela a estrutura de expertise e, desse modo, transforma essa informação em modelos, padrões, manuais de treinamento e livros. Com estes vários negócios, Michael é, também, um empreendedor e treinador internacional.

Seu doutorado é em Ciências Cognitivas-Comportamentais do Union Institute University. Por duas décadas ele trabalhou como psicoterapeuta no Colorado. Quando ele encontrou a PNL em 1986, ele estudou e, então, trabalhou com Richard Bandler. Mais tarde, quando estudou e modelou resiliência, ele desenvolveu os Modelos de Meta-Estados (1994) que lançaram o campo de Neurossemântica. Ele cocriou a *International Society of Neuro-Semantics* (ISNS) com o Dr. Bob Bodenhamer.

Aprendeu a estrutura de escrita, começou a escrever e escreveu mais de 40 livros, muitos best sellers no campo da PNL.

Aplicando PNL ao coaching, ele criou o Sistema de Meta-Coach System, este foi codesenvolvido com Michelle Duval (2003-2007), ele cofundou o Meta-Coach Foundation (2003), criou os Quadrantes de Autorrealização (2004) e lançou o novo Movimento de Potencial Humano (2005).

Informação para Contato:

P.O. Box 8

Clifton, Colorado 81520 USA

(1-970) 523-7877

Websites:

www.neurosemantics.com

www.meta-coaching.org

www.self-actualizing.org

www.meta-coachfoundation.org

A Neurossemântica como uma Associação

Em 1996, Hall e Bodenhamer registraram a "Neurossemântica" e fundaram *A Sociedade Internacional de Neurossemântica* (ISNS), como uma nova abordagem de ensino, treinamento e uso da PNL. O objetivo era partir da PNL, como modelo e área, para um nível mais elevado em termos de profissionalismo, ética e qualidade. Hoje, a Neurossemântica é uma das disciplinas líderes no âmbito da PNL, uma vez que é pioneira de uma série de desenvolvimentos e demonstração de criatividade que são características da PNL, quando esta era novidade e repleta de frescor.

O Dr. Hall é conhecido como prolífico autor, tendo produzido 41 livros (2011) no campo da PNL e, vários outros, dentre os quais, grande parte são best sellers por meio da *Crown House Publishes* (Wales, UK). Muitas de suas obras foram traduzidas para outros idiomas:

Alemão, Holandês, Italiano, Espanhol, Russo, Japonês, Chinês, Árabe, Norueguês,

Português etc.

www.neurosemantics.com

www.meta-coaching.org

www.metacoachingfoundation.org

www.self-actualizing.org

QUALITYMARK EDITORA

Entre em sintonia com o mundo

Qualitymark Editora Ltda.
Rua Teixeira Júnior, 441 - São Cristóvão
20921-405 - Rio de Janeiro - RJ
Tel.: (21) 3295-9800
Fax: (21) 3295-9824
www.qualitymark.com.br
E-mail: quality@qualitymark.com.br

Dados Técnicos:

• Formato:	16 x 23 cm
• Mancha:	12 x 19 cm
• Fonte:	NewsGothicBT-Demi
• Corpo:	11
• Entrelinha:	13
• Total de Páginas:	348
• 1ª Reimpressão:	2017